DANZIG VOM 15. BIS 20. JAHRHUNDERT

TAGUNGSBERICHTE DER HISTORISCHEN
KOMMISSION FÜR OST- UND WESTPREUSSISCHE
LANDESFORSCHUNG
Band 19

DANZIG
VOM 15. BIS 20. JAHRHUNDERT

Mit Beiträgen von
Marek Andrzejewski, Józef Borzyszkowski, Wolfgang Deurer,
Wiesław Długokęcki, Andrzej Groth, Bernhart Jähnig,
Anette Löffler, Lutz Oberdörfer, Cesary Obracht-Prondzyński
und Stefan Samerski

Herausgegeben von
BERNHART JÄHNIG

N. G. Elwert Verlag Marburg
2006

Bibliografische Information Der Deutschen Bibliothek
Die Deutsche Bibliothek verzeichnet diese Publikation in der Deutschen Nationalbibliografie; detaillierte bibliografische Daten sind im Internet über http://dnb.ddb.de abrufbar.

ISBN-10 3-7708-1285-9
ISBN-13 978-3-7708-1285-1

Mit 42 vorwiegend farbigen Abbildungen.

Gedruckt mit einem Zuschuß des Herder-Instituts e.V. Marburg

Herstellung: Stahringer Satz GmbH, Kolpingstraße 9, 35305 Grünberg

Copyright 2006 by
Historische Kommission für Ost- und Westpreußische Landesforschung

Inhalt

Zum Geleit 7

Wolfgang Deurer: Über den Umgang mit der Stadtbefestigung. Ärgernis oder Chance für Denkmalpflege, Städtebau und Touristik (mit 38 Abbildungen) 11

Anette Löffler: Die mittelalterlichen Handschriften der Danziger Marienbibliothek 63

Wiesław Długokęcki: Danzigs Beziehungen zur Stadt Marienburg zur Zeit des Preußischen Bundes und des Dreizehnjährigen Krieges   87

Andrzej Groth: Schiffahrt und Flotte Danzigs im 17. Jahrhundert . . 109

Józef Borzyszkowski: Die Kaschuben und Danzig im Lauf der Geschichte 133

Cesary Obracht-Prondzyński: Zwischen polnischer Kultur und deutscher Zivilisation – die Kaschuben suchen ihre Identität . . . 151

Bernhart Jähnig: Ein Danziger Plan einer Geschichte Westpreußens nach der Wiedergründung der Provinz 1878 167

Marek Andrzejewski: Abriß der Geschichte der *Danziger Neueste Nachrichten* (1894–1944) 187

Lutz Oberdörfer: Danzig und seine Entwicklung vor dem Ersten Weltkrieg 207

Stefan Samerski: Divide et impera – Die Katholische Kirche in Danzig unter nationalsozialistischer Herrschaft 255

Autorenverzeichnis 275

Zum Geleit

Als die Historische Kommission für ost- und westpreußische Landesforschung in Aussicht nahm, anläßlich des bevorstehenden 750jährigen Jubiläums der „Königlichen Haupt- und Residenzstadt" Königsberg ihre Jahrestagung 2005 der Geschichte dieses Ortes zu widmen, entstand der Wunsch, auch die andere Großstadt des Kommissionsarbeitsgebietes, nämlich Danzig, in einer Folge von Vorträgen zu behandeln. Dabei wurde nicht durch gleichartige Fragestellungen ein unmittelbarer Vergleich beider Städte angestrebt, dazu ist die Geschichte beider Städte zu unterschiedlich. Aus den jeweiligen laufenden Forschungen heraus sollten Redner zu Wort kommen.

Für die Durchführung der Jahrestagung 2003 in Danzig ist uns das Kaschubische Institut (Instytut Kaszubski) unter seinem Direktor Prof. Dr. Józef Borzyszkowski, der über bisher bestehende persönliche Beziehungen hinaus auch institutionell eine Verbindung zu unserer Historischen Kommission anstrebte, eine große Hilfe gewesen. Wir sind daher gern seiner Einladung in sein Institut in der ul. Stragarniarska [Häckergasse] gefolgt. Die etwas engen räumlichen Verhältnisse machten es jedoch notwendig, daß für einen Teil der Veranstaltungen die Tagungsteilnehmer über die Mottlau übersetzten, um im Danziger Zentralen Meeresmuseum (Centralne Muzeum Morskie) in der Speichervorstadt zu tagen.

Eine Folge von Vorträgen kann niemals ein Rahmenthema vollständig abdecken. Im Fall von Danzig wurde dies schon der Copernicus-Vereinigung zur Pflege der Heimatkunde und Geschichte Westpreußens bewußt, als sie vor zwei Jahrzehnten anläßlich des 800jährigen Jubiläums dieses hansischen und preußischen Mittelpunktes 1985 den umfangreichen Aufsatzband „Danzig in acht Jahrhunderten" herausgab. Im Vergleich dazu konnte unsere Wochenendtagung nur eine kleinere Reihe damals nicht behandelter Themen aufgreifen. Bei der Zusammenstellung haben uns unsere in Danzig wirkenden polnischen Mitglieder und Kollegen unterstützt. Dennoch war es nicht möglich, einen Redner zu gewinnen, der uns aus den seit Jahrzehnten laufenden archäologischen Forschungen berichtet hätte. Daher beschränkte sich unsere Tagung auf Themen vom 15. bis 20. Jahrhundert.

Epochenübergreifend und wegen seines umfangreichen eindrucksvollen Bildmaterials hervorstechend war der Beitrag des aus Danzig stammenden Architekten und Denkmalpflegers Wolfgang Deurer, Wesel. Er sprach „über den Umgang mit der Stadtbefestigung" unter dem Gesichtspunkt „Ärgernis oder Chance für Denkmalpflege, Städtebau und Touristik". Mit einer sehr intimen Kenntnis der Bauwerke selbst, die auch die wesentliche ältere Forschung berücksichtigte, umrundete er mit den Zuhörern und Zuschauern die historische Stadt. Mit den zahlreichen Abbildungen werden seine Ausführungen und sein Anliegen auch dem Leser nachvollziehbar gemacht.

Die zeitliche Folge der Themen eröffnet Anette Löffler, Leipzig, die im Zusammenhang ihrer Inventarisierungsarbeiten der Königsberger liturgischen Pergament-Fragmente inzwischen unsere wohl beste Handschriftenkennerin ist. Sie stellt die an der Danziger Marienkirche entstandene Bibliothek vor, deren Anfänge traditionellerweise mit dem Deutschordenspriester Andreas Slommow verbunden werden. Die Bedeutung dieser Bibliothek wird in überregionale Zusammenhänge gestellt. – Der folgende quellennahe Vortrag von Wiesław Długokęcki (Marienburg/Danzig) kommt aus der politischen Geschichte der späten Ordenszeit. Er untersucht die Beziehungen Danzigs zu Marienburg zur Zeit des Preußischen Bundes und des Dreizehnjährigen Krieges. – Mit den inzwischen bis 1526 vollständig veröffentlichten Akten der Ständetage des Königlich polnischen Preußens beschäftigt sich schon seit vielen Jahren Ernst Manfred Wermter, Mönchengladbach, wobei ihn besonders die Stellung von Danzig interessiert. Er stellte zwar einen Strauß von acht Einzelthemen zur Diskussion, sah sich jedoch nicht in der Lage, in einer vertretbaren Zeit, seine Forschungsanliegen schriftlich zu formulieren.

Mit einem zeitlichen Sprung ins 17. Jahrhundert kommen wir zu einem Hauptforschungsgebiet des Danziger Frühneuzeithistorikers Andrzej Groth, der Danzigs Schiffahrt und Flotte in dieser Zeit vorstellt. Auf dem Hintergrund der Handelsbeziehungen mit Westeuropa charakterisiert er das Danziger Transportwesen zur See, wobei organisatorische und auch soziale Fragen im Vordergrund stehen. – Es folgen die beiden Beiträge aus dem Kaschubischen Institut von Józef Borzyszkowski und Cesary Obracht-Prondzyński. Es geht um die autochthone slavische Bevölkerung des westlichen und südlichen Hinterlandes von Danzig. Borzyszkowski betrachtet zunächst die Kaschuben im Lauf der Geschichte, zielt aber dann auf die Rolle Danzigs als Hauptstadt der Kaschuben. Die Schwierigkeiten, die die Kaschuben zwischen Deutschen und Polen hatten und haben, werden dargestellt. Die Bemühungen um die Kaschuben und das Kaschubische seit dem 19. Jahrhundert werden von innen und von außen vorgestellt, und zwar sowohl im literarischen als auch im wissenschaftlichen Bereich. Der Beitrag führt dann schließlich zu der Rolle des Kaschubischen Hauses in der Danziger Altstadt, in dem die Tagung stattfand. – Im zweiten Beitrag wird die Stellung der Kaschuben „zwischen polnischer Kultur und deutscher Zivilisation" vertiefend untersucht. Fragen der Assimilierung an die deutsche Kultur vor allem der kaschubischen Oberschicht, wenn man von einer solchen im 19. Jahrhundert noch sprechen kann, werden erörtert. Die Mehrsprachigkeit vieler Menschen dieser Region wird herausgestellt. Die Entwicklungen und Ereignisse des 20. Jahrhunderts führten zwar zu einer Vorherrschaft des Polentums, dennoch sieht der Verfasser einen „multikulturellen Charakter" der Gemeinschaft der dort lebenden Menschen.

Die Wiederbegründung einer preußischen Provinz Westpreußen 1878 führte zu dem Wunsch nach einer Provinzialgeschichte, die ein regionales Selbstbewußtsein stärken sollte. Die in Danzig und Berlin entstandenen Gutachten und Gegengutachten werden von Bernhart Jähnig, Berlin, in einer kommentierten Edition vorgelegt, die in einer kürzeren Fassung Andrzej Groth zum 30jährigen Jubiläum als Universitätslehrer gewidmet war. – 1894 wurde in Danzig die Zeitung „Danziger Neueste Nachrichten" gegründet. Marek Andrzejewski, Danzig, verfolgt die Geschichte dieses gemäßigt konservativen Blattes, das sich bald zur auflagenstärksten Zeitung Westpreußens entwickelte und sich bis weit in der Zweiten Weltkrieg hinein halten konnte. – Danzigs allgemeine Geschichte vor dem Ersten Weltkrieg wird ausführlich von Lutz Oberdörfer, Greifswald, dargestellt, wobei er sich besonders auf die gesamte Presse der Stadt als Quelle stützt. Die staatlichen Investitionen seit dem späten 19. Jahrhundert werden in ihren Auswirkungen auf die wirtschaftliche Entwicklung der Stadt deutlich gemacht. – Ein letzter Beitrag ist der Zeit des Nationalsozialismus gewidmet. Der Kirchenhistoriker Stefan Samerski, München, kann mit Hilfe neuerer Archivforschungen herausarbeiten, daß die katholische Kirche zwischen deutschnationalen und polenfreundlichen Positionen gespalten war. Das hatte es den neuen Machthabern erleichtert, die kirchliche Arbeit im Sinne ihrer Ideologie zu bekämpfen. Die Persönlichkeiten, die dem Bistum Danzig in dieser schweren Zeit vorgestanden haben, werden in ihrem Charakter und Wirken gegeneinander abgehoben.

Nachdem die Tagung mit ihren ausgewählten Themen aus der Danziger Geschichte von allen Teilnehmern als Erfolg angesehen wurde und nunmehr der Tagungsband vorliegt, bleibt die angenehme Pflicht, herzlichen Dank zu sagen allen denen, die an Vorbereitung, Durchführung und Drucklegung mitgewirkt haben. An der Vorbereitung sind neben dem Kaschubischen Haus und seinem oben genannten Direktor unsere Danziger Kommissionskollegen mit Andrzej Groth an der Spitze zu nennen. Zur Finanzierung der Reise für Referenten und Mitglieder nach Danzig hat das Herder-Institut e.V. Marburg/Lahn ein wesentlichen Beitrag geleistet. Das Kaschubische Haus und das Meeresmuseum haben uns während der Tagung ihre Gastfreundschaft gewährt. Auch an der Drucklegung des Bandes hat sich das Herder-Institut mit einem namhaften Betrag beteiligt. Die Copernicus-Vereinigung für Geschichte und Landeskunde Westpreußens e.V. half durch Ankauf einer Teilauflage. Die Drucklegung selbst hat die Firma Stahringer Satz, nunmehr in Grünberg unter ihrem Leiter Achim Theiß, in gewohnter Weise sorgfältig ausgeführt. Der abschließende Dank richtet sich an die Referenten, die ihre Beiträge zum Druck zur Verfügung gestellt haben.

Berlin-Zehlendorf, am Nikolaustag 2005

Prof. Dr. Bernhart Jähnig
Vorsitzender der Historischen Kommission
für ost- und westpreußische Landesforschung

„Über den Umgang mit der Stadtbefestigung"

Ärgernis oder Chance für Denkmalpflege, Städtebau und Touristik

von Wolfgang Deurer

„Wohin es geht, wer weiß es? Erinnert er sich doch kaum, woher er kam." So läßt Goethe Egmont sagen. Instinktiv ist mit diesem Wort der unmittelbare Zusammenhang der Historie und ihrer Zeugen gemeint, implizierend die Forderung, den Ablauf der Geschichte zu ergründen, um ggf. für die Zukunft zu projizieren. Nur wir müssen eine lebendige Anschauung dieser Geschichte und seiner Geschichtszeugnisse haben, und sie darf nicht nur aus der chronologischen Darstellung der Ereignisse bestehen, sondern muß in Forschung, Folgen und Future-Standing, d. h. ‚wie man damit umgeht', gesehen werden. Für mich heute von mir an der Stadt Danzig vorgestellt, am baugeschichtlichen Zeugnis der Befestigungsanlagen, welches wie kein anderes geeignet ist, vor dem Hintergrund ihrer kultur-, wirtschafts- und sozialgeschichtlichen Abläufe die Problematik von Städtebau, Denkmalpflege und Strukturwandel aufzuzeigen *(Abb. 1).*

Für mich, der ich im 25. Jahr meiner baugeschichtlichen Forschungen an der Politechnika – ausgelöst von den konservatorischen Arbeiten meines Vaters hier in den Jahren 1941–1945 und dabei in Danzig wohnend, das Gymnasium besuchend und das Werk meines Vaters staunend begleitend als ‚meine Danziger Zeit' betrachtend; und jetzt – wie gesagt – auf 25 Jahre der Zusammenarbeit mit den Denkmalpflegern, wissenschaftlichen Institutionen der Stadt und vielen Fachleuten – inzwischen Freunde – stehe, und vornehmlich den historischen Kirchen nachging – begann von einem bestimmten Tag der Weg der Besinnung, der Diskussionen und Bemühungen auf die Erhaltung der Jahrzehnte im Schatten der Rechtstadt stehenden Reste der Wehr-Architekturen.

Am frühen Morgen des 3. März 1982 brach der Trumpfturm im Südosten der Vorstadt auseinander *(Abb. 2 u. 35).* Ich war an diesem Tage innerhalb meiner vielen Studien-, Arbeits- und Vortragsaufenthalte in Danzig und konnte die Situation frisch zur Kenntnis und in die Kamera nehmen, bevor ein hoher Bauzaun weitere neugierige Blicke abschirmte.

Der Turm hatte 1945 die Zerstörungen der Stadt Danzig – mit schweren Beschädigungen zwar, aber bei Erhaltung seines Dachstuhls – überstanden *(Abb. 3)*, so daß mangelnde Bauunterhaltung, keinerlei regelmäßige oder nicht angelegte fortgeschriebene Untersuchungs- und Zustandsberichte, wie überhaupt eine generelle Vernachlässigung der Vorstadt mit Ausnahme des Franziskaner-Klosters (heute Nationalmuseum) mit der St. Annen-Kapelle innerhalb des allgemeinen Wiederaufbaues und der Jahrzehnte danach als Ursache des Einsturzes angesehen werden müssen. Daran hat sich bis heute leider hier wenig verändert, wenn man das Äußere des Leege-Tores, die Straßen- und Gebäudezustände der Umgebung und die mit PKWs besetzten großen Freiflächen betrachtet. Dabei markiert die Vorstadt einen wichtigen Abschnitt der Befestigungsstrukturen Danzigs, die selten genug und hier beispielhaft erhalten sind.

Mit dem Bau des Trumpfturmes 1487 ging die Stadtmauerumwehrung von Rechtstadt, Altstadt und Vorstadt ihrem Ende entgegen, und seine Aufgabe war die Sicherung der Südflanke und eines Stückes weitgehend unbefestigten Mottlau-Ufers – bis zum Ankerschmiedeturm –, wo die Schiffszimmerleute ihre Werftplätze besaßen *(Abb. 4)*. Vorausgegangen waren über 500 Jahre nachweisbare Besiedlung, worin die Tradition von Fischerei, Schiffbau und Handel begründet ist. Befestigt waren zunächst nur eine Art Burgsiedlung und darin der Herrschersitz. Sehr anschaulich hat das Prof. Andrzej Zbierski aus der Analogie dargestellt *(Abb. 5)*.

Hieraus entwickelte sich dann unter den pommerellischen Herzögen eine systematische Ansiedlung, dessen Castrum, Burgum und Civitas 1308 vom Orden übernommen wurde *(Abb. 6)*. Dies weist auf die wachsende Bedeutung, begründet auf Handel, Gewerbe und strategischer Position, hin. Gerade letztere ließ den Orden ab 1343 (übrigens auch das Datum der Grundsteinlegung von St. Marien) eine Stadtmauer an Stelle der vorhandenen Holzpalisaden errichten: 4 Fuß stark und ca. 25 Fuß hoch, was in etwa die Maße 1,15 m und 7 m bedeutet *(Abb. 7)*. Man begann im Südwesten am Stadthof mit einem System von vollständig geschlossenen Tor-Türmen bzw. Tor-Häusern und einfacheren, nur dreiseitig umbauten, nach der Stadt zu offenen und in den Parcham (Zwischenraum zur Grabenmauer) auskragenden Wehrtürmen. So entstand ein großartiges Befestigungswerk mit 52 Türmen und Toren *(Abb. 8 u. 9)*. Herausragend der bereits genannte Stadthof-Turm im Südwesten; im

Südosten der Ankerschmiedeturm, im Nordwesten der sehr hohe und heute sogenannte ‚Kiek-in-die-Kök' und an der Mottlau der Fischturm.

Großartig und von hoher Baukunst präsentierten sich die acht Wassertore: Kuhtor (früher auch Viehtor genannt); Grünes Tor; Brotbänkentor; Frauentor; Hl.-Geist-Tor; Krantor (1363 nach Vorbildern Antwerpener Stadttore erbaut und ab 1411 in heutiger Gestalt) *(Abb. 10)*, Johannistor und Häkertor.

Das letzte Bollwerk jener Zeit stellt die Milchkannen-Toranlage dar, die bereits einen Wandel in der Befestigungsarchitektur anzeigt. Entgegen den eher filigraneren und mit Blenden-Reihen sowie Ziergiebeln zeigenden Architekturformen, Wasser- oder Landtor-Bauten werden jetzt schwere Rundtürme aufgeführt, was einen rüstungs-technologischen Fortschritt in Richtung der Abwehr schwererer Kanonenkugeln und deren größerer Reichweiten anzeigt – eine Entwicklung übrigens, die sich immer schneller vollzog und auch bis heute immer schneller vollzieht –, indem ein Angriffs- oder Verteidigungs-System bei Fertigstellung schon veraltet und überholt ist und dem dann wiederum neue Strategien, Materialien und Wehrtechniken entgegengesetzt werden müssen. So war es denn auch mit dem über viele Generationen errichteten Mauerring der Stadt, der bei Fertigstellung der moderner werdenden Waffentechnik und Angriffsstrategie schon nicht mehr gewachsen war. Das Milchkannentor aus dem Beginn des 16. Jahrhunderts ist dann ja auch gegenüber seiner Planung niemals fertiggeworden *(Abb. 11, 12)*.

Parallel mit Baubeginn des Milchkannentores wurden an der Westfront (Bischofsberg- und Hagelsberg-Seite) zusätzliche Erdwehren aufgeschüttet und in der Folge der ersten Hälfte des 16. Jahrhunderts systematisch fortgeführt, aber nicht als Verstärkung, sondern als vorgelagerter Erstschutz. Zunächst errichtete man an den wichtigsten Punkten – im Westen – kreisförmige Wallbildungen, Rondelle genannt, mit geraden Verbindungen – Kurtinen – zwischen ihnen. Und erst wenn diese fertiggestellt waren, entfernte man die alte, den aktuellen Verteidigungstaktiken und Notwendigkeiten jetzt hinderliche Stadtmauer, während man die Wehrtürme und Tore als Beobachtungs- und Sammelstandpunkte oder Lagerstätten beibehielt. Deutlich wird dies auf der Ansicht von Braun-Hogenberg 1573 und dem Anton Möller 1600 zugeschriebenen Grundrißblatt – heute im Kriegsarchiv Stockholm *(Abb. 13, 14)*. Nahezu 100 Jahre dauerte diese Bauphase, während dessen sich das goldene Zeitalter Danzigs formiert. Die Bürger verstanden die Zeichen ihrer Zeit, wurden bedeutendes Mitglied der Hanse, hielten sich außenpolitisch durch den Schutz der polnischen Krone den Rücken frei und erfuhren die Eigendynamik von Reichtum, Kultur und Kunst in der Polarität von Begehrlichkeit und Krieg.

So genügte die Rondellbefestigung Danzigs bereits in ihrer Fertigstellungsphase wiederum nicht mehr den Ansprüchen moderner Verteidigungsanlagen, die in Spanien und damit auch Holland, aber auch in Italien, zu einer wahren Befestigungsbaukunst herangereift waren: das Bastionär-System. Man übernahm diese Bauformen und zu Beginn einschließlich der erfahrenen ausländischen Baumeister-Ingenieur-Offiziere. Ausschlaggebend für diesen Um- und Neubau war die Belagerung von Stefan Bathory von 1577, die man glücklich abwehren konnte.

Die Fertigstellung dieser modernen und aufwendigen Anlagen zog sich bis ins 18. Jh. hinein und zeigt am Ende jenes charakteristische Stadtbild von Danzig, welches in unzähligen Abbildungen festgehalten wurde und uns diese Stadt so vertraut und bekannt macht *(Abb. 15)*. Insgesamt 19 Bastionen wurden angelegt, von denen jede ihren Namen und ein entsprechendes Bürgerwehrkommando besaß, wie zum Beispiel St. Elisabeth, Hl. Leichnam, St. Jakob, Fuchs, Luchs, Einhorn, Löwe, Ochs usw. Hinzu trat noch im Westen eine den Bischofs- und Hagelsberg umschließende Außenlinie -und nicht zu vergessen- das Fort Weichselmünde. Einzelheiten und Ausmaß dieses Befestigungswerkes zeigt z.B. eine Ansicht des Bereichs von Jakobstor mit Jakobs- und Bartholomäi-Kirche (Deisch 1765) und eine Schnittzeichnung von O. Kloeppel *(Abb. 16, 17)*.

Doch auch dieses Befestigungssystem lief dem Kriegshandwerk hinterher; denn derartig befestigte Städte wurden nicht mehr gestürmt, sondern belagert und nach Verhandlungen mehr oder weniger bitter eingenommen. Letztlich behinderten die ausgedehnten Verteidigungswerke mit ihren darüber hinaus ins Feld führenden Freiflächen infolge der Rayon-Bestimmungen die Entwicklung, Expansion und Verkehrsanbindungen der Städte. So auch in Danzig. Im Grunde war die Zeit der Stadtbefestigung schon vorüber, als Danzig Mitte des 19. Jh. mit einer Bahnlinie nach Dirschau an die Oststrecke Berlin-Königsberg angeschlossen wurde. Der Wall-Durchstich beim Leege-Tor und der Leegetorbahnhof selbst erhielten zwar noch wehrhafte Architekturen *(Abb. 18)*, doch die strategische

Lehrmeinung und Taktik hatten sich bereits geändert und man dachte in den Generalstäben großräumiger.

Dennoch dauerte es noch einmal nahezu vier Jahrzehnte, bis die generelle Entfestigung Danzigs beschlossen und in die Ausführung umgesetzt wurde. Hier hatte die industrielle Entwicklung ‚buchstäblich Dampf gemacht', und der Ausbau der Wirtschaftskraft verlangte Raum, Bevölkerungszuzug und neue Infrastrukturen. Auf nahezu allen Seiten der Stadt – bis auf das südliche Stück vom Leege-Tor bis zum Langgarter Tor – wurden die Wälle abgetragen und die Gräben zugeschüttet. Dies gab Raum für Ringstraßen, neue Wohnbebauung und nicht zuletzt für die sprunghaft zunehmende Werftindustrie. Aus den niedergelegten Wällen kamen noch einmal großartige Befestigungsbauten der Stadtmaueranlage des 15. und 16. Jahrhunderts zum Vorschein, die aber rigoros abgetragen wurden *(Abb. 19, 20)*. Dieser Strukturwandel lag im Trend der Zeit, erfuhr Höhen und Tiefen, aber blieb prinzipiell bis zu Kriegsende und Zerstörung von 1945 erhalten.

Hier knüpfte der polnische Wiederaufbau an. Allerdings unter sozialistischen Vorzeichen ‚eine schöne Stadt der arbeitenden Klasse', gewissermaßen eine Wohnstadt in der Ansicht jener Epoche, die als „Danziger goldene Zeit – unter polnischer Krone bezeichnet wurde" zu errichten.

Hierzu die Stimme eines Zeitzeugen, Herrn Prof. Dr. Wiesław Gruszkowski, der die Bauentwicklungen in Danzig erlebt, begleitet und einen Teil als Stadtplaner selbst gestaltet hat und dies rückblickend beurteilt:

Die evtl. Schöpfung eines alt-neuen sozialistischen Stadtzentrums wäre für die damalige Regierung akzeptabel, sogar erwünscht gewesen; aber die Fachwelt wie auch die öffentliche Meinung waren in einem entscheidenden Maße dagegen. Der Ausweg: die Flucht in den Historismus. Am Ende der 50er Jahre war zwar der sozialistische Realismus nicht mehr obligatorisch, aber die meisten Konservatoren kämpften jetzt gegen moderne Architekturabsichten, Tendenzen und Persönlichkeiten.

Hiergegen stemmte sich auch der international anerkannte Architekt und Generalkonservator Prof. Jan Zachwatowicz – mit dem ich übrigens noch selbst in den 60er Jahren mehrmals zusammentraf und über den Wiederaufbau kriegszerstörter Städte im allgemeinen und den von Danzig im besonderen diskutierte – mit seinem Resümé:

Die Idee des Wiederaufbaues, einer Überlieferung, zumindest eines Abbildes der zerstörten Kulturgüter entstand, und zwar unabhängig von der Menge der noch erhaltenen authentischen Fragmente. Diese emotionelle Haltung führte zu einer Kollision mit der prinzipiellen denkmalpflegerischen Haltung (keine Rekonstruktionen zuzulassen), doch angesichts der riesigen Zerstörung befürworte ich die Wahl dieses schwierigen Weges.

Er meinte hierbei die Rekonstruktion der ehemaligen historischen Hausfassaden der reichen Geschäftsleute, Patrizier und Bürgermeister mit jetzt dahinter liegendem sozialen Wohnungsbau einfachster Aufteilung und dabei durchgehend über mehrere Giebelhaus-Fronten mit einem einzigen rückwärtigen Treppenhaus. So müssen diese schönen Fassadenfluchten durchaus in die Nähe des Herrn Potemkin gerückt werden – wie das Beispiel des vormaligen Restaurants MAJOR auf der Langgasse zeigt, dessen Galerie in drei Haussegmenten eigentlich anderes erwarten ließen *(Abb. 21)*. Natürlich gibt es Ausnahmen, wie das Uphagenhaus und neuerdings zunehmende Tendenzen von Veränderungen. Doch man setzte auf die ewig zunehmende Wirtschaftskraft der Werften und ihrer Bedürfnisse für Werftarbeiter mit entsprechenden Wohn-Umfeldern und -Strukturen.

In diesem Zusammenhang hatten auch die stadtbildprägenden Kirchen, profanen Baudenkmäler und historischen Straßen ihren Rang im Bereich der Rechtstadt mit der Tendenz zu den Rändern abnehmend bis gegen null. Dies verdeutlichen eindrucksvoll die in der Gomulka-Zeit errichteten Hochhäuser der Altstadt, damals Zeichen des Fortschritts, sozialistischer Ideologie und Architektur. Es ist Gott sei Dank bei dieser häßlichen Trilogie im nördlichen Teil der Stadt geblieben; und es gab auch schon Rückbau-Überlegungen. Dem steht freilich die Fassadenerneuerung des ehemaligen Hotels HEVELIUSZ / heute MERCURE entgegen.

Schon sehr früh und hervorragend wurden die Wassertore, jedenfalls sechs von ihnen, rekonstruierend wiederaufgebaut. Heute sind die Lange Brücke neben der Langgasse, dem Langen Markt und der Frauengasse Goldmeilen des Handels und Tourismus. Doch schauen wir herüber auf die Speicherinsel, so bietet sich ein ganz anderes Bild; Kontrastprogramm gewissermaßen; eine völlig offene (noch von Ruinen gekennzeichnete) städtebauliche Situation *(Abb. 22, 23)*. Bereits zu Gomulkas und Giereks

Zeiten als Geschäfts-, Kongreß- und Hotelzentren, mit wellenförmigen Fortschreibungen bis in die 90er Jahre hinein überplant, gibt es auch heute keine Konkretisierungen seitens der öffentlichen Hand oder privater Investoren. Man hat schlicht den Strukturwandel verpaßt, weder erwartet noch reagiert.

Ebenso schöne wie nicht realisierte Pläne gab es bereits in den 70er und 80er Jahren für einen Naherholungsraum im Süden der Stadt vor dem Leege-Tor – also nur Schritte vom Zentrum – im Bereich der erhaltenen Erd- und Graben-Bastionen von Petershagen bis Langgarten *(Abb. 24, 25)*. Ein ideales und weitgehend ‚unverdorbenes' Gebiet mit Relikten der Leegetor-Bahn, der hervorragend erhaltenen Steinschleuse, 1619–23 von holländischen Wasserbauern zur Regulierung des Pegels in den Gräben und der Möglichkeit des Betreibens einer Kriegsmühle errichtet und einzelne Stücke der bastionären Befestigungsanlage in ihren Originaldimensionen, kaum zerstört, wenig gepflegt, aber auch nicht – noch nicht – von Geschäftsinteressen verunstaltend berührt.

Auch wurden in den letzten Jahren die Spuren mittelalterlicher Mauer-Befestigung zunehmend entdeckt, geschützt und restauriert. Auf dem Papier entsteht bereits ein Rundgang um die mittelalterliche Stadt des 15. und 16. Jahrhunderts.

Wieder von der Rechtstadt ausgehend, mit dem Stadthofturm *(Abb. 26)* – 1343 beginnend – folgt die nach Ost anschließende Bebauung auf der Flucht der ehemaligen Stadtmauer neben dem Vorstädtischen Graben entlang mit zwei ehemalige Wehrtürmen, stadtseitig mit Wohnungen im Erdgeschoß als Geschäftslokal ausgebaut *(Abb. 27)*. Auch in der anderen Richtung –nordwest- kann man noch einige Strecken des ehem. Mauerkranzes ablaufen: hier in der ehemaligen Laternengasse ein Wehrturm und ein Stück weiter den ‚Kiek in die Kök' am Dominikanerkloster *(Abb. 28, 29)* und dem Altstädtischen Graben folgend an einem Stück Stadtmauer bei der Hl. Geist-Kirche vorbei *(Abb. 30)* bis zum Turm am Fischmarkt, auch Schwan genannt. Ein lohnender Weg um die Rechtstadt und in die Geschichte ihrer Befestigungsarchitekturen; hier konservatorisch bearbeitet und dem frühen Plan, „ein Abbild der zerstörten Kulturgüter wieder erstehen zu lassen" entsprechend; doch lange (zu lange) nutz- und schutzlos geblieben.

War schon mit der Bastionärbefestigung des 17. Jahrhunderts ein Großteil der Stadtmauern, Türme und Tore in den Erdwällen verschüttet oder nur noch als Beobachtungsposten, Pulvermagazine oder Gefängnisse verwendet, so setzte sich diese Tendenz eigentlich bis heute fort.

So war auch das Schicksal des Trumpfturmes bereits in einem Abbruchplan des frühen 19. Jahrhunderts beinahe besiegelt, als ein Gutachten des preußischen Staatskonservators Ferdinand von Quast hier Einhalt gebot. Übrigens gleichzeitig veranlaßte dieser 1844/45 die Stadt Danzig und die Militärverwaltung, ein Verzeichnis „aller ihrem Bereich zugehörigen alterthümlichen Bauwerke" anzulegen. Damit bedurften Abbrüche und Veränderungen von Bauten vergangener Zeiten einer Anzeige und eines Genehmigungsbescheides. Dies hat trotz der Aufgabe der Langgassen-Beischläge (als Beispiel genannt) ein ungutes Baurigorosum zu Zeiten der industriellen Entwicklung, Niederlegung der Wälle und notwendiger Verkehrsinfrastrukturen verhindert. So blieben auch der Trumpfturm wie der Weiße Turm der Vorstadt erhalten *(Abb. 31, 32)*.

Der Architekturabteilung der 1904 gegründeten Technischen Hochschule Danzig ist es zu verdanken, daß systematische Erhebungen, Bauaufnahmen und Rekonstruktionstheorien entstanden. So 1937 unter anderem die Bearbeitung des Trumpfturmes von Prof. Dr. Otto Kloeppel mit Baumaßen und Fotos, veröffentlicht in seinem Buch „Das Stadtbild von Danzig in drei Jahrhunderten seiner großen Geschichte" *(Abb. 33)*. Seine Rekonstruktion hat Otto Kloeppel übrigens einer Moellerschen Zeichnung von 1593 entnommen *(Abb. 34)*. In nahezu gleichem Zustand wie Prof. Kloeppel erlebte ich den Trumpfturm erstmals in den 70er Jahren – aber nach langer restaurierender Bauerfahrung mit „gemischten Gefühlen" der Standsicherheit *(wie Abb. 3)*.

Nach dem Einsturz im März 1982 *(wie Abb. 2)* gab es heftige Reaktionen, wie den Presseberichten, Diskussionsbeiträgen und Leserbriefen zu entnehmen war. Als erstes errichtete man einen hohen Bauzaun, und dann geschah lange Zeit nichts. Inzwischen ist der Schutt abgeräumt; die Ruine gibt den Blick frei in einen Teil des inneren Aufbaues, Gliederungssystems und Mauerwerkstechnik *(Abb. 35)*.

Es gibt Überlegungen einer Wiederherstellung in Verbindung neuer Nutzung. Zu nennen ist eine beachtenswerte Diplomarbeit zum Sommersemester 2001 mit dem Landeskonservator Dozent Dr. Marian Gawlicki als Promotor. Hier wird eine funktionsabhängige Teilrekonstruktion vorgeschlagen: Ausbau und Umbau zu einem Marine-Clubhaus mit integrierter Versammlungs-, Repräsentations- und Restaurantstätte. Eine interessante Studie moderner Architekturgestaltung in, um und für den Trumpfturm.

Meine Gedanken und Vorschläge sind andere, nicht punktuell, sondern strukturell die Problematik angehen und in den Rahmen einer Stadtentwicklung einstellen. Ausgehend vom Ende der Werftindustrie einschließlich ihrer Zulieferer in der Dreistadt als Tatsache und der Feststellung Rechnung tragend, daß der Rang der kann, ist die Besinnung auf die Ressourcen der geographischen Lage notwendig und sind die internationale Kommunikation und ein zunehmender Kulturtourismus zu nutzen. Hier wären in einem intelligenten Stadtmarketing Baugeschichte, Baudenkmäler und ihre Nutzung ein wichtiger Anziehungspunkt im Netzwerk angewandter Wissenschaften, innovativer Technologien und einer jahr-umfassenden Besucheranziehung (in der einschlägigen Werbebranche mit „städtischem Fitnessindikator" bezeichnet). Dies gilt insbesondere für Baugeschichte und Baukunst – zum Anfassen und Erleben.

Hier wäre z.B. die Vorstadt Beginn, Modellprojekt und Erweiterung für die genannten Merkmale: Aufstellung eines Masterplans über dem vorgegebenen alten Straßennetz, generelle Neubebauung unter wertberichtigter Einordnung der Baudenkmäler, Stadtkommunikation und Besucherwege. Da hätte der Trumpfturm innerhalb des gegebenen Befestigungsensembles seinen Platz. Zum Beispiel mit innerer Anschauung und Begehbarkeit durch das Schließen der heutigen Bauruine mit den sich absetzenden und Einblick gewährenden Bauformen in Stahl und Glas. Wehrarchitektur des Mittelalters pur, zum Einsehen, Begehen und Erfahren. Es gibt heute keinen Wehrturm ursprünglicher Form und Anschauung in Danzig und innerhalb dieser musealen Diktion könnte ich mir die Rekonstruktion des Turmkopfes – nach Kloeppel und Moeller *(Abb. 33, 34)* – vorstellen und das Kleine Zeughaus am Wallplatz, zusammen mit den nahegelegenen Bastionen und der Steinschleuse in einen Ausstellungs- und Erlebnisrundgang zusammenfassen. Auch der Gedanke einer Nostalgiebahn vom alten Leegetor-Bahnhof entlang des vorhandenen Teils der Bastionen – hier sind die alte Trasse und Gleise noch teilweise vorhanden – bis zum Langgarter- oder Werder-Tor – wie über die Speicherinsel und darüber hinaus auf die Festung Weichselmünde denkbar. Diese sollte übrigens auch von den Hafenrundfahrten zur Westerplatte mit eigenem Steiger angelaufen werden *(Abb. 36)*.

In diesem Zusammenhang möchte ich – wenigstens als Stichwort – die Industriedenkmäler nennen; mit eigenem Rang, eigener Besucher-Klientel und eigenem überregionalem Kontext. Doch so eigenständig dann doch wieder nicht, wenn ich an die Hebevorrichtung im Krantor, die Wasserkunst der Steinschleuse und die Armierungen der Wehrbauten sehe oder im Gebrauchs-Nachvollzug ansehen könnte. Dies ist die Klammer.

Der Umgang, Nutzung und Einschluß der Wehrarchitektur stellte einen weiteren Attraktions-, Aktions- und Aquisitionsbereich zum beispielhaften Wiederaufbau der Stadt Danzig mit Rechtstadt, Altstadt und neuerdings zunehmend dem Hagelsberg dar und gäbe eine ergänzende Ebene des sich vollziehenden Strukturwandels der Dreistadt.

Schöner als Isaak van den Block (1608) auf seinem Deckengemälde im Rechtstädtischen Rathaus in der ‚Allegorie des Danziger Handels' kann man die Stadt der Kirchen, Türme, Tore und Wehranlagen nicht zusammenfassend darstellen. Neben der die Stadt Danzig überhöhenden Phantasie des Malers und den bewegten Szenen der Personengruppen im Vordergrund gibt es viele erstaunliche und genaue Details *(Abb. 37)*.

Für mich und meinem jahrzehntewährenden Thema, den historischen Danziger Kirchen nachzugehen, sehe ich am Lauf der Weichsel hinter dem Artushof vorbei in die Danziger Bucht die Festung Weichselmünde und davor die zugehörige zweite Kirche von insgesamt vier aufeinander folgenden Bauten dort.

Eine Monumentaufnahme jener ‚Goldenen Zeit Danzigs', in der alle beherrschenden öffentlichen kirchlichen, privaten Gebäude und Anlagen gezeigt werden, bestehen und praktisch bis zum Zweiten Weltkrieg unverändert blieben. Auf dem das Bild beherrschenden Triumphbogen wird die Ansicht der Stadt zu Beginn des 17. Jahrhunderts vom Hagelsberg her von seiner ‚Schokoladenseite' gezeigt, ein wenig verschoben und damit axial vom Hohen Tor mit dahinter liegendem Stockturm und der Bastionärsbefestigung umgeben aufgebaut *(Abb. 38)*.

Die Einzelheiten gäben ideale Vorlagen für ein entsprechendes Stadtmodell. Die genannte Achse wird flankiert vom Rechtstädtischen Rathaus und St. Marien. Nach links folgen in der Skyline die Kirchen St. Johann, St. Nikolai und St. Katharinen mit ihrem Turmabschluß von 1486 als doppeltes Satteldach wie auf St. Marien bis heute. (Erst 1634 erhielt nach einem Stadtbrand St. Katharinen die 4 Eckürmchen und einen Renaissance-Helmabschluß, der dem Dachreiter des altstädtischen Rathauses nachempfunden wurde.) Dann auf dem Bild weiter (nach links), nur mit angedeutetem spitzen Dachreiter St. Johann, der kleine, aber charakteristische Turm von St. Elisabeth und links außen St. Bartholomäi.

Vor St. Katharinen – aber in der Perspektive links daneben – das bereits genannte Renaissance-Türmchen des Altstädtischen Rathauses und rechts daneben die Türme der Mauerbefestigungsanlagen der Rechtstadt mit ‚Kiek-in-die-Kök', ‚Blumentopf' und ‚Strohturm'.

Es folgen die vier Giebel des neuen Zeughauses (1602 bis 1605 von Antony van Obbergen erbaut) und zur rechten, südlichen Seite des Bildes sehen wir die Vorstadtkirchen Peter und Paul und das ehem. Franziskanerkloster mit der St. Trinitatiskirche und Annenkapelle. Hinter den Wällen – gleich vor dem Rechtstädtischen Rathaus – noch ein typischer Wehrturm, dreiseitig umschlossen und zur Stadt hin offen und auf der Ecke – wie bei Moeller – der große neue Turm, dahinter nicht sichtbar der Weiße Turm und dann wieder deutlich „unser" Trumpfturm.

Die der Mauerbefestigung folgenden Rondellanlagen gingen – wie ausgeführt – in die Bastionärbefestigung über oder besser gesagt unter. Van den Block zeigt wieder zunächst vom Hohen Tor nach Norden (links) ein kleines Blockhaus zur Sicherung des Radaunekanal-Zuflusses in die Stadt und dann die Bastion St. Elisabeth und auf der Ecke Hl. Leichnam. Beide, nach den in der nähe liegenden Kirche bzw. Hospitalanlagen genannt. St. Elisabeth innerhalb der Wälle und Hl. Leichnam außerhalb. Nach rechts – Süden – folgen die große Karrenbastion, die etwas kleinere Bastion Katze und wieder die große Wiebenbastion, die sich in der Zeichnung mit der Gertrudenbastion verschneidet.

Diese Stadtansicht, dieses Panorama ist einfach im Kontext unserer bekannten Informationen (von denen ich Ihnen einige wenige nannte) unerschöpflich und unerreicht und man könnte immer weiter tiefer in Ensembles, Gebäude oder Details einsteigen. Wichtig war mir innerhalb von vergleichenden Bildern und Erläuterungen auf baugeschichtliche Entwicklungen – heute mit dem Schwerpunkt Stadtbefestigungen – hinzuweisen und innerhalb dieser Ausführungen auf mein Beispiel zurückkommend sehe ich den bedauerlichen Einsturz des Trumpfturmes auch als Chance beispielhafter Stadterneuerung für das Quartier der Vorstadt und darüber hinaus eine Ergänzung des Geschichtsbildes städtebaulicher Entwicklung zur Stärkung jener Faszination, die die Stadt Danzig nun einmal zunehmend besitzt.

„Die Vergangenheit hat mir den Bau der Zukunft enthüllt" (de Chardin).

Wichtige Literatur

A n d e r s, Wiesław, Zagadnienia rewolaryzacji i modernizacji starych zespołów mieszkaniowych na przykładach miast Polski północnej, in: Zeszyty Naukowe Politechniki Gdańskiej – Architektura 13, 1976, S. 61–116.

B i e r n a t, Czesław, und Edmund C i e ś l a k, Dzieje Gdańska, Gdańsk 1969; ³1994.

B i s k u p, Krzysztof, und Marian G a w l i c k i, Studium konserwatorsko-urbanistyczne do miejscowego planu szczegółowego zagospodarowania przestrzennego i rewaloryzacji „Wisłoujście – Westerplatte", Gdańsk 1986.

B o g u c k a, Maria, Das Alte Danzig, Leipzig 1980.

B o l d u a n, Tadeusz, Gdańsk 1945–1965, Warszawa 1967.

B r o c k, Ingrid, Der Wiederaufbau Danzigs, in: Bauen und Erhalten in Polen, zuerst in: BAUMEISTER-Zeitschrift für Architektur – Planung – Umwelt 12, 197, S. 1332–1338, Düsseldorf/Bonn 1981.

Danzig in acht Jahrhunderten. Beiträge zur Geschichte eines hansischen und preußischen Mittelpunktes, hg. v. Bernhart J ä h n i g u. Peter L e t k e m a n n (Quellen und Darstellungen zur Geschichte Westpreußens 23), Münster 1985.

Danzig und seine Bauten. 1908. Hg. v. Westpreußischen Architekten- und Ingenieurverein zu Danzig, Berlin 1908.

D e i s c h, Matthäus, Fünfzig Prospekte von Danzig, hg. v. Ernst B a h r, Lüneburg 1976.

D e u r e r, Wolfgang, Danzig. Die Dokumentation 52 historischer Kirchen, Wesel 1996.

D e u r e r, Wolfgang, Die polnische konservatorische Schule in ihrer internationalen Entwicklung und Zusammenarbeit und die Rekonstruktion der Innenstadt von Danzig, in: Dokumentation der Jahrestagung 1986 in Danzig. Arbeitskreis, Theorie und Lehre der Denkmalpflege. Bamberg 1991, S. 20–27.

D e u r e r, Wolfgang, Polnische Denkmalpflege am Scheideweg. Leistung und Kritik am Wiederaufbaubeispiel der Stadt Danzig, in: Nordost-Archiv. Zeitschrift für Kulturgeschichte und Landeskunde Jg. 17, H. 75, 1984, S. 21–34.

D e u r e r, Wolfgang, Gdańsk – 50 lat Niedokończonej Rekonstrukcji (Obraz miasta na rozdrożu), in: Miasto historyczne w dialogu ze współczesnością, Gdańsk 2002, S. 377–387.

D r o s t, Willi, Kunstdenkmäler der Stadt Danzig, Bd. 1–5, Stuttgart 1957–1972.

G r u b e r, Karl, und Erich K e y s e r, Die Baudenkmäler der Freien Stadt Danzig, Berlin 1929.

G r u s z k o w s k i, Wiesław, Der Wiederaufbau der Rechtstadt in Gdańsk (Danzig) aus der Sicht eines Städtebauers, in: Materialien des Symposiums Kaiserslautern, Juni 1986. Ungedrucktes Manuskript (Exemplar Archiv Wolfgang Deurer, Wesel).

H a h l w e g, Werner, Das Kriegswesen der Stadt Danzig, Bd. 1: Die Grundzüge der Danziger Wehrverfassung 1454–1793, Berlin 1937, Ndr. Osnabrück 1982.

H e w e l t, Werner, Danzig, ein europäisches Kulturdenkmal, Lübeck 1988.

Historia Gdańska, hg. v. Eduard C i e ś l a k, Bd. 1–5, Gdańsk 1978–1997.

H o b u r g, Karl, Geschichte der Festungswerke Danzigs, Danzig 1852, Ndr. Osnabrück 1986.

Keyser, Erich, Die Baugeschichte der Stadt Danzig, hg. v. Ernst Bahr, Köln/Wien 1972.

Kloeppel, Otto, Das Stadtbild von Danzig in den drei Jahrhunderten seiner großen Geschichte, Danzig 1937.

Köhler, Gustav, Geschichte der Festungen Danzig und Weichselmünde bis zum Jahre 1814, Bd. 1–2, Breslau 1893.

Stankiewicz, Jerzy, Die Probleme der ersten Kirchenanlagen in Gdańsk, in: Kirche und Gesellschaft im Ostseeraum und im Norden vor der Mitte des 13. Jahrhunderts (Acta Visbiensia 3, 1967), Göteborg 1969, S. 221–239.

Stankiewicz, Jerzy, Probleme der Erforschung und des Wiederaufbaues der alten Stadtzentren des polnischen Ostseeraumes mit besonderer Berücksichtigung von Gdańsk und Szczecin, in: Zeszyty Naukowe Politechniki Gdańskiej Nr. 237, Architektura 12, 1975, S. 63–78.

Stankiewicz, Jerzy, Entwicklung und Architektur der Danziger Befestigungen, in: Zeitschrift für Festungsforschung 1988, S. 9–20.

Swedrzyński, Cz., Ein Beispiel der Gestaltungsprobleme einer Stadt mit Bezug auf ihre Kulturdenkmäler, in: Materialien des Symposions Kaiserslautern Juni 86, Kaiserslautern 1986. Ungedrucktes Manuskript (Exemplar Archiv Wolgang Deurer, Wesel).

Zbierski, Andrzej, Slawische Seehäfen im Frühmittelalter, in: Archaeologia Poloniae, T. 15, 1974, S. 107–121.

Abb. 1. P. van der Aa: Stadtansicht vom Bischofsberge aus (um 1700)

Abb. 2. Einsturz des Trumpfturmes vom 3. März 1982 (Foto W. Deurer)

Abb. 3. Zustand des Trumpfturmes nach dem Kriege (mit Notdach) bis 1982 (Foto W. Deurer)

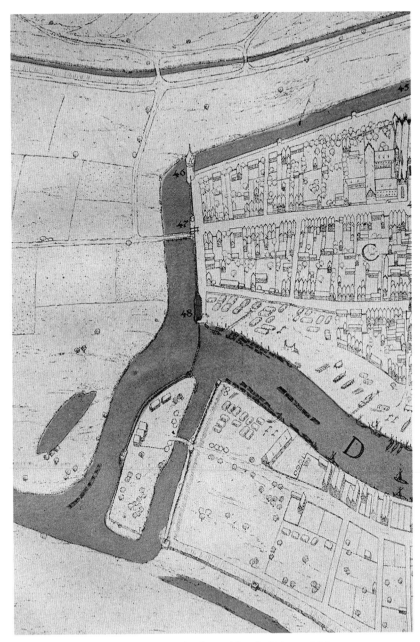

Abb. 4. Stadtrekonstruktionsplan nach Kloeppel für die Zeit um 1400 (Verteidigungsbereich des Trumpfturmes rot markiert)

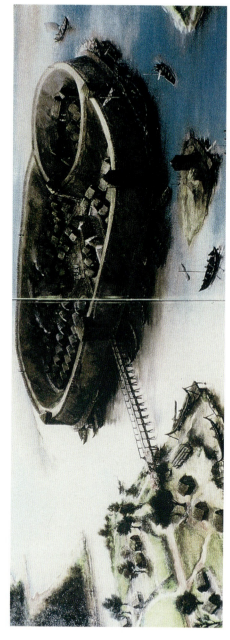

Abb. 5. Erste Burgsiedlung mit befestigtem Herrschersitz (nach A. Zbierski)

„Über den Umgang mit der Stadtbefestigung"   29

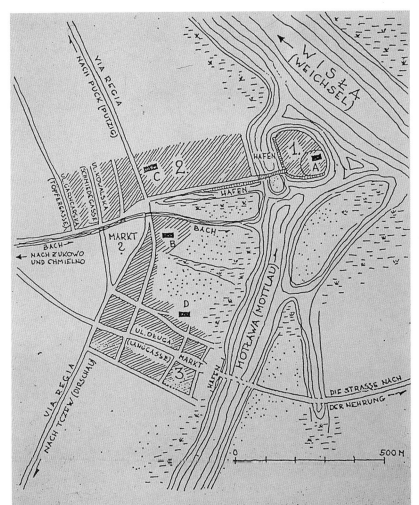

DANZIG — Der Siedlungskomplex in der Mitte des XIII. Jahrhunderts. Einzelne Siedlungen: 1. — Castrum, 2. — Civitas, 3. — Burgum. Kirchenanlagen: A — Vermutlich Burgkapelle, B — St. Nikolai, C — St. Katharinen, D — Marienkirche. Schraffiert: vermutliches Siedlungsgelände in der Mitte des XIII. Jahrhunderts.

Abb. 6. Besiedlungsphase Mitte 13. Jh (nach J. Stankiewicz)

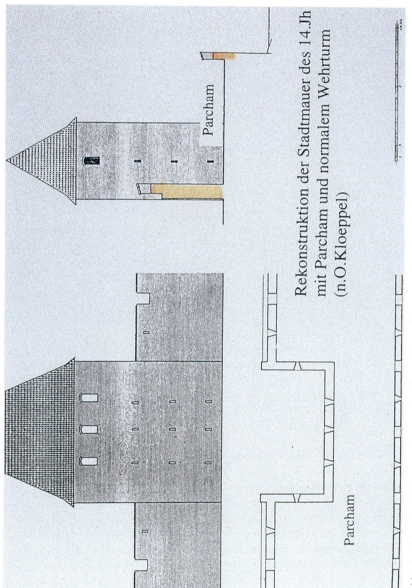

Abb. 7. Rekonstruktion der Stadtmauer (nach O. Kloeppel)

„Über den Umgang mit der Stadtbefestigung"

Abb. 8. Schema der Mauerbefestigung mit Wehrtürmen und Stadttoren

Abb. 9. Rekonstruktionszeichnung Kuhtor mit -Brücke

Abb. 10. Rekonstruktionszeichnung Krantor

Abb. 11. Rekonstruktion der Milchkannen-Toranlage (nach O. Kloeppel)

„Über den Umgang mit der Stadtbefestigung"   35

Abb. 12. Milchkammertor heute (Foto W. Deurer)

Abb. 13. Stadtansicht von Braun-Hogenberg 1573

„Über den Umgang mit der Stadtbefestigung"

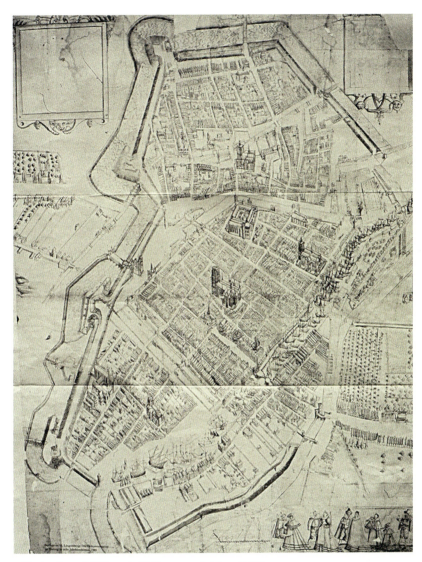

Abb. 14. Grundrißblatt, A. Möller zugeschrieben (1600)

Abb. 15. Rekonstruktion des Stadtgrundrisses um 1720 (nach O. Kloeppel)

„Über den Umgang mit der Stadtbefestigung"

Abb. 16. M. Deisch, 1765, Stadtgraben und Befestigung mit Jakobs- und Bartholomäi-Kirche

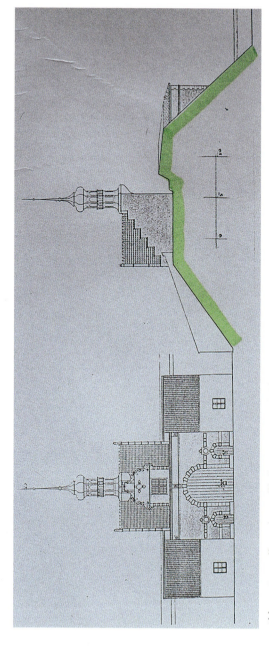

Abb. 17. Darstellung der Wallbefestigung am Jakobstor (nach O. Kloeppel)

"Über den Umgang mit der Stadtbefestigung"

Abb. 18. Legetor-Walldurchstich mit Befestigungsarchitektur (Foto W. Deurer)

Abb. 19. *Karrentor, 1895 aus den abgetragenen Erdwällen zum Vorschein gekommen und abgerissen.*

„Über den Umgang mit der Stadtbefestigung"   43

Abb. 20. Radauneturm, 1895, aus den niedergelegten Wällen zu Tage getreten und abgebrochen

Abb. 21. Vormaliges Restaurant MAJOR auf der Langgasse, 3 Haussegmente einnehmend (2 davon mit ausgefahrenem Sonnenschutz), Foto W. Deurer

„Über den Umgang mit der Stadtbefestigung" 45

Abb. 22. Blick vom Haus der Naturforschenden Gesellschaft auf die Speicherinsel (Foto W. Deurer)

Abb. 23. Speicherinsel von der Neuen Mottlau aus gesehen (Foto W. Deurer)

„Über den Umgang mit der Stadtbefestigung"

Abb. 24. Steinschleuse von der nahegelegenen Bastion gesehen (Foto W. Deurer)

Abb. 25. Alte Bahnlinie von Dirschau mit Grabenbrücke und Walldurchstich (Foto W. Deurer)

„Über den Umgang mit der Stadtbefestigung" 49

Abb. 26. Stadthofturm mit Mauer am Vorstädtischen Graben (Foto W. Deurer)

Abb. 27. Ehemals zum Stadtinneren offener Wehrturm in der Hintergasse (Foto W. Deurer)

Abb. 28. Wehrturm in der Laternengasse (Foto W. Deurer)

Abb. 29. „Kiek in die Kök" mit Katharinenkirche (Foto W. Deurer)

„Über den Umgang mit der Stadtbefestigung" 53

Abb. 30. Stadtmauerfragment am Altstädtischen Graben (Foto W. Deurer)

Abb. 31. Kopf des Trumpfturmes. Zustand bis Kriegsende

Abb. 32. Der Weiße Turm (Foto W. Deurer)

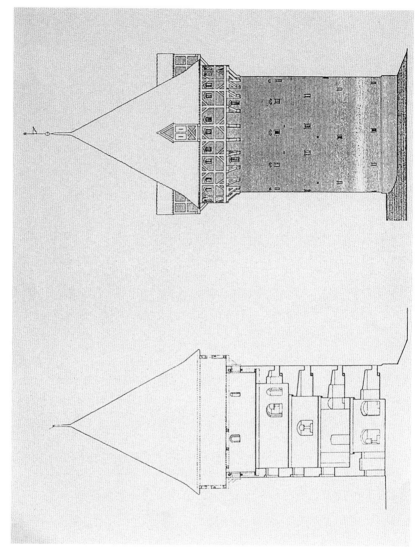

Abb. 33. Rekonstruktionszeichnung des Trumpfturmes nach O. Kloeppel

„Über den Umgang mit der Stadtbefestigung" 57

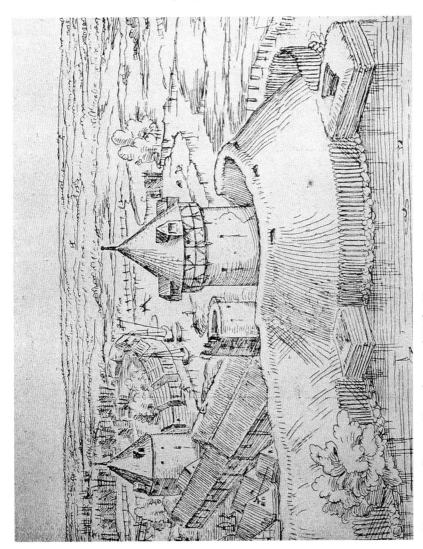

Abb. 34. A. Möller, 1593, Trumpfturm und Weißer Turm

Abb. 35. Trumpfturm nach Schutträumung. Zustand 2003 (Foto W. Deurer)

„Über den Umgang mit der Stadtbefestigung" 59

Abb. 36. Festung Weichselmünde (Foto W. Deurer)

Abb. 37. Isaak van den Block (1608), Deckengemälde im Rechtstädtischen Rathaus „Allegorie des Danziger Handels" mit Triumphbogen, handelnden Personen und in die Ostsee fließender Weichsel

„Über den Umgang mit der Stadtbefestigung" 61

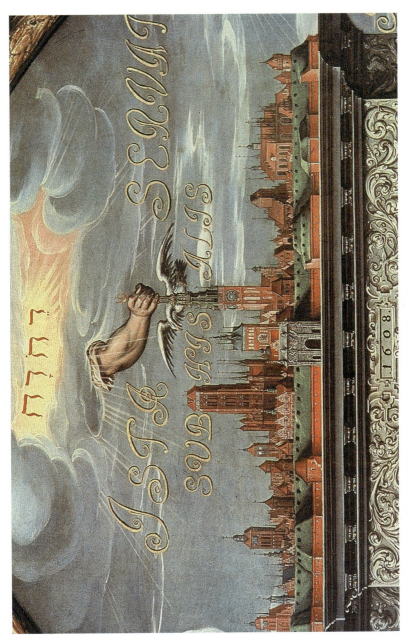

Abb. 38. Isaak van den Block (1608), Stadtpanorama auf dem Triumphbogen

Die mittelalterlichen Handschriften der Danziger Marienbibliothek

von Anette Löffler

1. Einleitung

Die mittelalterlichen Handschriften der Danziger Marienbibliothek, 1921 von Otto Günther mustergültig beschrieben, nehmen einen hervorragenden Platz unter den vergleichbaren Beständen einer spätmittelalterlichen Kirchenbibliothek ein[1]. Dies soll an dieser Stelle zum Anlass genommen werden, die Kirchenbibliothek St. Marien in dieser Eigenschaft in einen entsprechenden Kontext zu stellen, d. h. Vergleiche mit dem Buchbesitz anderer Kirchenbibliotheken anzustellen und die besondere Danziger Situation herauszuarbeiten. Weiterhin soll versucht werden, diese Bibliothek auch mit dem Buchbesitz der Ordensbibliotheken zu vergleichen. Dieser Vergleich wird, um das Ergebnis vorwegzunehmen, die Exaltiertheit dieses Bestandes weiterhin nachdrücklich unterstreichen. Zum Abschluss sollen die Charakteristika der Handschriften und ihre Interpretationsmöglichkeiten erläutert werden.

2. Die Typologie von Bibliotheken

Die Anzahl erhaltener, mittelalterlicher Bibliotheken ist gar nicht so gering, wie es zunächst den Anschein haben mag. Da Kirchenbibliotheken einen Sondertypus einer mittelalterlichen Bibliothek darstellen, seien zunächst die verschiedenen Bibliothekstypen genauer untersucht, um dann dort die Kirchenbibliothek zu verorten. Im Wesentlichen lassen sich Bibliotheken in drei Großgruppen unterteilen: Bibliotheken aus dem universitären Bereich, allgemeine Bibliotheken aus dem „öffentlichen" Bereich und Bibliotheken geistlicher Institutionen[2]. Von einer weiteren

---

1 Otto G ü n t h e r, Die Handschriften der Kirchenbibliothek von St. Marien in Danzig (Katalog der Danziger Stadtbibliothek 5), Danzig 1921.
2 Eine Untersuchung von Bibliotheken mit Schwerpunkt Preußenland jetzt bei Ralf G. P ä s l e r, Deutschsprachige Sachliteratur im Preußenland bis 1500. Untersu-

Gruppe, den Privatbibliotheken, kann in diesem Sinne nur sehr vereinzelt geredet werden; diese Anzahl dürfte insgesamt so gering zu veranschlagen sein, dass auf eine eigene Gruppe in dieser Untersuchung verzichtet werden kann.

a) Bibliotheken aus dem universitären Bereich

Aus dem genannten Bereich ist vor allem an drei Bibliothekstypen zu denken. In enger Verknüpfung mit der Entstehung einer Universität sind die Bibliotheken der Universitätskollegien zu sehen. Frühzeitig nach den einschlägigen Universitätsgründungen wurden seitens der Universität Häuser zur Verfügung gestellt, welche sowohl Professoren als auch Studenten zum Wohnen und Lernen offen standen, die sog. Kollegien. Berühmte Beispiele für Kollegien mit herausragendem Buchbesitz waren das Collegium Amplonianum in Erfurt sowie das Große und Kleine Fürstenkolleg in Leipzig.

Das Collegium portae celi, später Collegium Amplonianum genannt, wurde am 29. September 1434 begründet[3]. Sein Gründer, der Mediziner Amplonius Rating de Bercka, gab genau vor, wie er seine Büchersammlung von 633 mittelalterlichen Codices behandelt haben wollte. Ein von der Hand des Amplonius erstellter Katalog gab Auskunft über Art und Umfang dieser einzigartigen Sammlung[4].

Die beiden Leipziger Fürstenkollegien, vom sächsischen Kurfürsten gestiftet, sind ebenfalls bereits im 15. Jahrhundert nachweisbar[5]. Gleichwohl ist der Buchbesitz dieser beiden Kollegien nicht mit dem Erfurter vergleichbar, wenngleich ein von Joachim Olearius erstelltes Bücherverzeichnis des Gro-

---

chungen zu ihrer Überlieferung (Aus Archiven, Bibliotheken und Museen Mittel- und Osteuropas 2), Köln 2003, S. 53–81. Weiter auf diese Thematik eingehend Arno Mentzel-Reuters, Arma spiritualia. Bibliotheken, Bücher und Bildung im Deutschen Orden (Beiträge zum Buch- und Bibliothekswesen 47), Wiesbaden 2003, bes. S. 144–180.

3 Kathrin Paasch, Die Bibliothek des Collegium Amplonianum von 1434 bis 1945, in: Der Schatz des Amplonius. Die große Bibliothek des Mittelalters in Erfurt, Erfurt 2001, S. 38–49.

4 Andreas Speer, Translatio studiorum. Die mittelalterlichen Bibliotheken und die Weitergabe des Wissens, in: Der Schatz des Amplonius (wie Anm. 3), S. 12–18.

5 Katalog der Handschriften der Universitätsbibliothek Leipzig, Abteilung V, Band 2.2: Die theologischen Handschriften (Ms 626–750), beschrieben von Anette Löffler [in der Überarbeitung], Einleitung.

ßen Fürstenkollegs aus dem Jahre 1672 auch hier einen stattlichen Besitz wiedergibt[6]. Zu diesem Zeitpunkt umfasste die Bibliothek 114 Handschriften und 810 Drucke. Das Kleine Fürstenkolleg ließ 1507 ein Bücherverzeichnis erstellen, welches 125 Handschriften und Drucke umfasste[7].

Ein weiterer Bibliothekstyp des universitären Bereichs stellt die Fakultätsbibliothek dar. Die vier mittelalterlichen Fakultäten besaßen zumeist gleichfalls eigene, auf die Bedürfnisse von Professoren und Studenten ausgerichtete Bibliotheken. So war bereits in den Statuten der Philosophischen Fakultät der Universität Leipzig der Besitz von Büchern festgelegt[8]. Für die Philosophische Fakultät existierte ein Bücherverzeichnis aus dem Jahr 1471, welches 213 Titel umfasst[9]. Ein weiteres Bücherverzeichnis aus dem Jahr 1560 lässt erkennen, dass die Zahl der Bücher bereits auf 459 Titel angewachsen war[10].

b) Allgemeine Bibliotheken aus dem „öffentlichen" Bereich

Mit der Umschreibung „öffentlicher" Bereich sollen diejenigen Bibliotheken umschrieben werden, die der Allgemeinheit im weitesten Sinne dienen. Zu diesem Spektrum gehören bspw. die Schulbibliotheken, die überwiegend von Klöstern oder Stiften getragen wurden. Für das Mittelalter sind insgesamt wenige Beispiele belegt, bei denen zum Buchbesitz Aussagen gemacht werden können. Als ein sehr bekanntes Beispiel darf hier bspw. die Leipziger Thomas-Schule gelten, also die dem Augustinerchorherren-Stift St. Thomas angeschlossene Lateinschule, die der Bevölkerung als Lehr- und Bildungsinstitut offenstand[11]. Gleichwohl ist der Buchbesitz der Thomas-Schule von der des Thomasklosters nicht zu trennen, es können in

---

6 Joachim O l e a r i u s, Catalogus librorum Bibliothecae Collegii Majoris Principum in Academia Lipsiensis confectus, 1672, heute UB Leipzig, Ms 2595.
7 Dieses Verzeichnis befindet sich heute gleichfalls in der UB Leipzig, Ms 2595ᵇ.
8 Hierzu Detlef D ö r i n g, Die Bestandsentwicklung der Bibliothek der Philosophischen Fakultät der Universität zu Leipzig von ihren Anfängen bis zur Mitte des 16. Jahrhunderts. Ein Beitrag zur Wissenschaftsgeschichte der Leipziger Universität in ihrer vorreformatorischen Zeit (Zentralblatt für Bibliothekswesen Beiheft 99), Leipzig 1990.
9 Das Original befindet sich im Universitätsarchiv Leipzig, Phil. Fak. B XIV. Druck: D ö r i n g (wie Anm. 8), S. 55–62.
10 Dieses Verzeichnis liegt in der UB Leipzig, Ms 2594. Druck: D ö r i n g (wie Anm. 8), S. 63–79.
11 Dazu kurz Monika L i n d e r, Die Handschriften des Augustiner-Chorherrenstifts Leipzig um 1300 – eine Spurensuche, in: Leipziger Hefte 16, 2004, S. 149–163.

diesem konkreten Fall demnach keine Angaben über den Buchbesitz der Schule gegenüber dem des Stifts gemacht werden. Bei dem gesamten Buchbesitz des Thomasklosters, einschließlich der Thomas-Schule, fällt jedoch ein für Klöster ungewöhnlich hoher Anteil an Vokabularien und Grammatiken auf, so dass hier die Mutmaßung erlaubt ist, dass diese Gewichtung auf den Unterricht an der Thomas-Schule zurückgeht[12]. Über den genaueren Umfang der Bibliothek können zwar das mittelalterliche Handschriftenverzeichnis aus dem frühen 15. Jahrhundert sowie das Sequestrationsverzeichnis von 1541 Auskunft geben, eine Trennung der Bestände in Schul- und Klosterbibliothek ist jedoch leider auch hier nicht möglich[13].

An dieser Stelle sei als weiteres Beispiel auf eine Schulbibliothek auf das erzgebirgische Schneeberg verwiesen. Von der dortigen Schule befinden sich heute 23 Handschriften in der Landesbibliothek Dresden, die durch einen modernen Handschriftenkatalog erschlossen sind[14].

Eine weitere, im weitesten Sinne öffentliche Bibliothek stellt die Ratsbibliothek dar, aus der sich oftmals die Stadtbibliothek entwickelt hat. Überlieferungsschwerpunkte waren hier oft juristische Handschriften und Drucke, aber auch repräsentative Codices fanden ihren Weg in diese Bibliotheken. Zwei Beispiele beleuchten in aller Kürze die heute sehr unterschiedlichen Überlieferungszustände. Die ehemalige Ratsbibliothek in Leipzig, die heutige Stadtbibliothek, umfasst jetzt rund 400 mittelalterliche Handschriften, die überwiegend sehr kostbar illuminiert sind[15]. Sie

---

12 Zum Buchbesitz des Thomasklosters Anette L ö f f l e r, Die Leipziger Klosterbibliotheken und deren Buchbesitz um 1500 – eine Bestandsaufnahme, in: Bücher, Drucker, Bibliotheken in Mitteldeutschland. Neue Ergebnisse zur Kommunikations- und Mediengeschichte um 1500 (Schriften zur sächsischen Geschichte und Volkskunde) [im Druck].

13 L ö f f l e r (wie Anm. 12). Zum Verzeichnis des 15. Jahrhunderts s. eine Abschrift im StA Leipzig, Liber copiarum, fol. 87. Das Register gedruckt in: Codex diplomaticus Saxoniae Regiae. Urkundenbuch der Stadt Leipzig, hg. von Karl F r e i h e r r v o n P o s e r n - K l e t t, Bd. 2.9, Leipzig 1870, S. 162f., Nr. 187. Zum Sequestrationsverzeichnis s. das Original im HStA Dresden, Loc. 10532, Blatt 89–104. Gedruckt bei Dietmar D e b e s, Das Sequestrationsverzeichnis der Bibliothek des Thomasklosters zu Leipzig, in: Festschrift Hans Lülfing (Zentralblatt für Bibliothekswesen, Beiheft 83), Leipzig 1966, S. 83–95.

14 Renate S c h i p k e, Die mittelalterlichen Schneeberger Handschriften der Sächsischen Landesbibliothek Dresden (Zentralinventar mittelalterlicher Handschriften 8), Berlin 1985.

15 Ernst Wilhelm Robert N a u m a n n, Catalogus librorum manuscriptorum qui in Bibliotheca Senatoria Civitatis Lipsiensis asservantur, Grimma 1840; Dietmar D e b e s (Hg.), Zimelien. Bücherschätze der Universitätsbibliothek Leipzig, Leipzig 1988.

befindet sich inzwischen als Depositum in der UB Leipzig. Die Rats-, heute Stadtbibliothek der Hansestadt Lübeck besitzt nurmehr 12 mittelalterliche Handschriften, bei denen es sich ausnahmslos um juristische Codices handelt[16].

c) Bibliotheken geistlicher Institutionen

Den zentralen Überlieferungsstrang mittelalterlichen Wissens und mittelalterlicher Bildung bilden zweifelsohne die Klosterbibliotheken. Der Besitz und die Lektüre von Büchern wurde bereits in den frühen Ordensregeln aufgeführt, meist verbunden mit späteren Spezifizierungen. Dabei wurden die meisten Bibliotheken in Klöstern meist recht spät genannt, Bücherverzeichnisse blieben für die meisten Konvente eine Ausnahme[17]. Die Ausstattung der Klosterbibliotheken war sehr unterschiedlich, sie konnte von einer Bibliothek mit wenigen Codices bis zu einer über 1000 Bände umfassenden und mit einem eigenen Skriptorium versehenen Bibliothek reichen[18].

Weiterhin von meist grundlegender Bedeutung sind die Dombibliotheken, ein Sonderfall einer Kirchenbibliothek. Aufgrund der kirchenrechtlichen Bedeutung der Dome ist der heutige Buchbestand oft noch relativ hoch. So nennt die Dombibliothek Magdeburg 68 Handschriften ihr Eigen, die sich heute hauptsächlich in der Staatsbibliothek zu Berlin befinden[19]. Noch umfangreicher ist der Bestand der Dombibliothek Köln, der inzwischen größtenteils digitalisiert ist[20].

---

16 Sigrid K r ä m e r, Handschriftenerbe des deutschen Mittelalters (Mittelalterliches Handschriftenerbe. Bibliothekskataloge Deutschlands und der Schweiz Ergbd. 2), München 1989, S. 504.
17 Mittelalterliche Bibliothekskataloge Deutschlands und der Schweiz, mehrere Bände, München 1918–1979.
18 Es würde den Rahmen sprengen, auch nur ansatzweise einzelne Klosterbibliotheken zu nennen und zu belegen. Als besonders gelungene Untersuchung sei exemplarisch verwiesen auf Nigel P a l m e r, Zisterzienser und ihre Bücher. Die mittelalterliche Bibliotheksgeschichte von Kloster Eberbach im Rheingau unter besonderer Berücksichtigung der in Oxford und London aufbewahrten Handschriften, Regensburg 1998.
19 Ein Teil dieser Handschriften ist katalogisiert: Die Manuscripta Magdeburgica der Staatsbibliothek zu Berlin PK, Teil 1: Ms. Magdeb. 1–75, beschrieben von Ursula W i n t e r, Wiesbaden 2001.
20 Joachim P l o t z e c k (Hg.), Glaube und Wissen im Mittelalter. Die Kölner Dombibliothek, München 1998. Dazu www.ceec.uni-koeln.de.

Kirchenbibliotheken erfreuen sich erst seit kurzer Zeit einer umfassenderen Würdigung in der Forschung. Oft gehen sie auf die Stiftungen einzelner Priester oder Pfarrer zurück, und wachsen im Lauf der Jahrhunderte teilweise beträchtlich an. Prinzipiell kann davon ausgegangen werden, dass nahezu jede Pfarrkirche ihren eigenen Buchfundus, wenn auch in manchmal in recht geringem Umfang, besessen hatte.

3. Definition und Existenz von Kirchenbibliotheken

Der Typus ‚Kirchenbibliothek' ist erst in den letzten Jahren in den Blickpunkt der Forschung gerückt und in seiner Bedeutung erkannt worden. Die Erforschung des kirchlichen Bibliothekswesens führte lange Zeit ein Schattendasein, das erst allmählich in Forscherkreisen auf Interesse stieß[21]. Mehrere Gründe dürfen als Ursache für dieses langanhaltende Desinteresse angeführt werden. So sind die meist kleineren Sammlungen oft bis heute in den Kirchen verblieben, was oft zu Lasten der Zugänglichkeit geht, da die Öffnungszeiten von Bibliotheken und Archiven häufig wesentlich benutzerfreundlicher sind. Auch der geringe Umfang an mittelalterlichen Handschriften und/oder Inkunabeln dieser kleinen Kirchenbibliotheken stellt insofern ein Hindernis dar, als dass die Akzeptanz dieser Bibliotheken entsprechend schwach ausgeprägt ist. Ein weiterer Grund für die stiefmütterliche Behandlung der Kirchenbibliotheken dürfte in ihrem Aufgehen in den Büchersammlungen großer Bibliotheken liegen. So sind die 21 Handschriften der Kirchenbibliothek St. Andreas zu Braunschweig in den Wolfenbütteler Helmstadiana aufgegangen[22]. Die 64 mittelalterlichen Codices der Kirchenbibliothek Lüben wurden der Handschriftengruppe ‚Theologici latini' der Staatsbibliothek zu Berlin eingegliedert[23].

---

21 Einen Überblick bezüglich der evangelischen Kirchenbibliotheken in Nord- und Mitteldeutschland s. Uwe C z u b a t y n s k i, Adolf L a m i n s k i, Konrad v o n R a b e n a u, Kirchenbibliotheken als Forschungsaufgabe (Veröffentlichungen der Arbeitsgemeinschaft der Archive und Bibliotheken in der evangelischen Kirche 19), Neustadt/Aisch 1992. Weiterhin Uwe C z u b a t y n s k i, Armaria ecclesiae. Studien zur Geschichte des kirchlichen Bibliothekswesens (Veröffentlichungen [wie eben] 24), Neustadt/Aisch 1998.

22 Otto von H e i n e m a n n, Die Helmstedter Handschriften, 3 Bde., Wolfenbüttel 1884–1888; ND Frankfurt/Main 1963–1965 (Kataloge 1–3).

23 Peter Jörg B e c k e r / Tilo B r a n d i s, Die theologischen lateinischen Handschriften in Folio der Staatsbibliothek Preußischer Kulturbesitz Berlin, Teil 2: Ms. theol. lat. fol. 598–737, Wiesbaden 1985.

a) Definition

Im folgenden wird unter dem Begriff ‚Kirchenbibliothek' der mittelalterliche Buchbesitz einer Kirche und ihrer Altäre verstanden. Dieser Buchbesitz kann sowohl aus Handschriften als auch aus Inkunabeln oder beidem bestehen. Er umfasst sowohl lateinische als auch deutschsprachige Texte. Der oder die Gründer oder Stifter bzw. Mitstifter einer Kirchenbibliothek müssen nicht zwangsläufig dem geistlichen Bereich entstammen. So war der Gründer der Michelstädter Kirchenbibliothek, Nikolaus Matz, zwar studierter Theologe, dennoch arbeitete er als Verwaltungsbeamter des Speyrer Bischofs[24]. Eine wichtige Einschränkung bei der Betrachtung des Handschriftenbestandes von Kirchenbibliotheken ist die, dass liturgische Handschriften meist zum Kircheninventar gehörten und nicht zum eigentlichen Bibliotheksbestand gerechnet wurden. Neben pragmatisch-praktischen Gründen, wie etwa der kürzeste Weg zum Gebrauch im Gottesdienst, mögen hier auch finanzielle und sicherheitsrelevante Aspekte der oft gut ausgestatteten Liturgica maßgebend gewesen sein.

Die Anzahl der Kirchenbibliotheken in Mittel- bzw. in Mittel/Osteuropa lässt sich nur abschätzen. Im Handschriftenerbe von Sigrid Krämer werden nur die mittelalterlichen Bibliotheken auf deutschem Boden in der Ausdehnung von 1812 berücksichtigt[25]. Danach existierten in diesem Raum 102 Kirchenbibliotheken mit Handschriftenbeständen, eine Zahl, welche sicherlich noch deutlich erhöht werden muss. Einige dieser Bibliotheken besaßen auch mittelalterliche Bücherverzeichnisse, Uwe Neddermeyer geht von 283 Bücherverzeichnissen bzw. Bibliothekskatalogen des 9. bis 15. Jahrhunderts aus[26]. Dass diese Bücherverzeichnisse ganz andere Bestandszusammensetzungen wiedergeben, als sich in den heute erhaltenen Restbeständen fassen lässt, liegt auf der Hand.

---

24 Johannes S t a u b / Kurt Hans S t a u b, Die mittelalterlichen Handschriften der Nicolaus-Matz-Bibliothek (Kirchenbibliothek) in Michelstadt, Michelstadt 1999.
25 Die so bei K r ä m e r (wie Anm. 16), S. X, getroffene Auswahl scheint nicht auch nur einigermaßen vollständig zu sein. Zu dieser Methodik s. Uwe N e d d e r m e y e r, Von der Handschrift zum gedruckten Buch. Schriftlichkeit und Leseinteresse im Mittelalter und in der frühen Neuzeit. Quantitative und qualitative Aspekte (Buchwissenschaftliche Beiträge aus dem Deutschen Bucharchiv München 61/1–2), Wiesbaden 1998, hier bes. S. 52–55.
26 N e d d e r m e y e r (wie Anm. 25), S. 95. Leider sind viele Ausführungen Neddermeyers für den Deutschen Orden kaum oder gar nicht zu verwenden, da er den Deutschen Orden mit Johannitern und Antonitern subsummiert.

b) Handschriftenbestände in Kirchenbibliotheken

In einer ganzen Reihe von Kirchenbibliotheken haben sich ausschließlich liturgische Codices überliefert, nämlich in 39. Allerdings wird in 24 dieser Bibliotheken, also fast zwei Dritteln, nur eine einzige Handschrift aufbewahrt[27]. In weiteren zwölf Bibliotheken existieren zwei bis vier liturgische Handschriften[28]. Zusammengezählt ergibt sich ein recht eindeutiges Bild: mit drei Ausnahmen sind heute liturgische Klein- oder Kleinstbestände die Regel unter den Kirchenbibliotheken. Ein Blick auf die Ausnahmen ist jedoch gleichfalls sehr bezeichnend. Die Pfarrkirche St. Brictius in Schöppingen nennt fünf liturgische Codices ihr Eigen. St. Brictius kann auf eine Tradition seit der Zeit um 800 zurückschauen, insofern scheinen fünf Liturgica keine allzu große Anzahl zu sein, zumal jeweils zwei Handschriften auf dem 15. bzw. 16. Jahrhundert stammen, nur ein Missale war noch im 13. Jahrhundert geschrieben worden. Die 1190 urkundlich erwähnte Pfarrkirche St. Martin in Euskirchen besitzt sieben liturgische Handschriften, unter denen sich jedoch auch nur eine aus der Zeit um 1350/80 befindet[29].

Mit neun Handschriften ist der Bestand der Nürnberger Stadtpfarrkirche St. Lorenz am höchsten. Die aus dem 15. Jahrhundert stammende Kirche besaß freilich nur Liturgica aus dem 15. und 16. Jahrhundert. Nach Aussage der Bücherverzeichnisse von St. Lorenz aus den Jahren 1450 und 1466 kann dies jedoch höchstens einen Bruchteil der liturgischen Schriften darstellen[30]. Die neun Handschriften von St. Lorenz werden sowohl vom Alter als auch von der Anzahl her von denen der Danziger Marien-

---

27 Dies sind (auf der Grundlage von Krämers Auflistung): Bruck, Coesfeld St. Jacobus, Dorsten St. Agatha, Düsseldorf-Unterrath, Einen St. Bartholomäus, Ennigerloh St. Jacobus, Ersdorf, Freiburg/Br. St. Peter, Göttersdorf, Goslar St. Cosmas und Damian, Harsewinkel St. Lucia, Herstellen, Höchenschwand, Isselburg St. Bartholomäus, Köln St. Maria im Pesch, Legden St. Brigida, Marbach St. Nicolaus, Münster St. Lambertus, Ochtrup St. Lambertus, Ostenfelde St. Margareta, Rheine St. Dionysius, Ringgenweiler, Stettin St. Jacobus und Vreden St. Georgius.
28 Dies sind: Enniger St. Mauritius, Füchtorf St. Maria Himmelfahrt, Gimbte St. Johannes bap., Heek St. Ludgerus, Köln St. Alban, Köln St. Brigitte, Milte St. Johannes bap., Nienborg St. Petrus und Paulus, Olfen St. Vitus, Osterwick St. Fabianus und Sebastianus, Ottenstein St. Georg und Stadtlohn St. Otgerus.
29 Werner K r e m p, Quellen und Studien zum Responsorium prolixum in der Überlieferung der Euskirchener Offiziumsantiphonare, Köln 1958.
30 Mittelalterliche Bibliothekskataloge Deutschlands und der Schweiz, Teil 3.3: Bistum Bamberg, München 1939, S. 671–675.

bibliothek wesentlich übertroffen, insgesamt 30 liturgische Handschriften besaß die Kirche, die in seltenen Fällen bis in das 14. Jahrhundert zurückreichten. Damit nimmt sie ganz klar eine Spitzenposition ein.

Da die Liturgica eine Sonderstellung besaßen, soll nun der Bestand an nicht-liturgischen Handschriften in Kirchenbibliotheken genauer durchleuchtet werden. In 63 Bibliotheken sind derartige Codices vorhanden, doch auch hier existiert eine ähnliche Verteilung wie bei den liturgischen Handschriften. 28 Kirchenbibliotheken, das ist fast die Hälfte, besitzen lediglich eine einzige Handschrift[31]. Weitere 17 Kirchenbibliotheken besitzen zwei bis vier Handschriften[32]. Mit dem quantitativen Ansteigen der Handschriftenzahl sinkt die Anzahl der entsprechenden Bibliotheken. Nur noch für fünf Bibliotheken lassen sich fünf bis neun Handschriften nachweisen[33]. In der nächsten Kategorie, zehn bis 15 Handschriften, ist nur noch die Kirchenbibliothek Lüneburg vertreten.

Bei dieser Anzahl scheint eine Art Grenze zu liegen, denn mehr als 15 Handschriften sind für zehn Kirchenbibliotheken nachgewiesen. Natürlich sind diese zehn Bibliotheken sehr unterschiedlich einzustufen[34]. Die Bibliothek der Breslauer Pfarrkirche St. Maria Magdalena war wohl auch im Spätmittelalter nicht sehr groß, heute bewahrt die Universitätsbibliothek Breslau noch insgesamt 18 Handschriften auf. Für die Hamburger Pfarrkirche St. Petri ist charakteristisch, dass viele Bücher aus der Hand eines Vorbesitzers stammen, in diesem Fall des Johannes Toghelingh. Knapp ein Drittel dieser Codices sind vor dem Jahr 1400 geschrieben worden. Die Sulzbacher Pfarrkirche St. Maria Himmelfahrt hatte immerhin

31 Dies sind: Ascheberg, Auenheim, Bork St. Stephan, Bremen St. Martinus, Dessau, Dinkelsbühl St. Georgius, Düren St. Anna, Feldkirch St. Remigius, Göttingen St. Johannes, Grönenbach, Günzburg, Hannover St. Spiritus, Hannover St. Jacobus, Harsewinkel, Hilgenroth, Hörselgau, Irxleben, Köln St. Maria Lyskirchen, Lübeck St. Petri, Lüdinghausen, Neisse St. Felicitas, Neisse St. Anna, Pfarrkirchen, Quedlinburg St. Benedikt, Rhode St. Bartholomäus, Sobernheim, Stolberg St. Martinus und Weissenburg St. Andreas.
32 Das sind: Ahrweiler St. Laurentius, Aschaffenburg St. Agatha, Bensheim St. Georg, Eberstadt, Ehingen St. Blasius, Geroldshofen, Heilbronn St. Kilianus, Ingolstadt St. Mauritius, Köln St. Maria Ablass, Lübeck, Memmingen St. Martinus, Miltenberg St. Bonifatius, Quedlinburg St. Nikolaus, Ramsdorf St. Walburg, Rottweil, Stargard und Wemding St. Emmeramus.
33 Das sind: Ebern St. Laurentius, Köln St. Laurentius, München St. Petrus, Nürnberg St. Sebaldus und Sondershausen St. Trinitas.
34 Es sind: Breslau St. Maria Magdalena, Danzig St. Petrus, Fritzlar St. Peter, Hamburg St. Jacobus, Hamburg St. Petri, Kempten St. Magnus, Lüben, Sulzbach St. Maria Himmelfahrt und Wertheim.

87 Handschriften in ihrem Besitz, die sich heute überwiegend in der Bayerischen Staatsbibliothek München befinden[35]. In diesem Fall gibt es auch eine saubere Trennung von Bücherverzeichnis und Liturgica, welche im Verzeichnis des Kirchenschatzes 1446 gesondert aufgeführt werden.

Den Sonderstatus, den die Danziger Marienkirche einnimmt, zeigt die Anzahl von ca. 245 mittelalterlichen Handschriften, die auf der Grundlage des Kataloges von Otto Günther ermittelt werden konnten[36]. Allerdings müssen einige der dort aufgeführten Bände inzwischen als Kriegsverlust gelten. Zu diesen Kriegsverlusten gehört bspw. auch die Handschrift Ms. Mar. F 302, der 1372 geschriebenen Lectura super secundo libro decretalium des Johannes de Lignano, welche in einem Nachtrag die Ablässe des Deutschen Ordens verzeichnet[37].

c) Beispiele

Die Gründung von Kirchenbibliotheken scheint eine Art ‚Modeerscheinung' des 15. Jahrhunderts zu sein[38]. Die Bibliotheken der Pfarrkirchen Hamburg St. Jacobus (gegründet 1400), Elbing (gegründet 1403), Stargard (gegründet 1404) oder Lübeck (gegründet 1468) sprechen eine deutliche Sprache. Lediglich die Braunschweiger Pfarrkirche fällt aus dem Rahmen, hier begründete ein Magister Jordanus bereits 1309 die Büchersammlung.

Eine der bedeutsamsten, aber auch am besten erforschten Kirchenbibliotheken ist diejenige des Mainstädtchens Wertheim[39]. Die Büchersammlung wurden von dem aus Reutlingen gebürtigen Konrad Wellin im Jahr 1448 gegründet, wenngleich bereits 1445 in Wertheim damit begonnen wurde, ein Bibliotheksgebäude als Anbau an das nördliche Seitenschiff der Pfarrkirche zu errichten[40]. Wellin war Theologieprofessor an

---

35 Es handelt sich ganz überwiegend um theologisches Schriftgut, hauptsächlich Sermones.
36 Günther (wie Anm. 1).
37 Zur Beschreibung s. Günther (wie Anm. 1), S. 419–420.
38 Dazu allgemein Gustav Kohlfeldt, Zur Geschichte der Büchersammlungen und des Bücherbesitzes in Deutschland, in: Zs für Kulturgeschichte 4.7, 1900, S. 326–388. Hierzu auch Michele Ferrari, Die Pfarrbibliothek in Zug um 1500, in: Vil guote Buecher zuo Sant Oswalden. Die Pfarrbibliothek in Zug im 15. und 16. Jahrhundert, Zürich 2003, S. 21–38.
39 Wilhelm Stoll, Geschichte der Kirchenbibliothek Wertheim (Mainfränkische Studien 31), Würzburg 1984.
40 Stoll (wie Anm. 39), bes. S. 48.

der berühmten Kölner Universität und vermachte seinen Buchbesitz in einem testamentarischen Legat der Pfarrkirche. Insgesamt 63 Bände mit Inhalten aus den Gebieten von Theologie, kanonischem und bürgerlichem Recht, Medizin und den freien Künsten wurden nach Wertheim überführt. Zwei dieser Handschriften, Ms 483 und Ms 483 a, enthalten Vorlesungen, die er an der Kölner Universität gehalten hatte[41]. Weitere Stiftungen ließen die Wertheimer Kirchenbibliothek anwachsen. In einem Bücherinventar aus der Zeit um 1564 werden mindestens 354 Titel aufgeführt[42]. Dazu kommen sicher noch einige Einzeltitel, die im Verzeichnis als *etliche alte bucher* bezeichnet werden[43]. Auch muss man bedenken, dass nur zwei Jahre zuvor, 1562, altes Pergament, also alte Bücher, verkauft wurden, um neue Bücher zu erwerben[44].

Die Bibliothek der Kirchenbibliothek Michelstadt geht auf die Stiftung des Theologen Nikolaus Matz im Jahr 1499 zurück[45]. Nach seinem Wirken an den Universitäten Wien und Freiburg begab er sich 1478 in die Dienste des Speyrer Bischofs Ludwig von Helmstadt. Die von ihm hinterlassenen Bücher umfassten 14 Handschriften und 159 Inkunabeln, letzteres eine erstaunlich hohe Anzahl. Dass es sich um eine Sammlung aus ‚zeitgenössischer Literatur' handelte, zeigt sich darin, dass alle Handschriften aus dem 15. Jahrhundert stammen. Es darf angesichts des zahlenmäßigen Verhältnisses von Handschriften zu Inkunabeln darauf geschlossen werden, dass Matz hauptsächlich an Inkunabeln interessiert war und Handschriften lediglich eine Abrundung an Texten darstellten, welche mittels der neuen Drucktechnik noch nicht gedeckt werden konnte.

Als letztes Beispiel sei hier die Kirchenbibliothek von Schwabach kurz erwähnt. Sie ging 1470 aus einer Bücherstiftung des Johannes Ampffer hervor, die allerdings nur aus einem einzigen Buch bestanden hatte[46]. Mehrere neuzeitliche Bücherverzeichnisse existieren von der Bibliothek, ohne entsprechende Auskünfte auf den weiteren mittelalterlichen Buchbestand geben zu können. Heute gehören 23 Handschriften und 92 Inkunabeln zum Bestand der Kirchenbibliothek. Als inhaltliche Kriterien hat-

---

41 Bezeichnet mit *Lectura magistri Conradi Wellin*, vgl. S t o l l (wie Anm. 39), S. 69.
42 Das Verzeichnis gedruckt bei S t o l l (wie Anm. 39), S. 218–231.
43 S t o l l (wie Anm. 39), S. 225.
44 Stoll (wie Anm. 39), S. 215–216.
45 Staub/Staub (wie Anm. 24).
46 Dazu grundlegend Walter W a m b a c h, Die Kirchenbibliothek Schwabach. Geschichte und Bestand (Bibliotheca Bibliographica Aureliana 127), Baden-Baden 1990.

te bereits Wambach festgestellt, dass die Literatur der Bettelorden sehr stark repräsentiert ist.

4. Bibliotheken des Deutschen Ordens

Buchbesitz war beim Deutschen Orden nicht nur erlaubt, sondern geund erwünscht. Einschlägige Bemerkungen finden sich zuhauf in den Statuten des Ordens[47]. So wurde bspw. 1291 festgelegt, dass von Priesterbrüdern hinterlassene Bücher der Verfügungsgewalt des Deutschmeisters unterliegen[48]. Weiterhin heißt es dort, dass ausscheidende Priesterbrüder keine Bücher mitnehmen dürfen. Hochmeister Burchard von Schwanden verbot den Bücherverkauf an Ordensfremde[49]. Im Jahr 1341 wird den Ordenspfarren erlaubt, die Bücher verstorbener (Ordens-)Pfarrer zu sammeln.

Die Existenz von Bibliotheken in Ordenshäusern ist freilich erst spät zu belegen[50]. Bis zum Ende des 13. Jahrhunderts sind jedenfalls keine entsprechenden Bibliotheken nachweisbar. Für das Jahr 1341 ist die ‚Gründung' der Ordensbibliothek in Mühlhausen/Thüringen belegt, wobei unter Gründung hier eher eine erste Nennung einer Büchersammlung zu verstehen ist[51]. Im Jahr 1367 ist die Ordensbibliothek der Komturei Marburg nachzuweisen. Ein entsprechendes Bücherverzeichnis von 1476 gibt Auskunft über die Entwicklung dieser gut 100 Jahre[52]. Natürlich ließe

---

47 Zu den Bibliotheken des Deutschen Ordens vor allem in Preußenland jetzt ausführlich M e n t z e l - R e u t e r s, Arma spiritualia (wie Anm. 2), S. 209–383.
48 Die Statuten des Deutschen Ordens nach den ältesten Handschriften, hg. von Max P e r l b a c h, Halle 1890, Nachdruck Hildesheim 1975, S. 137–138.
49 P e r l b a c h (wie Anm. 48), S. 139.
50 Näher zu untersuchen wären außerdem Bibliotheken in Ordensspitälern oder der Buchbesitz einzelner Ordensbrüder, hierzu Arno M e n t z e l - R e u t e r s, Literatur im Deutschen Orden 1270 bis 1550, Typoskript 1994, S. 14–17. Danach zitiert bei P ä s l e r (wie Anm. 2), S. 58.
51 Heinz F i n g e r, Untersuchungen zur Geschichte der Bibliothek des Deutschen Ordens in Mergentheim, Teil 1, in: Gutenberg-Jb 1980, S. 325–354, hier S. 327.
52 Ursula B r a a s c h - S c h w e r s m a n, Das Deutschordenshaus Marburg: Wirtschaft und Verwaltung einer spätmittelalterlichen Grundherrschaft (Untersuchungen und Materialien zur Verfassungs- und Landesgeschichte 11), Marburg 1989, bes. S. 194–197 und 249–255; D i e s., In secundo scampno: Jacobus de Voragine. Einblicke in die Bücherbestände des Deutschen Ordens in Marburg, in: Der weite Blick des Historikers (FS Peter Johanek), Köln 2002, S. 139–158; Katharina S c h a a l, Das Deutschordenshaus Marburg in der Reformationszeit: der Säkularisationsversuch

sich diese Liste verlängern, aber bei weitem nicht beliebig. Die Informationen über die Ordensbibliotheken und entsprechende Bücherverzeichnisse sind als eher spärlich zu bezeichnen[53]. Diese Aussage lässt sich sowohl für die Balleien im Reich als auch für das Ordensland Preußen treffen. Eine Ausnahme bildet die Bibliothek in Mergentheim als Hochmeister- bzw. Deutschmeisterresidenz, wobei sowohl die Ausgangssituation als auch die spätere Versorgung mit Literatur nicht mit den anderen Ordensbibliotheken verglichen werden kann. So kommt es, dass die sich heute größtenteils in der Württembergischen Landesbibliothek in Stuttgart und im Deutschordenszentralarchiv in Wien befindlichen Codices aus Mergentheim insgesamt relativ viele preußische Provenienzen erkennen lassen.

Für das Ordensland Preußen ist die Ausgangssituation für eine Suche nach Ordensbibliotheken oder Bücherlisten als gut zu bezeichnen, da mit den einschlägigen Ämterbüchern wie etwa dem Großen Ämterbuch, dem Marienburger Ämterbuch oder dem Marienburger Treßlerbuch, Quellen vorliegen, die Auskunft über diesen Buchbesitz geben[54]. Diese Quellen unterteilen die Handschriften in liturgische und nicht-liturgische Handschriften sowie in deutsche und lateinische Literatur[55]. Freilich sind die Verzeichnisse in den Ämterbüchern eher als eine Art Standortkataloge denn als umfangreiche Bücherkataloge zu bezeichnen[56]. Diese Liste ließe sich verlängern. Für das Jahr 1434 werden für das Oberstmarschallamt Königsberg 60 lateinische und zehn deutsche Bücher genannt. 1440 werden in der Komturei Elbing 60 Bände aufgeführt, davon 20 theologische Werke und neun deutschsprachige Bände[57]. Weiterhin besaß die Bibliothek der Marienburg im Jahr 1394 53 Handschriften, darunter 41 lateinische und 12 deutschsprachige Codices[58].

---

und die Inventare von 1543 (Untersuchungen und Materialien zur Verfassungs- und Landesgeschichte 15), Marburg 1996, S. 356 ff.
53 M e n t z e l - R e u t e r s, Arma spiritualia (wie Anm. 2), S. 107 ff.
54 F i n g e r (wie Anm. 51), S. 327–331.
55 Edward P o t k o w s k i, Spirituality and reading. Book collections of the Teutonic Order in Prussia, in: Die Spiritualität der Ritterorden, hg. von Zenon Hubert N o w a k (Ordines militares. Colloquia Torunensia Historica 7), Toruń 1993, S. 217–240.
56 Darüber P ä s l e r (wie Anm. 2), S. 57, der seinerseits auf die nicht gedruckte Arbeit von Arno Mentzel-Reuters (wie Anm. 50), S. 14–15, verweist.
57 Das Große Ämterbuch des Deutschen Ordens, hg. von Walther Z i e s e m e r, Danzig 1921, S. 32 und 93.
58 Das Marienburger Ämterbuch, hg. von Walther Z i e s e m e r, Danzig 1916, S. 124–125.

Ein weiterer Sonderfall ist die Ordensbibliothek in Tapiau. Hier wurden nach dem Zweiten Thorner Frieden die Bestände verschiedener preußischer Ordensbibliotheken im Jahr 1468 zusammengeführt[59]. Da sich für Tapiau keine Ablieferungsverzeichnisse erhalten haben, ist es nicht möglich, einzelne Buchnennungen konkreten Handschriften oder Ordensbibliotheken zuzuweisen. Im Ordensland Preußen gab es darüber hinaus einige Ordensbibliotheken, über die wir vor allem über die Ämterbücher einigermaßen unterrichtet sind. So existierten in Thorn zwei Ordensbibliotheken. Die Bibliothek der Komturei besaß 1440 27 Handschriften[60]. Davon waren sieben deutsche Bücher, darunter eine eigens aufgeführte Reimchronik, die übrigen Handschriften waren Liturgica. Die Patronatspfarre nannte bereits im Jahr 1405 16 Handschriften ihr Eigen, wobei es sich hauptsächlich um theologische und liturgische Literatur handelte[61].

Die Stadt Danzig besaß sogar drei Bibliotheken, von denen die der Komturei mit 29 Handschriften, darunter neun deutsche, im Jahr 1416 die kleinste war[62]. Für diese frühe Zeit ein erstaunlich hoher Anteil an deutschen Texten! Einen geringfügig größeren Buchbestand hatte die Kirchenbibliothek St. Petrus, eigentlich eine Kirchen- und Schulbibliothek, deren Reste sich heute in der Bibliothek der Polnischen Akademie der Wissenschaften in Danzig befindet[63]. Die dort vorhandenen Codices waren stark homiletisch bestimmt. In den preußischen Bistümern sowie im Ermland gab es neben den Danzigern noch weitere Kirchenbibliotheken. Hier ist etwa an die Kirchenbibliotheken in Graudenz, Thorn, Elbing oder Kulm zu denken[64].

---

59 Hans-Georg Malz, Das Bibliothekswesen des Deutschen Ritterordens in Preußen unter besonderer Berücksichtigung des Verzeichnisses der Ordensliberei Tapiau, [Masch.] Köln 1970; Eckhard Grunwald, Das Register der Ordensliberei Tapiau aus den Jahren 1541–1543. Eine Quelle zur Frühgeschichte der ehem. Staats- und Universitätsbibliothek Königsberg, in: Berichte und Forschungen 1, 1993, S. 55–91.
60 Ämterbuch (wie Anm. 57), S. 453.
61 Ämterbuch (wie Anm. 57), S. 461.
62 Ämterbuch (wie Anm. 57), S. 694.
63 Paul Simson, Geschichte der Schule zu St. Petri et Pauli in Danzig, Bd. 1: Die Kirchen- und Lateinschule 1436–1817, Danzig 1904. Eine Auflistung bei Krämer (wie Anm. 16), S. 162–163.
64 Hanns Bauer, Bildungs- und Bibliothekswesen im Ordenslande Preußen, in: Zeitschrift für Bibliothekswesen 46, 1929, S. 391–406, hier S. 404. Sehr gut und ausführlich zur Bibliothek des samländischen Domkapitels in Königsberg Päsler (wie Anm. 2), S. 61–69. Zu Kulm auch Zenon Hubert Nowak/Janusz Tandecki (Hg.), Księga czynszów Fary Chełmińskiej (1435–1496), Toruń 1994, S. 27, Nr. 261.

Heinz Finger schrieb vor Jahren im Gutenberg-Jahrbuch, dass der hohe Anteil liturgischer ‚Literatur' für Preußen typisch sei[65]. Es ist sicherlich zutreffend, dass dieser Anteil hoch war, aber im Ordensland Preußen nahm der Orden in umfangreichem Maße seelsorgerische Pflichten wahr, zu denen bspw. das Pfarrrecht und seine Ausübung gehörte[66]. Andererseits weiß man über die Balleien im Reich bezüglich Verteilung der Bücher zu wenig, um hier konkrete Aussagen treffen zu können. Hier sei beispielsweise auf den Fall der Kommende Koblenz verwiesen, wo sich zehn liturgische Handschriften allein deshalb erhalten haben, da sie der bibliophile Baron Hüpsch erwarb und sie auf diesem Wege nach Darmstadt gelangten, wo sie heute aufbewahrt werden. Einen Überblick über die Bibliotheken in Preußenland bis 1500 findet sich bei Ralf Päsler, der sie alphabetisch auflistet und kurze Angaben zum Inhalt und der Existenz von Bücherverzeichnissen gibt.[67] Speziell zu den Deutschordensbibliotheken handelt die jüngst erschienene Habilitationsschrift von Arno Mentzel-Reuters[68].

5. Die Danziger Marienbibliothek

a) Geschichte

Die Danziger Marienbibliothek wurde wohl 1413 oder kurz zuvor von dem Deutschordenspriester Andreas Slommow gegründet[69]. Am 24. Juni 1413 bestätigte Hochmeister Heinrich von Plauen die Bibliotheksgründung. Andreas Slommow versah von 1398–1438 die Pfarre an St. Marien. Aus seinem Besitz stammen die Handschriften Ms. Mar. F 239, F 266, F 311 und Q 7. Bei diesen Handschriften handelt es sich um eine theologisch-philosophische Sammelhandschrift aus der zweiten Hälfte des 14. Jahrhunderts (Ms. Mar. F 239), um Schriften des Konzils von Pisa

---

65 Finger (wie Anm. 50), S. 330–331.
66 Bernhart Jähnig (Hg.), Kirche im Dorf. Ihre Bedeutung für die kulturelle Entwicklung der ländlichen Gesellschaft im „Preußenland", 13.–18. Jahrhundert, Berlin 2002.
67 Päsler (wie Anm. 2), S. 361–394.
68 Mentzel-Reuters (wie Anm. 2), bes. S. 105–383.
69 Günther (wie Anm. 1), S. 1–3; Friedrich Schwarz, Die Marienbibliothek in Danzig, in: Ostdeutsche Monatshefte 8, 1927, S. 391–398.

(Ms. Mar. F 266), um einen Codex mit Textes des Paulus Orosius (Ms. Mar. F 311) und Boethius (Ms. Mar. Q 7)[70].

Nach Andreas Slommow versah Johannes Zager den Dienst an St. Marien. Er legte in insgesamt 17 Handschriften ein Inhaltsverzeichnis an, vielleicht waren es Codices, deren Inhalt ihn besonders interessierte. Außerdem bedachte er einen Teil dieser Handschriften mit Marginalglossen und Kommentaren. Bislang waren die Handschriften im Pfarrhaus aufbewahrt worden. Dies änderte sich nach 1450 durch die Stiftung von Katharina und Johann Meydeburg. Nach dem Tode seiner Frau vermachte Johann Meydeburg die Allerheiligenkapelle der Priesterbruderschaft von St. Marien, damit dort eine Bibliothek eingerichtet werde. Im Jahr 1462 befindet sich die ‚Allerheiligenbibliothek' definitiv dort, d. h. spätestens zu diesem Zeitpunkt war die Stiftung umgesetzt.

In diese Zeit fällt das 34-jährige Wirken des Altaristen und Vikars Heinrich Calow. Er orientierte sich offensichtlich teilweise an Johannes Zager, denn er schrieb in weitere über 50 Handschriften Inhaltsverzeichnisse hinein. Daneben ließ er die heute teils noch erhaltenen Titelschilder auf den Handschriften anbringen. Dies bedeutet, dass die Codices zu diesem Zeitpunkt bereits gebunden gewesen sein müssen, weshalb man Calow ebenfalls als Initiator der Einbandbeschaffung betrachten muss, die hauptsächlich in den Danziger Einbandwerkstätten älterer und jüngerer Drachenbuchbinder vorgenommen wurde[71]. Zager vergleichbar besaß auch Heinrich Calow vier Handschriften. Ms. Mar. F 133 ist eine theologische Sammelhandschrift der 1. Hälfte des 15. Jahrhunderts, Ms. Mar. F 253 ist eine 1421 in Kulm geschriebene, homiletische Sammelhandschrift. Ms. Mar. F 275 beinhaltet das Decretum Gratiani aus dem 13. Jahrhundert und Ms. Mar. Q 9 umfasst die Poetria nova des Galfredus Anglicus[72].

---

70 Die Beschreibungen s. Günther (wie Anm. 1), S. 260–265, 325–340, 436 und 470–471.
71 Günther (wie Anm. 1), S. 42–55. Zu den Danziger Einbandwerkstätten s. Ilse Schunke/Konrad von Rabenau, Die Schwenke-Sammlung gotischer Stempel- und Einbanddurchreibungen, nach Motiven geordnet und nach Werkstätten bestimmt und beschrieben (Beiträge zur Inkunabelkunde 3/7 und 3/10), Berlin 1979–1996, S. 60–65.
72 Günther (wie Anm. 1), S. 125–128, 296–303, 354–355 und 473–475.

b) Die Bücherverzeichnisse

Insgesamt drei spätmittelalterliche bzw. neuzeitliche Bücherverzeichnisse der Danziger Marienbibliothek haben sich erhalten. Das älteste Verzeichnis befand sich in Ms. Mar. F 314, ein Codex, der als Kriegsverlust gilt. Glücklicherweise gibt es eine jüngere Abschrift, so dass wir über seinen Inhalt genau informiert sind. Das Bücherverzeichnis wurde von zwei Händen in größerem, zeitlichen Abstand geschrieben. Der ältere Teil ist auf 1460/70 zu datieren und führt überwiegend die Handschriften auf, welche zumeist in Pergament- und Papiercodices unterteilt werden. Dieser Teil des Kataloges basierte auf einer systematischen Ordnung der Texte. Der jüngere Teil wurde zu Anfang des 16. Jahrhunderts niedergeschrieben. Hier wurden, im Gegensatz zum älteren Teil, die Handschriften und Drucke in der Reihenfolge der Erwerbung aufgenommen. Die Anlage der Verzeichnisse erfolgte in Untergruppen, die mit den Buchstabensignaturen A bis Z versehen waren. Die Untergruppe A bis L stammte von der 1. Hand, von M bis Z von der 2. Hand. Auch in dieser 2. Untergruppe sind jedoch Handschriften aufgeführt, die die Buchstaben Q und Z belegten; die Buchstaben P, R und T hingegen waren ausschließlich mit Inkunabeln und Drucken belegt.

In diesem Verzeichnis werden auf die genannte Art und Weise insgesamt 59 Handschriften sowie 67 Inkunabeln oder Drucke aufgeführt. Sammelhandschriften werden in diesem Bücherverzeichnis nicht zusammengefasst, sondern die Hauptstücke der Codices werden einzeln aufgeführt.

Ein weiteres Bücherverzeichnis existiert in der Handschrift Ms. Mar. F 339, das in der Mitte des 17. Jahrhunderts angelegt wurde. Vom Umfang abgesehen, sind die Unterschiede gegenüber dem Verzeichnis in Ms. Mar. F 314 gering. Die Abteilungen wurden aus dem älteren Verzeichnis übernommen und erweitert. Noch ein weiteres Verzeichnis aus dieser Zeit hat sich erhalten, das von der Hand des Danziger Bürgermeisters Johann Nathanael Ferber. Ferber legte das Verzeichnis im Jahr 1694 an und Ferber ist es auch, auf den letztendlich die heutigen Signaturen zurückgehen. Er ließ Handschriften und Drucke nach Formaten aufstellen und übernahm diese Reihenfolge in sein Verzeichnis. So steht der Buchstabe ‚F' in der heutigen Signatur für ‚Folio', ‚Q' für ‚Quart', ‚O' für ‚Oktav' etc.

c) Die Datierung der Handschriften – datierte Handschriften

Ein Blick auf die Datierung der Handschriften der Danziger Marienbibliothek zeigt eine Teilung in verschiedene Altersstufen, die sich in der späten Gründung im Jahr 1413 widerspiegeln. Nur eine einzige Handschrift, Ms. Mar. F 421, besitzt als klassische theologische Sammelhandschrift Texte des 11.–15. Jahrhunderts, wobei es sich streng genommen um eine Fragmentenmappe handelt, die aus 10 Blättern besteht und Fragmente aus anderen Handschriften umfasst[73]. Bei der ältesten, in der Marienbibliothek aufbewahrten Handschrift handelt es sich um eine juristische Sammelhandschrift, Ms. Mar. F 275, des 12. und 13. Jahrhunderts[74]. Noch insgesamt acht weitere Sammelcodices streuen zwischen dem 13. bis 15. Jahrhundert.

Die folgenden vier Jahrhundertstufen gestalten sich folgendermaßen[75]: ein Codex wurde im 13. Jahrhundert geschrieben, 42 Handschriften stammen aus dem 14. Jahrhundert. Bei den genannten 42 Handschriften ist davon auszugehen, dass sie in späterer Zeit käuflich erworben wurden, wenngleich einige Codices unter Umständen in Danzig geschrieben sein könnten. 13 Handschriften sind der Wende vom 14. zum 15. Jahrhundert zuzurechnen. Das eindeutige Gros der Handschriften, nämlich 175, wurde im 15. Jahrhundert geschrieben, zu einem Zeitpunkt oder in einem Zeitraum, in dem die Marienbibliothek bereits bestand. Diese Beobachtungen gelten für sehr viele Kirchenbibliotheken.

Unter dem Begriff ‚datierte Handschriften' lässt sich der insgesamt doch eher selten anzutreffende Zustand fassen, dass der Schreiber oder Besitzer die geschriebene oder gerade erworbene Handschrift mit Jahreszahl, Name und/oder Ort versieht. Dabei spiegelt sich auch unter den datierten Handschriften der bereits konstatierte ‚Alters-Trend' wieder[76]. Ganze sieben, datierte Codices stammen aus dem 14. Jahrhundert, 50 hin-

---

73 G ü n t h e r (wie Anm. 1), S. 460–461. Der Inhalt besteht aus zwei Urkunden, einer Pulle Papst Eugens IV., drei Briefen sowie zwei Bruchstücke aus der Vulgata.
74 Bei diesem Codex handelt es sich hauptsächlich um das Decretum Gratiani, das aus dem Besitz des Heinrich Calow stammt.
75 S. hier Otto G ü n t h e r, Mittelalterliches aus den Handschriften der Marienkirche in Danzig, in: Aufsätze Fritz Milkau gewidmet, Leipzig 1921, S. 123–141. Die folgenden Zahlen differieren gegenüber den Angaben von Otto Günther in seinem Katalog etwas, offensichtlich hat er hier noch einige Datierungen geändert.
76 Eine qualitative Aufschlüsselung von datierten Handschriften bei verschiedenen Orden s. N e d d e r m e y e r (wie Anm. 25), S. 54–60.

gegen aus dem 15. Jahrhundert. Die älteste, auf 1372 datierte Handschrift, Ms. Mar. F 302, enthält eine Lectura über die Dekretalen[77]. Die nächstjüngere, datierte Handschrift ist Ms. Mar. F 258, eine im Jahr 1381 entstandene Predigtsammlung des Nikolaus de Gorra[78]. Ms. Mar. F 234 wurde 1385 von Hermann Roden in Prag geschrieben und beinhaltet die Quästionen zu den Sentenzen des Konrad von Soltau[79]. Bei den weiteren datierten Handschriften des 14. Jahrhunderts handelt es sich um Ms. Mar. F 289 (1386, Nikolaus de Gorra), Ms. Mar. F 151 (1392, Konrad von Waldhausen: Postilla studentium), Ms. Mar. F 249 (1398–1400, Martinus Polonus: Chronik) und Ms. Mar. F 125 (1400, Hugo von Pisa: Vokabular)[80].

Eine genauere Aufschlüsselung der datierten Handschriften des 15. Jahrhunderts ist für Preußen gleichfalls sehr interessant und aufschlussreich. Da sich mit der Niederlage in der Schlacht bei Tannenberg/Grunwald das Ende der Deutschordensmacht in Preußen abzuzeichnen begann, stellt sich hier die Frage, ob diese politische Dimension einen spürbaren Einfluss auf die Handschriftenproduktion besessen hat. Abgesehen von der Zahlung einer ungeheuren Summe Geldes hielt sich der territoriale Verlust des Deutschen Ordens im Ordensland Preußen nach dem Ersten Thorner Frieden in Grenzen. Erst nach dem 13-jährigen Ständekrieg und dem Zweiten Thorner Frieden war die Niederlage des Ordens vollständig. Bei einer pauschalierten Einordnung der datierten Handschriften in die erste und zweite Hälfte des 15. Jahrhunderts wird die zeitliche Richtung bereits sichtbar. 39 und somit fast vier Fünftel der Handschriften sind in der ersten Hälfte des 15. Jahrhunderts entstanden. Eine dezidiertere Aufschlüsselung fördert folgendes zutage: Sechs Handschriften wurden vor 1411 geschrieben, 33 zwischen 1411 und 1453, 11 nach 1453. Dies bedeutet, dass in der als unsicher zu bezeichnenden Zeit zwischen dem Ersten Thorner Frieden und dem Beginn des Städtekrieges relativ gesehen die meisten Handschriften entstanden sind, während in der zweite Jahrhunderthälfte lediglich 20 % niedergeschrieben wurden. Natürlich ist bei diesem starken Rückgang in der zweite Jahrhunderthälfte auch das Aufkommen des Buchdrucks zu berücksichtigen, aber gedruckte Bücher

---

77 Günther (wie Anm. 1), S. 419–420.
78 Günther (wie Anm. 1), S. 315–316.
79 Günther (wie Anm. 1), S. 243–244.
80 Günther (wie Anm. 1), S. 120–121, 145, 280–281 und 385–386.

waren zumindest anfänglich sehr teuer, so dass sie sich erst allmählich in den Beständen niedergeschlagen haben dürften. Die erste Offizin in Preußenland war die des Jakob Karweysse, der im Jahr 1492 auf der Marienburg mit Inkunabeldrucken bezeugt ist[81]. Für Danzig ist 1499 die Offizin des Konrad Baumgarten bezeugt[82].

d) Schreiber und regionale Bezüge

In den Danziger Handschriften und in den Beschreibungen von Otto Günther geben eine ganze Reihe von Namen regionale Bezüge nach Preußenland und anderen Regionen. Unter denjenigen Handschriften, in denen sich der Schreiber nennt, sind zwei im 14. Jahrhundert entstanden. Bei Ms. Mar. F 234[83] handelt es sich um einen Codex, welcher die Quaestiones quatuor librorum sententiarum des Konrad von Soltau beinhaltet. Wie aus dem Explicit am Ende des ersten Buches hervorgeht, wurden diese Quaestiones 1385 in Prag vollendet. Dies wird am Ende des 4. Buches wiederholt und außerdem mit dem Zusatz versehen, dass Hermann Roden 1385 dieses Buch geschrieben hat[84]. Ein weiterer Besitzvermerk auf dem Vorsatz wurde radiert. Da Konrad von Soltau ab 1386 an der Universität Heidelberg wirkte, muss dies ein früherer Mitschrieb sein, wie auch weitere 1385 entstandene Handschriften mit diesem Text nahe legen[85]. Die zweite Handschrift des 14. Jahrhunderts, Ms. Mar. F 151, enthält die Postilla super evangelia dominicalia des Conradus de Waldhausen und wurde im Jahr 1392 durch den Schreiber Nikolaus von Rosenberg vollendet[86]. Diese häufig überlieferten Musterpredigten wurden ebenfalls für

---

81 Ferdinand Geldner, Die deutschen Inkunabeldrucker des XV. Jahrhunderts nach Druckorten, Bd. 1: Das deutsche Sprachgebiet, Stuttgart 1968, S. 284. Dazu kurz Päsler (wie Anm. 2), S. 27–28.
82 Geldner (wie Anm. 81), S. 290.
83 Günther (wie Anm. 1), S. 243–244.
84 Die meisten der Schreiber der heute in Danzig aufbewahrten Handschriften oft fehlerhaft und inhaltlich nicht über die Angaben bei Günther hinausgehend genannt bei Sigrid Krämer, Scriptores codicum medii aevi. Datenbank von Schreibern mittelalterlicher Handschriften, CD-ROM Augsburg 2003. Krämer gibt, soweit vorhanden, Nachweise der Kolophone bei Bénédictins du Bouveret, Colophons de manuscrits occidentaux des origines au XVIe siècle, 6 Bände, Fribourg 1965–1982, an; auf diese Angaben wurde an dieser Stelle verzichtet.
85 So bspw. Ms 163 in der UB Prag.
86 Günther (wie Anm. 1), S. 145.

die Prager Studenten ‚entworfen'. Eventuell könnten zwischen dem hier genannten Schreiber und einem Nikolaus de Rosenberg, der 1328 in Leip (Kreis Osterode Ostpreußen) das Schulzenamt wahrnahm, familiäre Beziehungen bestanden haben[87].

Aus dem 15. Jahrhundert führt Otto Günther 25 Handschriften auf, in denen ein Schreiber genannt wird. Für die medizinische Sammelhandschrift Ms. Mar. F 79, die zwischen 1437 und 1449 von dem Schreiber Nikolaus Armknecht geschrieben wurde, hatte bereits Günther auf die Thorner Herkunft hingewiesen[88]. Heinrich Brunsfurt, öffentlicher (*publicus*) Notar in der Diözese Kammin, beendete im Jahr 1417 den Mammotrectus des Johannes Marchesinus[89]. Der Danziger Thomas Korcze, also Thomas Kurz, schrieb im Jahr 1440 die Sonntagspredigten des Hugo de Prato Florido. Bei zwei weiteren Codices erkennt man die wichtige Bedeutung, die der damals noch jungen Universität Leipzig zukam. Ms. Mar. Q 49 wurde von zwei Leipziger Studenten als Gemeinschaftsarbeit geschrieben, die den Codex offensichtlich nach ihrem Studienabschluss nach Danzig mitnahmen[90]. So geht aus dem Explicit des ersten Teils, der De consolatione philosophiae des Boethius, hervor, dass der Grundtext im Jahr 1427 von Nikolaus Cleystow aus Konitz vollendet wurde, während der anschließende Kommentar von dem Bautzener Johann Goschicz geschrieben wurde. Beide beendeten ihre Textteile am Tag vor Bartholomäus, am 23. August. Der zweite Teil der Handschrift, De disciplina scolarium, wurde von dem aus Konitz stammenden Nikolaus Cleystow im Jahr 1425 mit Grundtext und Kommentar vollendet. Nikolaus Cleystow immatrikulierte sich 1424 in Leipzig und wurde 1427 als Baccalaureus bezeichnet[91]. Johann Goschicz ist gleichfalls 1427 an der Universität Leipzig bezeugt[92]. In diesem Zusammenhang sollte darauf hingewiesen werden, dass die Universitäten, und hier im besonderen die Universität Leipzig für

---

87 Preußisches Urkundenbuch, Bd. 2 (1309–1335), hg. von Max H e i n und Erich M a s c h k e, Königsberg 1932–1939, Nr. 631.
88 G ü n t h e r (wie Anm. 1), S. 98–100, hier bes. S. 99.
89 G ü n t h e r (wie Anm. 1), S. 161–162.
90 G ü n t h e r (wie Anm. 1), S. 551–552.
91 Georg E r l e r (Hg.): Die Matrikel der Universität Leipzig, Bd. 2 (Codex diplomaticus Saxoniae Regiae 2,16), Leipzig 1897, S. 107. Zu Cleystow auch Otto G ü n t h e r, Aus der Geschichte und dem Inhalt der Bibliothek der Danziger Marienkirche, in: Mitteilungen des Westpreußischen Geschichtsvereins 20, 1921, S. 15.
92 Matrikel Leipzig 2 (wie Anm. 91), S. 249.

die Akademiker in Preußenland eine außerordentlich Stellung eingenommen hat[93].

In der Handschrift Ms. Mar. F 194 nennt sich der aus Braunsberg stammende Matthäus Westphal als Schreiber und Besitzer[94]. Er immatrikulierte sich 1453 an der Universität Leipzig, wo er sich bis zum Jahr 1468 dann freilich schon als Magister nachweisen lässt, da zu diesem Zeitpunkt der Codex fertiggestellt wurde[95]. Westphal befand sich spätestens im Jahr 1470 in Danzig, wo er das Pfarramt von St. Marien versah.

Eine weitere Handschrift wurde von einem ehemals in Leipzig Studierenden geschrieben. Der aus Kulm stammende Laurentius Zeitz schrieb 1475 eine liturgische Handschrift, ein Brevier nach dem Ritus des Deutschen Ordens[96]. Damit handelt es sich um eine der wenigen Liturgica, in denen sich zum einen der Schreiber überhaupt nennt und die außerdem datiert ist. Der offensichtlich aus Österreich stammende Schreiber Wolfhart von Weitra beendete im Jahr 1409 die Abschrift der Lectura super officium missae des in Prag wirkenden Theologen Heinrich von Perching. Es ist recht wahrscheinlich, dass Ms. Mar. F 105 auch in Prag geschrieben wurde. Wie der Codex dann nach Danzig gelangte, ob er einen ‚Zwischenstop' über die 1409 letztendlich aus der Prager Alma Mater hervorgegangene Leipziger Universität einlegte, lässt sich heute freilich nicht mehr feststellen.

Im Handschriftenbestand der Danziger Marienkirche gibt es auch zwei Sonderfälle, die im folgenden aufgeführt werden sollen, es handelt sich hier im speziellen um Schreiber mehrerer Codices. Nikolaus von Kossenplotz stellte in nur zwei Jahren, 1429 und 1430, zwei Handschriften her. Die erste, Ms. Mar. F 230 enthält hauptsächlich historische Texte, die zweite, Ms. Mar. F. 137 beinhaltet den Sanktorale-Zyklus der Predigten des Jordanus de Quedlinburg[97]. Noch ein weiterer Schreiber, der aus dem

---

93 Hierzu bspw. Rainer Christoph S c h w i n g e s, Deutsche Universitätsbesucher im 14. und 15. Jahrhundert. Studien zur Sozialgeschichte des alten Reiches, Stuttgart 1986, bes. S. 278.
94 G ü n t h e r (wie Anm. 1), S. 181–182, mit weiterer Literatur.
95 Matrikel Leipzig 2 (wie Anm. 91), S. 164, 193, 205 und 214.
96 Zu Ms. Mar. O 10, s. G ü n t h e r (wie Anm. 1), S. 583–584. Demnächst auch Anette L ö f f l e r, Die liturgischen Handschriften der Danziger Marienkirche und ihre Bedeutung für die Liturgie des Deutschen Ordens, in: Pfarrkirchen in den Städten des hansischen Raumes (Stralsunder Beiträge zur Archäologie, Geschichte, Kunst und Volkskunde in Vorpommern 5), in Druckvorbereitung.
97 Die Handschriften beschrieben bei G ü n t h e r (wie Anm. 1), S. 136 und 231–232.

preußischen Neidenburg gebürtige Johannes Markus Rasor, schrieb und besaß mehrere Handschriften und Inkunabeln. Er ist zudem in den Jahren 1470/71 als Danziger Bürger nachgewiesen. Seine Interessen scheinen überwiegend im juristischen, weniger im theologischen Bereich gelegen zu haben, wie die Texte seiner Codices ausweisen[98]. Der Königsberger Jacobus Birke war in Frauenburg tätig, wo die Handschrift Ms. Mar. Q 46, die neben dem Doktrinale des Alexander de Villa Dei eine Grammatik des Frauenburger Plebans Paul Molner enthält, entstanden ist[99]. Bei den meisten weiteren Schreibern der Danziger Handschriften lässt sich über deren Leben oder berufliches Umfeld hingegen nichts ermitteln[100].

6. Der Aufbau der Danziger Marienbibliothek nach Handschriftentypen

Unter den 246 mittelalterlichen Codices, die Otto Günther seinerzeit für die Marienbibliothek beschreiben konnte, liegt der Schwerpunkt sehr eindeutig im Bereich der Theologie[101]. 56 Handschriften, rund ein Fünftel des Bestandes, können dieser Gattung zugerechnet werden. Dem allgemeineren, theologischen Schriftgut folgt an zweiter Stelle mit 45 Codices eine spezielle, theologische Handschriftenart, die Sermones. Bereits an dritter Stelle finden sich juristische Schriften (21 Handschriften), gefolgt von den Bibelauslegungen (18 Handschriften). Mit 13 Codices stark vertreten sind die Missalia des Deutschen Ordens, bei einer Kirche, die dem Deutschen Orden unterstand, freilich wenig verwunderlich. Medizinische Texte (10 Handschriften), Manuale (8 Handschriften), die Breviere des Deutschen Ordens (7 Handschriften) sowie weitere liturgische Handschriften (6 Codices) erscheinen in der Folge. Deutlich erkennbar wird an dieser Aufstellung der Typus der Kirchenbibliothek, deren Inhalt Stu-

---

98 Bei den von Rasor geschriebenen Handschriften handelt es sich um Ms. Mar. F 22, Ms. Mar. F 42, Ms. Mar. F 58, Ms. Mar. F 141 und Ms. Mar. F 171. Daneben besaß er Ms. Mar. F 99 und Ms. Mar. F 121 sowie die Inkunabeln Ms. Mar. F 11, Ms. Mar. F 12 und Ms. Mar. F 140.
99 Dazu Franz H i p l e r, Abriß der ermländischen Literaturgeschichte (Bibliotheca Warmiensis 1), Braunsberg 1872, S. 54.
100 So bspw. bei Kerstanus Grellen (Ms. Mar. F 181), Wenzel de Zaniberg (Ms. Mar. F 229), Ludwig de Nissa [Neisse] (Ms. Mar. F 301) und Dominicus von Breslau (Ms. Mar. Q 10).
101 Dazu sehr kursorisch G ü n t h e r (wie Anm. 75), S. 125–126.

diencharakter besitzt und die das Wissen und die Bildung der Priester und Pfarrer vertiefen soll. Dies zeigt ganz deutlich die starke Dominanz des theologischen Schriftgutes. An dieser Stelle zeigt es sich auch, dass entgegen der Tendenzen in den kleineren Ordensbibliotheken und des Wissenstransfers innerhalb der Tradition des Deutschen Ordens in dieser großen, bedeutenden Kirchenbibliothek nur sehr wenige literarische Bücher vorhanden gewesen waren. Für diese Art von Texten standen offensichtlich andere Bibliotheken zur Verfügung, die dieser Tradition, gerade auch im volkssprachlichen Bereich, verhaftet waren. Eine untergeordnete Rolle spielen außerdem naturwissenschaftliche Texte, während Handschriften mit dem medizinischen Grundwissen durchaus vorhanden gewesen sind.

7. Ergebnis

Die Stellung der Danziger Marienkirche ist bezüglich ihres Handschriftenbestandes nicht nur innerhalb des Ordenslandes Preußen oder anderer Ordensballeien, sondern auch im deutschsprachigen Raum im ganzen als außerordentlich ungewöhnlich und herausragend zu bezeichnen. Generell ist die sehr gute Ausstattung mit Handschriften und Inkunabeln hervorzuheben, die weit über das für Kirchenbibliotheken übliche hinausgeht und die politische und geistige Bedeutung der Danziger Marienkirche in Pommerellen nachdrücklich zur Geltung bringt[102].

Dabei ist gleichfalls das breite Spektrum an Texten zu berücksichtigen, die die Priester in ihrer Bibliothek anfertigen ließen. Der zeitliche Schwerpunkt dieser Handschriften ist aufgrund des Gründungszeitpunktes im 15. Jahrhundert anzusiedeln, was der Pluralität der Texte entgegenkommt. Gleichzeitig muss jedoch die politische Situation im Ordensland Preußen Berücksichtigung finden, die letztendlich mit dem Verlust des Landes im 16. Jahrhundert seinen Abschluss findet. Ganz offensichtlich haben diese Umwälzungen jedoch das Kauf- und Sammelverhalten der Danziger Priester an St. Marien nicht wesentlich beeinflusst, eine kontinuierliche Erweiterung der Bibliothek ist ebenso in der zweiten Hälfte des 15. Jahrhunderts zu konstatieren.

---

[102] Es ist zu hoffen, dass auch die Inkunabeln der Danziger Marienbibliothek in naher Zukunft beschrieben oder inventarisiert werden, um die hier gewonnen Ergebnisse zu ergänzen und um weitere, wichtige Aspekte zu erweitern.

Danzigs Beziehungen zur Stadt Marienburg zur Zeit des Preußischen Bundes und des Dreizehnjährigen Krieges

von Wiesław Długokęcki

Es scheint etwas seltsam zu sein, den Versuch zu unternehmen, die Beziehungen zwischen Danzig und Marienburg im 15. Jahrhundert darzustellen. Danzig war doch seit dem Ende des 14. Jahrhunderts die größte und wichtigste der Hauptstädte des Ordenslandes Preußen. Es hatte wirtschaftliche, politische und kulturelle Kontakte sowohl mit vielen Ländern und Städten Nord- und Westeuropas als auch mit seinem Hinterland in Preußen, Polen, Masowien, Litauen und Schlesien[1]. Dagegen gehörte Marienburg nur zu den kleinen Städten Preußens. Seine wirtschaftliche Bedeutung war auf die unmittelbare Nachbarschaft (Werder, Stuhmer Höhe) beschränkt. Doch war Marienburg die Residenzstadt, in der sich das Haupthaus des Deutschen Ordens und zugleich der Sitz des Hochmeisters befand. Mit dem Orden waren die Marienburger auf verschiedene Weise verbunden, nicht nur politisch und wirtschaftlich, sondern auch geistlich, und in jedem Bereich haben sie seine Obrigkeit anerkannt[2].

Wenn man also versucht, die Danzig-Marienburger Beziehungen zu besprechen, muß man vor allem das Verhältnis beider Städte zum Orden berücksichtigen. Schon die Ereignisse des Jahres 1410 haben bezeugt, daß beide Städte gegenüber dem Orden verschiedene Haltungen eingenommen haben. Während Danzig dem König von Polen gehuldigt hat[3], sind die Marienburger dem Orden treu geblieben und haben an der Verteidigung der Burg und Stadt gegen den polnisch-litauischen Angriff teilgenommen[4].

Einer der wichtigsten Ordensanhänger in Danzig ließ sich in Marienburg nieder. Es handelt sich um Johannes Lankau, den Neugründer Me-

---

1 Über die politischen und wirtschaftlichen Stellung der Stadt Danzig im Mittelalter s. vor allem Paul S i m s o n, Geschichte der Stadt Danzig, Bd. 1, Danzig 1913; Historia Gdańska [Geschichte Danzigs], hg. v. Edmund C i e ś l a k, Bd. 1–2, Gdańsk 1978–1982.
2 Johannes V o i g t, Geschichte Marienburgs, der Stadt und des Haupthauses des deutschen Ritter-Ordens in Preußen, Königsberg 1824.
3 Vgl. S i m s o n (wie Anm. 1), S. 129–133.
4 V o i g t (wie Anm. 2), S. 270ff.

mels, Teilnehmer an der Schlacht zu Tannenberg, einen Diener der Hochmeister Heinrich von Plauen und Michael Küchmeister. Während der Belagerung von Marienburg hat er höchstwahrscheinlich die Schiffe mit den Schiffskindern (Matrosen) ausgestattet und sie dem Hochmeister Plauen zur Hilfe geschickt. Von 1411 bis 1413 war er Schöffe der Rechtsstadt[5]. 1416 wird er erstmals in Marienburg genannt. Er heiratete nämlich die Witwe des Marienburger Bürgermeisters Johannes Wildenberg[6]. 1422 und 1426 war Lankau Bürgermeister und 1425 Kompan des Bürgermeisters[7].

In den zwanziger und dreißiger Jahren hören wir nichts über irgendeinen Streit zwischen beiden Städten. Die Tagfahrten der großen Städte fanden zumeist auf dem Marienburger Rathaus statt. Auf dem Städtetag in Elbing am 5. Juni 1425 hat man sogar beschlossen, mit dem Marienburger Rat darüber zu sprechen, in dem dortigen Rathaus einen Verhandlungsraum (das Gemach) einzurichten[8]. Ob es dazu kam, verschweigen die Quellen.

Die Ratssendeboten der großen Städten Preußens übernachteten in den hiesigen Gasthäusern. Die Danziger Vertreter wohnten beim Marienburger Bürger und Schöffen (bezeugt mindestens 1425 bis 1444) Nicolaus Lucas. In einem undatierten Brief an den Danziger Rat versicherte er, daß er die Bezahlung für die Schlafkammer nicht als Zins, sondern nur Gunstgeschenk betrachtet hatte, und die Danziger in seinem Haus vor anderen Leuten Herberge finden werden. In der Unterschrift steht geschrieben *Niclos Lucas euw(er) dyner*[9].

---

5 Artur S e m r a u, Johannes Lankau, der Neugründer von Memel, als Diener zweier Hochmeister, in: Mitteilungen des Coppernicus-Vereins für Wissenschaft und Kunst zu Thorn 39, 1931, S. 177–183; Joachim Z d r e n k a, Rats- und Gerichtspatriziat der Rechten Stadt Danzig, T. 1: 1342–1525, Hamburg 1991, S. 330.

6 Archiwum Państwowe w Gdańsku [Staatsarchiv Danzig] (zit.: APGd), Archiwum miasta Malborka [Stadtarchiv Marienburg], 508, 1328, S. 18, 21, 43 (das Marienburger Schöffenbuch vom 1399 bis 1446).

7 Robert T o e p p e n, Quellenbeiträge zur Geschichte des Rats und Gerichts der Stadt Marienburg, in: Altpreußische Monatsschrift 38, 1901, S. 197. Unter den Marienburger Bürgern wurde Hans Lobeschitcz erwähnt (1443 Bürgerrecht; APGd, 508, 1787, Bl. 9), der vielleicht Verwandter des Christoph Lobesicz, des Liegers des Marienburger Großschäffers, war. Als Führer der Ordensanhängerschaft in Danzig wurde Christoph vom Danziger Rat 1410 hingerichtet; S i m s o n (wie Anm. 1), S. 130–131, 133.

8 Acten der Ständetage Preußens unter der Herrschaft des Deutschen Ordens (zit.: ASP), Bd. 1, hg. v. Max T o e p p e n, Leipzig 1878, Nr. 338, S. 432.

9 APGd, Archiwum miasta Gdańska [Stadtarchiv Danzig], 300 D [Urkunden], 82, 30. N. Lucas teilt dem Rat mit: „*Als von des czinses wegen der sloffkamer, ... geruche*

Beide Städte arbeiteten bei der Befreiung des Danzigers Bürgermeisters Heinrich Vorrath zusammen, der vom Bischof von Münster verhaftet worden war, und bei der Auslösung des Danziger Bürgers Gregor Schile, der während einer Wallfahrt nach Aachen vom Hildesheimer Bischof 1442 gefangen genommen worden war, zusammen.

Während der Heimreise aus England im August 1437 wurden der Danziger Bürgermeister Heinrich Vorrath und sein Gefolge von Heinrich, Bischof von Münster, festgehalten. Es ging um die Vergeltung für die Eroberung der Stadt und Burg Emden durch Lübeck und Hamburg und die Gefangennahme des ostfriesischen Häuptlings Imel, der zugleich Bischofspropst war. Später, um sich besser zu rechtfertigen, hat sich der Bischof auf den Brief des Rats von Lübeck berufen, wonach die Besitznahme Emdens im Auftrage und Interesse der ganzen Hanse erfolgt sei[10].

Dank der Bemühungen seines Bruders Hans wurde Heinrich vom Bischof im Januar 1438 entlassen, jedoch unter der Bedingung, daß es bis zum 25. Juli Verhandlungen zwischen dem Bischof sowie Lübeck und Hamburg aufgenommen würden[11]. Da beide Streitparteien sich bis zum Juli nicht über den Ort für die Verhandlungen einigen konnten, bat Hochmeister Paul von Rusdorf den Bischof, Vorrath seines Eides zu entbinden, und gelobte, sich an den Bischofsuntertanen in Preußen schadlos zu halten.

Bei den Befreiungsversuchen Vorraths war auch Wilhelm von der Kemnat, der Marienburger Bürgermeister beteiligt, der sich um diese Zeit in Köln im Zusammenhang mit der Sache von Hans David aufhielt. Am 22. Juni teilte Wilhelm dem Danziger Rat mit, er habe die Briefe, die sich auf die Vorrathsche Sache beziehen, bekommen. Der Erzbischof von Köln, der ihn zum Hildesheimer Bischof geschickt hatte, verlangte die Befreiung des Danziger Bürgermeisters, und die Tagfahrt der beiden Seiten wurde in Dorsten anberaumt. Wilhelm wurde zum Beauftragten des

---

zcu wissen, daß ich das geld nicht habe offgenomen vor eynen czins, sunder vor eyne libnisse und euwer grosse fruntschaft. Hirumb ... gefuget euch in myne huse herberge czuhalden, die wil ich gerne gunen vor andern lewthen, und ich ouch ny begert habe euch aber czuwissen, wend ich vorwar wol weis, daß ir myns schaden nicht seyt begerende.

10 Eduard R e i b s t e i n, Heinrich Vorrath, Bürgermeister von Danzig, als hansischer Diplomat, in: Zeitschrift des Westpreußischen Geschichtsvereins 42, 1900, S. 52–53.

11 Ebenda, S. 56.

Erzbischofs ernannt[12]. Doch auch diese Vermittlung ist ohne Erfolg geblieben. Vorrath mußte nach Münster fahren und sein Gelöbnis erneuern. Seit Beginn des Jahres 1439 war er ständig in Danzig[13].

Danzig und Marienburg haben auch im Zusammenhang mit der Sache Georg Schiles zusammenarbeitet. Auf dem Städtetag in Marienburg am 22. November 1442 hat der Danziger Bürgermeister Heinrich Vorrath dem Hochmeister bekanntgegeben, daß der Danziger Bürger Gregor Schile vom Bischof von Hildesheim gefangengenommen wurde, und *das ist geschen von Hennig Lauwen wegen, der in [d. h. Schile] dorin bracht hat*[14]. Im Zusammenhang mit seiner Gefangennahme hat Danzig schon mit dem Marienburger Rat gesprochen, um das vom Römischen König Friedrich III. für die Stadt Marienburg ausgestellte Dokument zu transsumieren. Es ging um die Urkunde vom 9. August 1442, in der der König das Urteil des Freigrafen gegen den Orden und Marienburg für ungültig erklärt hatte[15]. Henning Louwe alias Sasse, Untertan des Herzogs von Braunschweig, gewesener Ratsherr von Elbing, hat die Städte Marienburg und Elbing vor dem Hochmeister im Jahre 1440 wegen Schulden verklagt. Als die Klage in Preußen nicht untersucht wurde, hat er sie an das Femgericht an den Freigrafen Mangold von Freienhagen gerichtet. Der hat zugunsten des Henning Louwe und gegen Marienburg und Elbing geurteilt[16]. Der Hochmeister stimmte dem zu und versprach, sich in dieser Sache an den Hildesheimer Bischof zu wenden. Dagegen empfahl er, wegen des Transsumpts unmittelbar mit dem Bischof von Pomesanien zu sprechen.

Schon zu Beginn des Dezembers 1442 schrieb der Danziger Rat an den Hildesheimer Rat, daß er seinen Diener Hans Krusen mit dem Transsumpt der Urkunde des Römischen Königs sende und bitte, den Gregor Schile zu befreien, sein Geld und Gut ihm wieder zu geben, weil er nur Pilger sei, der sich von Wilsnack nach Aachen begebe[17]. Der Bischof von

---

12 APGd, 300D, 28, 82 (Zusammenfassung: Hanse-Rezesse, 2. Abt., 2. Bd., bearb. v. Goswin Freiherr von der Ropp, Leipzig 1878, Nr. 256, S. 205).
13 Reibstein (wie Anm. 10), S. 59–60.
14 ASP 2, hg. v. Max Toeppen, Leipzig 1880, Nr. 342, S. 520.
15 Johannes Voigt, Die Westphälischen Femgerichte in Beziehung auf Preußen, Koenigsberg 1836, Nr. III.
16 Darüber Voigt, Geschichte Marienburgs (wie Anm. 2), S. 362–365; ders., Die Westphälischen Femgerichte (wie Anm. 15), S. 34–35.
17 Abschrift des Briefes im Missivbuch; APGd, 300, 27, 4, S. 59–60: *Ges(chreben) to Danczik(e) des dingesdag(s) na sunt(e) Andree dag(e)* [4. Dezember] o. J. [1442]. An-

Hildesheim teilte dem Hildesheimer Rat schon am 29. Dezember 1442 mit, Schile sei mit Recht verhaftet worden. Dieser schickte die Antwort des Bischofs mit seinem Brief vom 31. Dezember 1442 nach Danzig[18].

Warum wurde Gregor Schile gefangengenommen, obwohl er sowohl Elbinger als auch Marienburger Bürger war? Höchstwahrscheinlich war Schile identisch mit dem Marienburger Ratmann und Bürgermeister, der denselben Vornamen und Namen getragen hat. 1419 wurde er ins Bürgerbuch eingetragen, 1425 Schöffe, 1428 Schulz und zugleich Ratmann, 1435 und 1440 Kompan des Bürgermeisters, 1436 Bürgermeister[19]. Nach dem Jahre 1440 erschien er nicht mehr in Marienburg, er mußte sich also in Danzig niedergelassen haben. Die Fortsetzung von Schiles Sache ist in Einzelheiten nicht bekannt. Jedenfalls kam er nach Danzig zurück und ist 1446 in Preußen bezeugt[20].

Für diese Periode könne man auf die anderen höchstwahrscheinlichen Familienverbindungen zwischen Danzig und Marienburg hinweisen. Es gab die Marienburger Ratmänner und Bürgermeister Nicolaus Bock und Laurencius Gruwel. Der erste wurde 1422 Bürger, 1430 Schulz (Richter), 1432 Bürgermeister, 1431 und 1434 Kompan des Bürgermeisters[21]. Danach kam er nicht in Marienburg vor. Der zweite wurde 1447 Bürger und schon 1452 Bürgermeister, 1451, 1453 Kompan[22]. Danach verschwindet er in den Quellen. Ihr rascher Aufstieg kann dadurch erklärt werden, daß sie möglicherweise mit den Danzigern Patriziatfamilien Bock und Grouwel nahe verwandt waren[23].

dere Abschrift APGd, 300 D, 22, 68: *Gescr(even) to Danczik des myddenweken vor sunte Niclas dage des hilgen Bischoppis* [5. Dezember] anno etc. xlii°.
18 APGd, 300 D, 22, 68a: *Geschreve to Sturzwold under unsem ingesegell in s(anc)te Thome dage Cantuarien(si) e(pisco)pi, anno etc xliii°* (Bischofsbrief); 300 D, 22, 76: *Anno D(o)m(ini) etc. in deme anstanden dre unde vertigesten jare in sunt Silvestersdage* (Ratsbrief). Beide Briefe wurden nach Geburt Christi (a Nativitate Domini) datiert. Darum irrt Hermann R o t h e r t, Die Westfalen in Danzig. Ein Stück mittelalterlicher Kolonialgeschichte, in: Beiträge zur Geschichte Dortmunds und der Grafschaft Mark 17, 1909, S. 43–44, wenn er schreibt, daß Danzig ein Jahr auf die Bischofsantwort gewartet habe.
19 APGd, 508, 1787, Bl. 5 (Marienburger Bürgerbuch); 508, 1238, S. 55; T o e p p e n (wie Anm. 7), S. 197.
20 Dorothea W e i c h b r o d t geb. v. T i e d e m a n n, Patrizier, Bürger, Einwohner der Freien und Hansestadt Danzig in Stamm- und Namentafeln vom 14.–18. Jahrhundert, Bd. 1, Klausdorf/Schwentine 1986, S. 440.
21 APGd, 508, 1787, Bl. 5 v.; 508, 1328, S. 62; T o e p p e n (wie Anm. 7), S. 197.
22 APGd, 508, 1787, Bl. 9 v; T o e p p e n (wie Anm. 7), S. 198.
23 Über diese Familien Z d r e n k a (wie Anm. 5), S. 228–232, 325–326.

Es wird angenommen, daß der Vater des Danziger Bürgermeisters Jakob Falcke (1457) der Kaufmann Heinrich Falcke war[24]. Eben Heinrich Falke verkaufte dem Hans von Goch aus Danzig 1440 für Schulde (333 geringe Mark) seine Liegenschaft (Erbe, Speicher und Acker) in Marienburg. Heinrich Falcke war seinen Kindern (leider unbenannten) 200 Mark schuldig, die ihnen Ludeke von Danzig, ihr Großvater, gegeben hatte[25]. Es ist nicht ausgeschlossen, daß dieser Falcke mit dem Vater Jakobs identisch war.

Am 7. März 1447 teilte der Danziger Rat dem Rat und Gericht in Marienburg mit, daß die Kinder des gestorbenen Nicolaus Wiegel, der früher („etwa") hiesiger Bürger gewesen war, zum Vormund u. a. Hans Vorrath wählten. Sein Eigentum bestand aus einem Erbe in Danzig und Schulden und Unschulden in Stralsund, Lübeck, England und Flandern[26]. Wiegel war mit Katharina Furstenawynne, der Witwe des Marienburger Schöffen Nicolaus Furstenow, verheiratet. Als Danziger Fernkaufmann wird er 1429 und 1439 bezeugt[27]. Bemerkenswert ist, daß die Familie Wiegel wahrscheinlich in enger Verbindung zu Hans Vorrath, des Bruders (?) des Danziger Bürgersmeisters Heinrichs Vorrath, stand.

Preußischer Bund

Es unterliegt keinem Zweifel, daß die Entstehung des Preußischen Bundes am 14. März 1440, der Vereinigung der Ritterschaft und der Städte, als eine der Wenden in der Geschichte des Ordenslandes betrachtet werden muß. Unter den Stiftern war auch Danzig. Auch Marienburg ist am 5. Mai 1440 auf der Tagfahrt in Elbing dem Bund beigetreten[28].

24 Joachim Z d r e n k a, Falke Jakub, in: Słownik Biograficzny Pomorza Nadwiślańskiego [Biographisches Wörterbuch Pommerellens], Red. Stanisław G i e r s z e w s k i, Bd. 1, Gdańsk 1992, S. 401.
25 Der Brief des Danziger Rates an den Richter und die Schöffen in Marienburg vom 18. März (*am fritage vor Palmarum*) 1440; APGd, 508, 1328, S. 136, 137.
26 APGd, Archiwum Państwowe w Malborku [Staatsarchiv Marienburg]. 206, 196, S. 161 (Auszüge von Bernhard Schmid aus dem verlorenen Marienburger Schöffenbuch der Jahre 1446– 1481).
27 Hansisches Urkundenbuch, Bd. 6, bearb. v. Karl K u n z e, Leipzig 1905, Nr. 840, Anm. 1; ebenda, Bd. 7/1, bearb. v. Hans-Georg R u n d s t e d t, Weimar 1939, S. 258. Anm. 3.
28 Über den Bund s. Marian B i s k u p, Der preußische Bund 1440–1454 – Genesis, Struktur, Tätigkeit und Bedeutung in der Geschichte Preußens und Polens, in: Hansische Studien 3, 1975, S. 211–217.

Im Jahre 1441 haben die Marienburger Ratssendeboten ein Mal am Ständetag in Marienburg (23. April) und vermutlich in Elbing (25. Juni) teilgenommen. Die drei Bestandteile des Bundes – große Städte, kleine Städte und Ritterschaft – hatten verschiedene wirtschaftliche Geschäfte und politische Ziele, was der neue Hochmeister Konrad von Erlichshausen ausnutzen wollte, um den Bund zu zerschlagen. Während des Streits um den Pfundzoll veranlaßten die Ordensbeamten die kleinen Städte, sich für den Orden zu erklären. Es wurde auch ihnen verboten, an den Tagfahrten teilzunehmen. Entsprechend dieser Hochmeisterspolitik stellte Marienburg die Sendung von Vertretern zu den Ständetagen ein[29].

Im Frühjahr des Jahres 1446 unternahm der Hochmeister den Versuch, den Preußischen Bund aufzulösen. Mit seinem Wissen und seiner Zustimmung gaben die preußischen Bischöfe auf der Tagfahrt am 5. April 1446 bekannt, daß der Bund widerrechtlich sei. Während der Tagfahrt am 9. Juni 1446 in Elbing, an dem die kleinen Städte teilnahmen, verlangte der Hochmeister, den Bund aufzulösen und gelobte dafür, die Rechte der Stände zu garantieren[30].

Im ganzen Land trafen sich die Ordensbeamten mit den Vertretern der kleinen Städte und der Ritterschaft, um deren Stellung zum Vorschlag des Hochmeisters zu sondieren[31]. Die Stadt Marienburg hat diesen Vorschlag sehr schnell angenommen. Der Marienburger Bürgermeister Bartholomäus Kreczemer-Blume agitierte gegen den Bund in der Neustadt Thorn[32]. Der zweite Bürgermeister, Wilhelm von der Kemnat, begab sich zu dem gleichen Zweck in die Komturei Schlochau[33]. Sowohl die Neustadt Thorn als auch Konitz und die Ritterschaft des Gebiets Schlochau verließen den Bund.

---

29 Roman Czaja, Małe miasta na zjazdach stanów pruskich do 1454 roku [Die kleinen Städte auf den Tagfahrten der preußischen Ständen bis zum Jahre 1454], in: Acta Universitatis Nicolai Copernici, Archeologia 28, 2001, S. 102, Tab. 1, 106–107.
30 ASP, Bd. 2, Nr. 432, 440.
31 Ebenda, Nr. 441, 449–459, 461.
32 Neue Nachrichten über die Elbinger Tagfahrt bringt der Brief des Marienburger Rates an den Rat der Neustadt Thorn vom 13ten Juni 1446; Archiwum Państwowe w Toruniu [Staatsarchiv Thorn], Kat. I, Nr. 1035; ASP, Bd. 2, Nr. 442 (der Brief des Thorner Komturs an den Hochmeister. Der Bote von Marienburg, der Bürgermeister Bartholomäus Kreczemer-Blume, kommt nur unter dem Vornamen vor).
33 Ebenda, Nr. 446, 447.

Der Bund hat jedoch diesen Schritt nicht anerkannt und betrieb eine Verzögerungstaktik[34]. Wir wissen, daß im April des Jahres 1448 Anstrengungen unternommen wurden, die Neustadt Thorn zur Tagfahrt einzuladen, um ihre Stellungnahme gegen den Bund zu besprechen. Thorn hat diesen Vorschlag abgelehnt[35]. Im erhaltenen Briefwechsel zwischen Danzig und Marienburg aus den vierziger Jahren, der übrigens nur aus einigen Briefen Danzigs und Marienburgs besteht, sind jedoch keine Spuren der Streitigkeiten, die infolge des differenzierten Verhältnisses zu Bund und Orden entstehen mußten, zu finden. Die ganze Korrespondenz betrifft nur private und innerstädtische Angelegenheiten[36]. Solche Situation ist etwas seltsam. Es war Brauch, daß jede der großen Städte an die kleinen Städte, die in ihrem Einflußbereich verblieben sind, Einladungsbriefe zu der Tagfahrt gesandt hat. Marienburg war höchstwahrscheinlich Danzig zugeschrieben[37], aber der erhaltene Briefwechsel erwähnt dies nicht.

Der neue Hochmeister Ludwig von Erlichshausen hat auf die bisherige Politik gegenüber dem Bund verzichtet und hat eine Auflösung der Konföderation um jeden Preis angestrebt[38]. Die Stadt Marienburg setzte sich vorbehaltlos für den neuen Kurs ein. Auf der Tagfahrt in Elbing am 20. April verlangten die Ratssendeboten aus Marienburg, Konitz und Neustadt Thorn ihre dem Bundesbrief beigefügten Stadtsiegel zurück, was mit dem Austritt aus dem Bund gleichbedeutend war. Dieselbe Forderung wiederholen die Vertreter dieser drei Städte auf der Tagfahrt in Elbing, an der ein päpstlicher Legat teilnahm. Die Ratssendeboten der großen Städte bemühten sich, diese Sache zu verzögern[39].

34 Ebenda, Nr. 475, S. 749; Nr. 476, S. 750; Nr. 478.
35 ASP, Bd. 3, hg. v. Max To e p p e n, Leipzig 1882, Nr. 23, 24, 25; vgl. Ebenda, Nr. 5, S. 8.
36 APGd, 300D, 62, 8–12 (Fünf Briefe Marienburgs an Danzig vom 1. Juni bis zum 26. März 1446 und danach nur ein Brief vom 5. Januar 1453; ebenda, 300D, 62,13; ebenda, 300, 37, 4, Bl. 170 v, 187 (zwei Briefe Danzigs an Marienburg von 1445 und 1446).
37 Als im Jahre 1396 die Beisteuer auf die kleinen Städte im ganzen Land auferlegt wurde, wurde Danzig für ihre Erhebung im Pommerellen und auch in Marienburg und Neuteich zuständig; ASP, Bd. 1, Nr. 49; Markian P e l e c h, Die Beisteuer der kleineren Städte an die Hansestädte des Deutschordenslandes Preußen im Jahre 1396, in: Preußenland 22, 1984, S. 10.
38 Hartmut B o o c k m a n n, Zu den politischen Zielen des Deutschen Ordens in seiner Auseinandersetzung mit den preußischen Ständen, in: Jahrbuch für die Geschichte Mittel- und Ostdeutschlands 15, 1966, S. 57.
39 ASP, Bd. 3, Nr. 84; Geschichte von wegen eines Bundes (zit.: Geschichte), hg. v. Max To e p p e n, in: Scriptores rerum Prussicarum (zit.: SRP), Bd. 4, Leipzig 1870, S. 89–90.

Im Verlauf der Jahre 1451–1452 verschärften sich die Verhältnisse zwischen dem Orden und der Konföderation. Der Kaiser verlangte drei Mal von Danzig und den Ständen, den Bund als widerrechtlich aufzulösen. Trotzdem entschloß sich der Bund, den Streit mit dem Orden dem kaiserlichen Gericht vorzulegen. Im Jahre 1453 haben wir es in Preußen in Wirklichkeit mit einer Doppelherrschaft zu tun. Am 5. Dezember 1453 fällte der Kaiser das Urteil: Der Bund wurde verdammt und zur Auflösung verurteilt[40]. Kein Wunder, daß in dieser Atmosphäre sich die Danzig-Marienburger Beziehungen verschlechtert haben.

Auf der Tagfahrt der großen Städte in Kulm am 20. September 1452 wurde beschlossen, einen Brief an die kleinen Städte mit einigen Verhaltensmaßregeln zu richten. Es wurde ihnen angeordnet, das Gesinde der Konitzer und Marienburger Bürger nicht zu unterstützen und auch die Siegel dieser Städte nicht zu ehren[41].

Am 17. April 1453 teilte der Danziger Hauskomtur dem Hochmeister mit, daß der Danziger Rat einen Tag früher den Handwerkern verboten hatte, den Marienburger Jahrmarkt zu besuchen, weil weder der Hochmeister noch der Marienburger Bürgermeister für deren Sicherheit einstehen wollten. Der Rat dachte auch daran, den Jahrmarkt nach Elbing zu verlegen[42].

Jedoch besann sich einen Tag später der Rat eines Besseren. Dieser Wechsel in der Einstellung erfolgte nach Gesprächen mit den Werken, deren Mitglieder diesen Jahrmarkt zu besuchen pflegten. Überdies wäre ein solches Verbot gegen den gemeinsamen Beschluß des Hochmeisters und der Städte vom Jahre 1448 über die beiden Jahrmärkte in Preußen gerichtet, wobei Kaufleute aus Nürnberg in Marienburg und Danzig teilnehmen sollten. Drittens hat der Danziger Rat auch den Brief Kaiser Friedrich III. vom 27. Dezember 1452 in Betracht gezogen, in dem der Kaiser dem Bund geboten hatte, nichts Feindliches gegen den Orden zu tun[43].

---

40 Edith Lüdicke, Der Rechtskampf des Deutschen Ordens gegen den Bund der preußischen Stände, in: Altpreußische Forschungen 12, 1935, S. 173 ff.
41 ASP, Bd. 3, Nr. 225, S. 474: *Vort lieben frunde, so sein landt und stete eins geworden, das man der stete alse Marienburg, Konitz und etzlicher us der Nuwstadt Thorun eres gesindes nicht foerdern sal, ir ingesiegel ouch nicht in wirden ofgenohmen und gehalden sal werden.*
42 Ebenda, Nr. 381.
43 Ebenda, Nr. 382; vgl. Nr. 20, 280.

Ob die Marienburger infolge des Boykotts irgendwelche Verluste erlitten haben, wissen wir nicht genau. Schäden der Stadt infolge der Unterstützung des Ordens erwähnte der Hochmeister nur in der Schuldverschreibung vom 1. Mai 1453 über die Höfe Warnau und Kalthof und das Dörfchen Vogelsang[44].

Der Dreizehnjährige Krieg

Nach dem ungünstigen kaiserlichen Urteil entschloß sich der enge Rat des Bundes mit Hans von Baysen an der Spitze, dem Orden den Gehorsam zu verweigern und Preußen dem König von Polen zu übergeben. Nicht ohne zu zögern hat sich Danzig diesem radikalen Schritt angeschlossen. Am 4. Februar 1454 brach ein Aufstand gegen den Orden im ganzen Lande aus. Beim Orden verblieben nur Stuhm und natürlich Marienburg[45].

Im Jahre 1454 beteiligten sich die Danziger drei Mal an der Zusammenarbeit mit den polnisch-bündischen Truppen, die am rechten Nogatufer in Willenberg gelagert hatten, nämlich an der Belagerung der Stadt und der Burg. Schon von Mitte Februar an waren die Danziger in Neuteich im Großen Werder und hatten dann ihr Heerlager Mitte März im Warnauschen Wald bei Marienburg aufgeschlagen[46].

Zu Anfang April wurden die Danziger Truppen im Werder von den Belagerten mit großen Verlusten geschlagen und gezwungen, sich über die Weichsel zurückzuziehen. Der Große Werder war wieder in den Händen des Ordens[47]. Die Belagerung führten nur die Truppen in Willenberg. Trotz der schweren Niederlage waren die Danziger weiter an den Kriegshandlungen bei Marienburg beteiligt. Schon im April haben sie die Weichsellinie verteidigt, da die Burgbesatzung keine Hilfe von Westen be-

---

44 Voigt, Geschichte Marienburgs (wie Anm. 2), Nr. XXX.
45 Marian Biskup, Trzynastoletnia wojna z Zakonem Krzyżackim 1454–1466 [Der dreizehnjährige Krieg Polens mit dem Deutschen Orden], Warszawa 1967, S. 111 ff.
46 Paul Simson, Danzig im dreizehnjährigen Krieges von 1454–66, in: Zeitschrift des Westpreußischen Geschichtsvereins 29, 1891, S. 24; Biskup, Trzynastoletnia wojna (wie Anm. 45), S. 153–154.
47 Simson (wie Anm. 46), S. 25–26; Biskup, Trzynastoletnia wojna (wie Anm. 45), S. 157.

kommen konnte. Im Mai verstärkten die Danziger Truppen die Belagerer in Willenberg[48].

Erst Ende Juni waren die Danziger wieder ins Große Werder einmarschiert und haben ihr Lager im Warnauschen Wald aufgeschlagen. Die Danziger Hauptleute wollten das Vertrauen der Bauern erwerben und darum gaben sie bekannt, daß die Söldner ihr Eigentum schützen werden, ausgenommen das Eigentum der Marienburger Bürger[49]. Trotz der Bemühungen wurde der Hauptziel der Danziger – die Verbrennung der Nogatbrücke, um den Ordenstruppen den Zugang zum Großen Werder unmöglich zu machen – nicht erreicht[50].

Am 11. September lief der Graf von Hohenstein, der bei Danzig im Dienst stand, mit 50 Reitern auf die Seite des Ordens über; und einen Tag später griffen die Belagerten das Lager im Warnauschen Wald an. Die Danziger Truppen wurden besiegt, die Stadt Neuteich eingenommen. Der Große Werder gehörte wieder dem Orden. Gleich nach der Schlacht bei Konitz zog sich auch das polnisch-bündische Heer am rechten Nogatufer zurück und der Gubernator Hans von Baysen verließ Stuhm[51].

Im Jahre 1454 wollte der Hochmeister mehrmals mit Danzig Verhandlungen aufnehmen. Der erste, zweite und dritte Versuch – die Gespräche im Februar in Danzig, am 19. März im Warnauschen Wald und das Schreiben vom 25. Juli – sind gut bekannt[52]. Gestärkt durch den Sieg über den polnischen König bei Konitz versuchte der Hochmeister Kontakt mit diesen Kräften in Danzig aufzunehmen, die unter dem Eindruck der Konitzer Schlacht Bereitschaft zur Verständigung mit dem Orden zeigen würden. Anfang Oktober wurde auf Anregung der beiden Ordenshauptleute, Heinrich Reuß von Plauen der Jüngere von Greiz und Bernhard von Zinnenberg, der Marienburger Bürger Thomas Kromer nach Danzig gesandt. Kromer wurde im Danziger Rathaus gefangengenommen unter dem Vorwand, daß er kein Geleit bei sich gehabt hätte. Am 19. Oktober

---

48 Simson (wie Anm. 46), S. 29, 30; Biskup, Trzynastoletnia wojna (wie Anm. 45), S. 192.
49 APGd, 300D, 74, 226: ... *sunder wat der heeschopp tuhort oft der stad Merge(n)borch, den solde nu(n) neme(n).*
50 Simson (wie Anm. 46), S. 32; Biskup, Trzynastoletnia wojna (wie Anm. 45), S. 202–203, 211, 212.
51 Simson (wie Anm. 46), S. 33; Biskup, Trzynastoletnia wojna (wie Anm. 45), S. 213–214.
52 Simson (wie Anm. 46), S. 22, 25, 52; Biskup, Trzynastoletnia wojna (wie Anm. 45), S. 145, 153.

verlangten zwei Hauptleute vom Danziger Rat seine Befreiung[53]. Noch eine Woche später war er im Gefängnis und erst nach geraumer Zeit ist Kromer nach Marienburg zurückgekommen[54].

Nach der Konitzer Schlacht war es die Hauptsorge des Hochmeisters, den Söldnern die rückständige Besoldung zu zahlen. Unterdessen hatte der Orden kein Geld. Deshalb stellte der Hochmeister am 9. Oktober 1454 eine Schuldverschreibung aus, durch die die Finanzansprüche durch die Verpfändung von Burgen und Städten gesichert wurden. Wenn sie den Sold innerhalb von vier Monaten nicht bekämen, könnten sie das Pfand beliebig verkaufen, nicht ausgenommen an den König von Polen. Zwei Mal wurde der Zahlungstermin im Jahr 1455 aufgeschoben. Im Dezember begannen die Söldner mit der polnisch-bündischen Seite zu verhandeln, um ihr die verpfändeten Burgen und Städte zu verkaufen. Mit Unterbrechungen wurden die Gespräche während einiger Monate des Jahres 1456 geführt. In Zusammenhang damit kam es zu einem Zwiespalt unter den Söldnern.

Dem Thorner Abkommen vom 15. August sind nur die Besatzungen aus sechs Burgen, und schließlich Marienburg, Deutsch Eylau und Dirschau mit Ulrich Czirwonka an der Spitze beigetreten. Kraft dessen sollte den Söldnern die genau bezeichnete Summe ratenweise ausgezahlt werden[55].

Neue Hoffnungen auf den Übergang Danzigs auf die Ordenseite hatte der Hochmeister mit dem Aufruhr Martin Kogges Ende September 1456 verbunden, mit dem er Kontakt aufnehmen wollte. Zu diesem Zweck hat

---

53 APGd, 300D, 39, 155. Hauptleute schrieben u. a.: *Ersamen wiesen, als ir uns itczund von Thomas Kremers wegin, den wir zcu euch in botschafft geschickt habin, geschreben habt, berurende, wy er von eigener toerstickeit ane gleit uff uwer rathuß gekom(m)n sey, etc. Uwer meynu(n)ge habin wir wol vornomen, also bedüncket uns [...], das ir sollches unbilliches tut, uns unsern boten zcufahen, der doch mit unsern glaubisbriven zcu euch und der gemeyne ummb gemeynen nutcz uwer und der lande gesant ist. [...] Dann mochte uns der unser ledig und gute loßgegeben werden, das sehin wir g(er)ne, mag uns aber das nicht widerfaren, so mussen wir uns gein des heren koniges, uwer und andern boten wider halden, inmassen ir tut, und das von euch schriben und sagen, das ir eyn sollichs zcum ersten angefangen habt. [...] Gebin zu Marienburg am sonnabende noch Luce Ewan(gelis)te. Anno etc. liiii*[to].
54 Es zeugt davon der Brief der Hausfrau des Thoms Kromer, Elisabeth, an ihren Mann vom 26. Oktober (*am sonnobende vor Simonis et Jude*) 1454; APGd, 300D, 75, 8.
55 In allgemein darüber B i s k u p, Trzynastoletnia wojna (wie Anm. 45), S. 283 ff., 424 ff.; Wilhelm R a u t e n b e r g, Der Verkauf der Marienburg 1454–1457, in: Studien zur Geschichte des Preußenlandes. Festschrift für Erich Keyser, Marburg 1963, S. 119–150.

er sich am 4. Oktober brieflich an Kogge gewandt und ihn um Geleit für den Marienburger Goldschmied Lorenz Progen gebeten, den der Hochmeister nach Danzig senden wollte[56]. Diese Wirkung war schon verspätet, weil schon zwei Tage früher Kogge nicht zum Rat eingesetzt wurde[57].

Um den 1. Oktober teilte ein unbekannter Freund des Ordens dem Dirschauer Vogt mit, daß der Sohn des Langen Jorgens von Marienburg in Danzig angekommen sei und schon acht Tage bei dem Ratmann Hermann Stargard wohnte[58]. Wir wissen nicht mehr darüber. Vielleicht ging es um die Bildung irgendeiner polnisch-bündnisfreundlichen Anhängerschaft und um die Verständigung zwischen den beiden Städten, vielleicht um Privatsache oder noch etwas ganz anders. Jedenfalls wurde Lange Jorge selbst später zum Feind des polnischen Königs erklärt.

Nach dem Abkommen zwischen Polen einerseits und dem Teil der Söldner mit Ulrich Czirwonka an der Spitze anderseits hatten die Danziger freien Zutritt zur Stadt Marienburg. An der Wende Oktober/November hielt sich die polnisch-bündische Botschaft in Marienburg auf. Die ordensfreundliche „Geschichte von wegen des Bundes" teilt mit, daß die Bundherren von Danzig und Elbing in Marienburg bei sich sechs Büttel (*botel*) (Gerichtsdiener) hatten, um gegen die ordensfreundlichen Bürger Repressalien anzuwenden. In der Stadt herrschte Angst, weil sie unter dem Eindruck der Septemberereignisse in Thorn stand, wo 68 Gegner des Rats hingerichtet worden waren[59]. Glücklicherweise kam es dazu in Marienburg nicht.

Dank dem Verhalten des Bürgermeisters Bartholomäus Kreczemer-Blume, unter dessen Einfluß die Bürger geblieben sind, hatte Czirwonka weder mit Drohungen noch mit Bitten Erfolg, die Marienburger Danzig anzunähern, damit sie auf die Seite Polens und des Bundes übergehen und den Hochmeister und den Orden verlassen.

---

56 Edmund C i e ś l a k, Walki ustrojowe w Gdańsku i Toruniu oraz w niektórych miastach hanzeatyckich w XV w. [Die Verfassungskämpfe in Danzig und Thorn und auch in den einigen Hansastädten im 15 Jh.], Gdańsk 1960, S. 294, Anm. 142.
57 Über Kogges Aufruhr s. Joachim Z d r e n k a, Der Koggesche Aufruhr und der Danziger Rat 1456–1457, in: Beiträge zur Geschichte Westpreußens 12, 1992, S. 163 ff.
58 Geheimes Staatsarchiv Preußischer Kulturbesitz, XX. HA Hist. Staatsarchiv Königsberg, Ordensbriefarchiv 14437. Zur Datierung vgl. B i s k u p, Trzynastoletnia wojna (wie Anm. 45), S. 464, Anm. 1.
59 Geschichte (wie Anm. 39), S. 183.

Es gelang den Danzigern also nicht, eine ordensfeindliche Anhängerschaft in Marienburg zu bilden. Nach Dlugoss hätten der Danziger Rat und auch einige andere Städte dazu ermuntert, mit der Opposition Abrechnung zu halten. Doch der König war damit nicht einverstanden[60]. Am 4. Juni bestätigte er im Einverständnis mit den preußischen Ständen die Privilegien der Stadt und aller Bürger. Überdies hat er über die Unschuld des Rats, der Gemeinde Gras wachsen lassen[61]. Am 9. Juni erwiesen die Marienburger Ratsherren, Schöffen und die Gemeinde dem König auf dem Hof des Mittelschlosses die Ehre[62]. Den Hauptvertretern der Ordensanhängerschaft, den Bürgermeistern Kreczemer-Blume und Volmar, wurden ihre Ämter nicht entzogen.

Nicht lange freute sich die polnisch-bündische Seite über die Übernahme der Stadt Marienburg. Am 1. September hat der König die Marienburg verlassen. Danzig und Czirwonka begannen den Verdacht zu schöpfen, daß die Marienburger auf die Seite des Ordens übergehen wollten. Auch hat der Gubernator Hans von Baysen mehrmals davor Czirwonka gewarnt. Wie die „Geschichte von wegen des Bundes" angibt, waren am 26. September Czirwonka und zwei Danziger Bürgermeister mit einigen Scharfrichtern angekommen und beabsichtigten, den Rat und 40 Bürger in der Nacht hinzurichten[63]. Doch keine andere Quelle bestätigt diese Nachricht. Vielleicht ging es um die Rechtfertigung der Marienburger. In der Nacht vom 27. zum 28. September öffneten Blume, Volmar und andere Bürger dem Ordenshauptmann Bernhard von Zinnenberg die Stadttore. Nur die Burg ist noch in der Hand von Czirwonka geblieben. Es gelang Zinnenberg auch nicht, den Großen Werder zu gewinnen, weil Danzig erfolgreichen Widerstand organisiert hatte. Auch wurde dank Danzig die Burgbesetzung verstärkt[64].

---

60 Joannis Dlugossi Annales seu cronicae incliti Regni Poloniae, liber XII 1445–1461, Kraków 2003 (zit.: Annales), S. 288–289: ... *civibus Marienburgensibus, ... rex in ingressu suo in Marienburg, licet contrarium Gdanenses, ceteraeque civitates suasissent, precibus Ulrici Czirwonka devictus, ne interfecti aut exiliati fuissent, pepercerat.*
61 APGd, 508D, 2517.
62 Johan Lindau's Geschichte des dreizehnjährigen Krieges, hg. v. Theodor Hirsch, in: SRP, Bd. 4 (zit.: Lindau), S. 545–546.
63 Geschichte (wie Anm. 39), S. 188.
64 Geschichte (wie Anm. 39), S. 188; Lindau (wie Anm. 62), S. 548; Annales, S. 288–289; Voigt, Geschichte Marienburgs (wie Anm. 2), Nr. XXXIV (der Brief Bernhards von Zinnenberg an den Hochmeister vom 28. September 1457).

Es begann sofort die Absperrung der Stadt. Die Blockade wurde jedoch von Zeit zu Zeit unterbrochen und die Stadt mit Lebensmitteln versorgt.

An der erfolglosen Belagerung der Stadt, die der König seit der zweiten Dekade des Monats August bis zum Beginn des Oktobers des Jahres 1458 führte, haben die Danziger auch teilgenommen. Schon während der Belagerung begann Kasimir mit Vermittlung des Ungarn Giskra von Brandeis die Friedensverhandlungen mit dem Orden zu führen. Nach Dlugoss war Danzig gegen diese Absicht. Danzig wollte die Belagerung fortsetzen und habe dafür dem König angeboten, 4000 Männer unter Waffen zu stellen[65].

Zwei Tatsachen aus dieser Zeit beziehen sich eng auf die beiderseitigen Beziehungen. Am 4. September 1458 verlieh Kasimir dem Danziger Schöffen Hans Conradt für seine Dienste 6 Hufen Land in Wernersdorf im Großen Werder, der früher dem Lange Jorge, einem Marienburger Bürger und Feind des Königs, gehörten hatten. Überdies hat Conrad den Werder Wussitz bekommen und wurde von der Bezahlung der Rente für Katherina, die Frau des Langejorgens, befreit[66]. Dagegen hat der Danziger Rat 63 geringe Mark beschlagnahmt, die dem Altstädischem Bader Hans von Steyne, der Bader von Marienburg war, *unser offenbarer vind*, zur Verwahrung gegeben hat[67].

Der Waffenstillstand wurde für die Zeit vom 12. Oktober 1458 bis zum 13. Juli 1459 geschlossen. In dieser Zeit wurde sogar über den Frieden verhandelt. Darum war die Belagerung der Stadt Marienburg sehr schwach, umso mehr, daß sie von den Danzigern gebrochen war. Am 26. April 1459 teilte der Gubernator Hans von Baysen dem Danziger Rat mit, daß die Danziger Kaufleute Marienburg mit Salz und anderen Waren verproviantieren. Er bat, dem ein Ende zu machen[68].

Man muß betonen, daß die polnischen Hauptleute auf der Marienburg: Czirwonka, Stibor von Ponietz (Juni 1458–September 1459), Prandota Lubieszowski und auch Gubernator Hans von Baysen, der sich mit Beginn des Jahres 1459 auf dem Schloß aufhielt, mit dem Danziger Rat in einer engen Verbindung gestanden haben. Am häufigsten haben sie um

---

65 Annales, S. 310; S i m s o n, Danzig (wie Anm. 46), S. 73.
66 Archiwum Główne Akt Dawnych w Warszawie [Hauptarchiv Alten Akten in Warschau], Ekonomia Malborska [Marienburger Ökonomie], W 266, S. 501–502.
67 APGd, 300,59,7, Bl. 14 v (Gedenkbuch).
68 APGd, 300D, 48, 83.

Geld für die Besoldung ersucht[69]. Von der Danziger Seite hat auf der Marienburg nach dem Verlust der Stadt der Ratmann Johannes Meydeburg verweilt[70].

Seit dem Oktober 1459 residierte Hauptmann Prandota Lubieszowski auf der Marienburg und hat die Belagerung geleitet. Er hat früher im Dienste Danzigs gestanden[71]. Die Stadtbevölkerung war so erschöpft, daß die Bürger am 11. März die Gespräche über die Übergabe beginnen wollen. Doch dank dem Bürgermeister Kreczemer-Blume bekam die Stadt Unterstützung von Austin Trotzeler, der zum Hauptmann Marienburgs ernannt wurde. Die Verhandlungen wurden abgebrochen[72]. Auf Forderung des Bürgermeisters Reinhold Niederhoff sandte Prandota den Marienburger Bürger Nicolaus den Schwertfeger nach Danzig[73]. Höchstwahrscheinlich war er sein Auskunftsgeber in Marienburg. Um diese Zeit beschloß der Danziger Rat, in Zusammenarbeit mit der Burgbesatzung die Stadt Marienburg wiederzugewinnen.

Seit dem 21. März 1460 begannen die Danziger die strenge Absperrung der Stadt. Um den Zugang zur Stadt ganz abzuschneiden, hat man um sie einen doppelten Zaun herum gebaut und einen Graben ausgegraben. Dieser Wall wurde durch Basteien, mit dem „kleinen Danzig" an der Spitze, verstärkt. In der letzten Aprildekade verstarb der Hauptmann Lubieszowski. Daher haben die Danziger Hauptleute ohne polnischen Verstärkung die Belagerung vom Mai bis Juli allein fortgeführt. Zu Beginn des Juni wurde der Angriff der Ordenstruppen zurückgeschlagen, die zum Entsatz der Stadt mit dem Hochmeister angekommen waren[74].

69 Über den Briefwechsel dieser drei Personen mit dem Danziger Rat s. Karol G ó r s k i, Starostowie malborscy w latach 1457–1510. Pierwsze półwiecze polskiego Malborka [Die Marienburgern Starosten der Jahre 1457–1510. Erstes halbes Jahrhundert der polnischen Marienburg], Toruń 1960, S. 15 ff., 24 ff.
70 Es zeugen davon Briefe, die von ihm selbst oder mit anderen Hauptleuten aus Danzig an den Rat gerichtet wurden; APGd, 300D, 75, 114, 121, 122, 124, 125, 127. Vgl. Marian B i s k u p, Meydeburg (Maydemburg) Jan, in: Słownik (wie Anm. 24), Bd. 3, Gdańsk 1997, S. 191.
71 Über ihn Marian B i s k u p, Lubieszowski Prandota, in: Słownik (wie Anm. 24), Bd. 3, Gdańsk 1997, S. 85–86.
72 Geschichte, S. 202. Dazu APGd, 300D, 50, 62 (der Brief Lubieszowskis vom 12. März 1460 über die Verhandlungen mit den Bürgern und Gegenmaßnahmen des Bürgermeisters Blume).
73 APGd, 300D, 50, 63. Ob mit dem Stadtrichter und Bürgermeister Nicolaus Heidenreich identisch?
74 Über diese Phase der Belagerung s. vor allem Geschichte (wie Anm. 39), S. 202–204; L i n d a u (wie Anm. 62), S. 566–567; Vo i g t, Geschichte Marienburgs (wie Anm. 2),

Das Schicksal der Stadt war besiegelt. Mit Erlaubnis der Gemeinde, jedoch ohne Wissen Trotzelers und Kreczemer-Blumes, die krank waren, nahm die Ratmännergruppe mit Nicolaus Heidenreich an der Spitze Gespräche über die Kapitulation auf. Unmittelbarer Grund war wahrscheinlich die Miteilung, daß die Belagerer einen unterirdischen Gang im Burggraben zu graben begonnen haben. Man wollte den Sturmangriff und die Zerstörung Marienburgs vermeiden. Die Belagerten stimmten zu, die Tore zu öffnen, 200 Danziger Soldaten einzulassen, Blume und Trotzeler auszuliefern. Im Vertrag über die Übergabe Marienburgs an den König vom 6. August 1460, den Stibor von Baysen und Johannes von Kosczelecz ausgefertigt hatten, wurden besonders der Anteil Danzigs an der Belagerung betont. Als Zeugen erschienen zwei Danziger Bürgermeister, zwei Ratmänner und zwei Schöffen[75].

Blume wurde schon am 8. August hingerichtet, sein Leib geviertelt und an Toren und Mauer angebracht. Nicht wahrheitsgetreu wurde ihm und Volmar die Schuld für den Übergang Marienburgs an den Orden zugeschrieben. Diese Tat, mit der, wie Paul Simson schrieb, sich die Danziger befleckt haben[76], kann man sowohl als Rache als auch als politische Vorsichtsmaßnahme Danzigs betrachten. Im weiterem Lauf gab es Deutschordensbesatzungen in Stuhm und Mewe, mit denen die ordensfreundliche Gruppe in Marienburg Kontakt aufnehmen konnte.

Am 12. August 1460 sandte der Danziger Rat ein Schreiben an den König. Es wurden darin die Umstände der Übernahme Marienburgs dargestellt und seine Verdienste hervorgehoben. Überdies hat man gebeten, ihm den Hauptmann (d.h. Trotzeler), zwei Deutschordensbrüder und 14 Söldner zu überweisen. Man wollte sie für die gefangengenommenen Danziger Bürger austauschen[77].

S. 497 ff.; Carl H o b u r g, Zur Geschichte der Stadt Danzig während der Belagerung Marienburgs im Jahre 1454, in: Neue Preußische Provinzial-Blätter, 3, 1859, S. 207–208; G ó r s k i (wie Anm. 69), S. 26–28; B i s k u p, Trzynastoletnia wojna (wie Anm. 45), S. 565 ff.

75 L i n d a u (wie Anm. 62), S. 568–569, mit Datum 5. August. Vo i g t, Geschichte Marienburgs (wie Anm. 2), Nr. XXXVIIb (= APGd, 508D, 2518) mit Datum 6. August 1460. Dazu noch Geschichte (wie Anm. 39), S. 204–205.
76 S i m s o n, Geschichte (wie Anm. 1), S. 251.
77 Gleichzeitige Eintragung im Missivbuch (APGd, 300, 27, 6, Bl. 183). Der Rat teilt dem König mit, *dat dy stat Ma(r)inburch durch zculoßunge des Almechtigen Gotes, vormittelst unser belegunge mit sworen groß(e)n unkost(e)n, muhe und arbeid geschehen, dorczu wir gar cleine hulffe gehat habenn, beyteydinget ist, und euwer ko-*

Der König würdigte die Bemühungen und Hilfe des Danziger Rats vollauf. Am 31. August bestätigte er, daß die Stadt Marienburg durch ... *grosse muhe, arbeth und anlage Danzigs* wiedergewonnen wurde, wofür er ihm sehr dankt[78]. Es ist bekannt, daß Trotzeler und andere Söldner Danzig überlassen wurden. Trotzeler wurde aus Danzig erst Ende November 1462 befreit[79]. Ein neues Privileg vom König hat Danzig nicht bekommen, weil, wie P. Simson schreibt, „es gab nichts, was es noch [...]

niglik(e)n gnad(en) weder undertanig geworden, und de inwonner der gen(annte)n stad euw(e)r konigliken gnad(en) gehuldiget und geswor(e)n hab(e)n, zo als euw(er) k(onigliche) g(nade) in dißen eyngesloßenn copien clarlichen wirt vornemen. In welger beteydigunge methe beholden ist, das dy inw[on]er der stad Ma(r)ie(n)burch eren borchmeist(er) Blumen, der denn umb vorrethnißße an euwern koniglik(e)n gnadenn begangenn, noch syner mißedacth gerichtet ist, solden oberantwert(e)n, und darzcu eren hobtman mitßampt den cruczigern und dinstlewt(e)n an der czall 24 in gefengnisße obergeb(e)n. Von welchenn gefangenen durch de großmechtigen h(e)rn Stibur von Bayß(e)n, euw(er) gnad(e)n in deßen landen stadhald(e)r, und h(e)rn Jon von Koßelcz woywoden etc., der houpman mit czwen cruczigern und 14 gesellen biß an euw(er) konigliken gnade ßeyn zcugesaget und gegeb(e)n sey umb unße borg(er), dy kortzlich in dißen krigen gefangen und swerlichen geholden werden, metho zcu lißen. Warumb irluchtigest(er) hogeborner forste, wir euw(er) konigliken gnade mit demuttiger und dinstlicher andacht anruffen und bitten angezeen dy swere große kost, muhe und czerunge in der belegunge und weder inkrigunge der ge(nannte)n stad Ma(r)ienborg durch uns getan und gehatt, und wellet gnedigest(er) konigk semliche gefangen vorwill(e)n in unßer macht zcu bleib(e)n, zo als uns dy durch dy h(e)rn vorgeß(reben) zcugeßaget ßeyn, uns in unßer stad hant sich zcugestell(e)n bestriket. Dyße unßr(e) bethe uns nicht vorßagende, als wir des unzcweifelichen getruw[e]n zcu euw(er) k(onigliken) g(naden) haben. [...] Actum am dingestage nach Laurenti anno etc lx⁰. [12. August 1460]. Vgl. auch die Zusammenfassung dieses Briefes bei Caspar S c h ü t z, Historia rerum Prussicarum, Leipzig 1599, Bl. 284 v.

78 Codex epistolaris saeculi decimi quinti, Bd. 3, wyd. Anatol L e w i c k i, Kraków 1894, Nr. 182.
79 Darüber gleichzeitige Eintragung im Missivbuch (APGd, 300, 27, 6, S. 230–230 v.), unter Titel: *Also is Austin Troczeler seynes gefengnisses los gelossen. Wyr burgemeister und rathmann der stat Danczk(e) bekenne(n) offenbar myt deßem briffe allen und itczlich(e)n, die en zehen adir horen, das wyr quiet, frey, ledig unde loß gelosss(e)n hab(e)n unde in crafft deses briffes queyt, frey und loß loss(e)n unde geben den woltuchtig(e)n Austyn Troczeler dissen beweyßer solches zcugznisses, alse h(e)r unsere gefangener ist geweßen, doch bey solchem bescheide, das Helies Bock ouch seynes gefengnisses queyt, frey, ledigk und loß sal wesen unde bleyb(e)n. Und was geloubeßbriffe vor en geschreb(e)n seyn und gegeben, die soll(e)n myt dessem briffe alle machtloß weß(e)n unde getatet werd(e)n. Des zcu fordern bekentnisse hab(e)n wyr unßn stat signit hirundir andruck(e)n lassen dessm briffe, der gegeb(e)n zu Danczk(e) am sontage negest noch Katherine V(i)rginis im etc. lxii*ʳ⁽ᵉ⁾ⁿ*jor(e)* [28. November 1462]. Helias Bock bleibt unbekannt. Sicher stammte er aus der Danziger Patrizierfamilie Bock.

hätte erhalten können"⁸⁰. Es gab dagegen individuelle Verleihungen. 1467 hat David von der Becke die Marienburger Fleischerbänke und sechs Hufen im Warnauschen Wald bei Marienburg aufgegeben, die ihm der König gegeben hatte⁸¹. Vier Hufen im Warnauschen Wald verlieh König Kasimir dem ehemaligen Ratmann der Altstadt Königsberg, Peter Brant, der sich in Danzig niedergelassen hatte und dessen Sohn Bürgermeister wurde⁸².

Der Verfasser „Geschichte von wegen eines Bundes" gibt an, daß nach der Kapitulation über gewisse Zeit in Marienburg die Danziger regiert haben. Da sie den fünf Bürgern (*Kynast, Philipp, Mathis Pene, Greger Pene, Jorge Pockelkoller*) mißtrauten, wurden diese gefangengenommen und nach Danzig geschickt. Später sind die Gefangenen auf dem Seeweg nach Lübeck gebracht worden, aber das Schiff sank, es haben sich nur Kynast und Phillip retten können⁸³. Jedoch bestätigt keine andere Quelle diese Ereignisse⁸⁴. Außerdem ist der Ratbestand ungewechselt geblieben. Es wurde nur eine neue Person eingeführt: der ehemalige Bürgermeister der Altstadt Königsberg, Johannes Dreher⁸⁵.

Nachwort

Unter dem Jahr 1488 hat Kaspar Weinreich die folgende Mitteilung aufgezeichnet. Die Junkers- oder Sankt Georgsbrüderschaft hatte unter der Marienburger Bank im Artushof einen Harnisch zu niedrig aufgehängt, so daß die Mitglieder der Marienburger Bank keine Tafel haben anhängen

---

80 Simson, Danzig (wie Anm. 24), S. 82.
81 APGd, 300, 43, 196 (Schöffenbuch 1458–1477), S. 204, 215. Über die Tätigkeit Davids von der Beke während des Krieges wissen wir nichts. Dagegen war sein Bruder, der Schöffe und Ratmann Joachim von der Beke (gestorben 1463), damals einer der Danziger Diplomaten. Höchstwahrscheinlich ging es gerade um Joachims Verdienste; s. Schwarz, von der Beke, Joachim, in: Altpreußische Biographie, Bd. 1, hg. v. Christian Krollmann, Königsberg 1941, S. 43.
82 APGd, 300D, 51, 25, 34; vgl. Górski (wie Anm. 69), S. 45, 69; Zdrenka (wie Anm. 5), S. 239.
83 Geschichte (wie Anm. 39), S. 205.
84 Hans Kynast kam (gemeinsam mit Thomas Kromer) in der Urkunde des Hochmeisters Heinrich von Richtenberg vom 14. November (*am donerstage noch Martini episcopi*) 1476 vor; APGd, 508, 1221, S. 391. Mathias Pene war verstorben um 1469; APGd, 300, 43, 196, S. 262.
85 Christian Krollmann, Die Ratslisten der drei Städte Königsberg im Mittelalter, Königsberg Pr. 1935, S. 35 f.; Toeppen (wie Anm. 7), S. 199.

können. Darüber waren sie sehr unzufrieden. Diese Situation dauerte eine längere Zeit an. Erst im Februar des Jahres 1488 hat man den Harnisch abgenommen und höher aufgehängt. Derzeit kam die Tafel, die Marienburg darstellte, an seine Stelle zurück. Und alles war wie zuvor[86].

Das von Weinreich erwähnte Bild hat schon im neugebauten Artushof gehangen, muß also kurz nach dem Jahre 1481 gemalt worden sein. Hier verblieb es noch bis zum Ende des Weltkrieges. Es hat die Belagerung von Marienburg im Jahre 1460 und nicht 1410 oder 1454/1456 Jahre dargestellt. Es drängt sich die Frage auf nach dem Zusammenhang zwischen dem Bild und der Marienburger Bank. Th. Hirsch vertrat die Ansicht, daß diese Bank die Teilnehmer der Belagerung Marienburgs 1410 oder 1454–1456 aus dem Kreis des Patriziats gebildet haben. Es gab also Waffenbrüderschaft[87]. Adam Stanisław Labuda hat angenommen, daß die Marienburger Bank die Danziger aus der Oberschicht ins Leben gerufen haben, die am Dreizehnjährigen Krieg und besonders am Kampf um Marienburg teilgenommen haben[88]. Dagegen ist P. Simson, der die Tafeldarstellung auf das Jahr 1410 bezog, der Meinung, daß der Bankname dem Bild entstamme und die Bankmitglieder in keiner Verbindung mit den Belagerungen Marienburgs gestanden haben[89].

Wer hat recht? Wir verfügen über keine Quelle aus den achtziger und neunziger Jahren des 15. Jahrhunderts, um zu prüfen, ob die Mitglieder der Marienburger Bank wirklich als Danziger Hauptleute während des Krieges und der Belagerungen Marienburgs tätig waren. Um doch diese Vermutung glaubhaft zu machen, lohnt es sich, in Betracht zu nehmen, daß diese Bank 1499 der Heiligenkreuzaltar in der Marienkirche vom Rat bekommen hatte. Im dort aufbewahrten silbernen Kreuz hat sich das Heiligtum des Heiligen Kreuzes befunden, das früher in der Marienburger Schloßkapelle war. Nach der Übernahme Marienburgs 1457 wurde diese Reliquie mit den anderen vom König Danzig übergeben[90]. Mit die-

---

86 Caspar Weinreichs Danziger Chronik, hg. v. Theodor Hirsch, in: SRP, Bd. 4, S. 767.
87 Theodor Hirsch, Danzigs Handels- und Gewerbsgeschichte unter Herrschaft des Deutschen Ordens, Leipzig 1858, S. 205, Anm. 799.
88 Adam Stanisław Labuda, Malarstwo tablicowe w Gdańsku w 2 poł. XV w. [Die Tafelmalerei in Danzig in der zweiten Hälfte des 15. Jhs.], Warszawa 1979, S. 115.
89 Paul Simson, Der Artushof in Danzig und seine Brüderschaften die Banken, Danzig 1900, S. 37–39; vgl. auch ders., Geschichte (wie Anm. 1), S. 310–311.
90 Theodor Hirsch, Die Ober-Pfarrkirche von St. Marien in Danzig, Bd. 1, Danzig 1843, S. 452.

sem Beweismittel möchte ich die Annahme Labudas unterstützen. Wenn auch die Marienburger Bank nicht die Danziger Hauptleute versammelt hatte, sprechen dafür die Auswahl des Bildthemas, seine Bestellung und das Aufhängen an der Wand des Artushofes, wo sich das Danziger Patriziat versammelte. Eine genaue Analyse des Ideengehalts dieses Gemäldes hat Adam Labuda durchgeführt[91]. Darum möchte ich nur einige Bemerkungen machen. Politisch und wirtschaftlich hat Danzig in diesem Krieg alles erreicht. Die Gewinnung Marienburgs hat es als größten Sieg betrachtet. Es war doch Marienburg der Sitz des Hochmeisters und das Haupthaus des Deutschen Ordens. Es stellte sich heraus, daß die Mitglieder des Danziger Rats nicht nur Kaufleute, sondern auch in der Kriegskunst erfahrene Ritter waren. In einer Nische der Stadtmauer steht Bartholomäus Kreczemer-Blume, Hauptfeind Danzigs und Haupt der Anhängerschaft des Deutschen Ordens in Marienburg, von Danzig besiegt und hingerichtet. Das Danziger Banner in der Bastei „Klein Danzig" überragt Burg und Stadt. Man muß auch bemerken, daß noch im Jahre 1536 die Vorgänger der Marienburger Bank ein neues Gemälde bei Martin Schoninck bestellt haben, das auch die Belagerung betreffen sollte[92]. Es muß also dieses Ereignis weiterhin im Selbstbewußtsein des Danziger Patriziats eine bedeutende Rolle gespielt haben. Auf diese Weise hatte die kleine Stadt an der Geschichte der großen Stadt einen nicht geringen Anteil.

---

91 L a b u d a (wie Anm. 88), S. 115 ff.
92 Ebenda, S. 120.

Schiffahrt und Flotte Danzigs im 17. Jahrhundert

von Andrzej Groth

Die Geschichte der Danziger Schiffahrt im 17. Jahrhundert erweckte zunächst kein größeres Interesse. Erst seit dem Ende der fünfziger Jahre des 20. Jahrhunderts erschien eine Reihe von Arbeiten, die sich mit ausgewählten Problemen beschäftigen. Außer diesen nicht zahlreichen Publikationen erfordern die mit der Danziger Schiffahrt im 17. Jahrhundert verbundenen Probleme weitere Archivforschungen und Untersuchungen.

Diese Arbeit basiert auf handschriftlichem Material aus dem Staatsarchiv in Danzig, darunter sind Rezesse der dritten Ordnung[1], Protokolle des Präsidierenden Bürgermeisters[2] und des Vizebürgermeisters[3]. Aus dem uns interessierenden Zeitraum ist das Bücherkomplet der Ordnungsrezesse erhalten geblieben, welches Informationen aus den verschiedenen mit Flotte und Schiffahrt verbundenen Gebieten enthält. Anhand dessen können die Meinungen der Stadtbehörden über die eigene Flotte und Schiffahrt und ihre Schiffahrtspolitik erschlossen werden.

Die Amtsprotokolle des Präsidierenden Bürgermeisters enthalten die für unser Thema wertvollen Aufzeichnungen, Abschriften von Seebriefen und Zertifikaten. Im Besitz eines Seebriefes mußte nach dem Danziger Seerecht jeder Danziger Schiffseigentümer sein und hatte die Pflicht, diesen Seebrief dem Schipper vor seiner Seefahrt auszuhändigen[4]. Es war das maßgebende Dokument zur Bestimmung der Schiffsflagge. Es hatte eine besondere Bedeutung für die Sicherheit der Schiffahrt während der Kriege, die in der zweiten Hälfte des 17. Jahrhunderts von den westeuropäischen Staaten auf See geführt wurden. Der Seebrief sollte das Schiff vor

---

1 Archiwum Państwowe w Gdańsku [Staatsarchiv Danzig; weiter: APGd.), 300, 10, Nr. 33–54.
2 APGd. 300, 1 Nr. 75, 77, 80–82, 84–89 a, 90–91, 92 a, 92 b, 92 c, 93, 94 a, 94 b, 94 c, 94 d, 95–98, 100.
3 APGd. 300, 5, Nr. 103–116, 116 a, 117–119, 119 a, 120, 122, 122 a, 122 b, 122 c, 122 d, 123 a, 123 b, 123 c, 123 d, 123 e, 123 f, 123 g, 123 h, 123 i, 124 b, 124 c, 125 a, 125 b, 125 c, 125 d, 125 e, 126 a, 126 b, 126 c, 126 d, 127, 128 a, 128 b, 128 c, 128 d, 128 e, 129 a, 129 b, 130–134.
4 Stanisław M a t y s i k, Prawo morskie Gdańska. Studium historyczno-prawne [Danziger Seerecht. Geschichtlich-juristische Untersuchung], Warszawa 1958, S. 273.

einer Konfiskation und vor den daraus entstehenden Verlusten schützen. Er war entscheidend für die Rückgabe des Schiffes an den Reeder.

Der Seebrief enthielt: Ausstellungsdatum, Vor- und Familienname des Eigentümers oder der Eigentümer des Schiffes, Name des Schiffes, Vor- und Familienname und Herkunft des Schippers, der das Schiff führte. Diese Einzelheiten kehren in allen Seebriefen wieder. Dazu gehören die Erklärungen der Danziger Meister der Schiffszimmermannsinnungen über den Schiffbau für Danziger Reeder sowie Kaufs- oder Verkaufsurkunden des Schiffes. Alle diese Unterlagen dienen zur Ermittlung der zahlenmäßigen Stärke und Tonnage der Danziger Flotte im untersuchten Zeitraum.

Ein zweites Dokument, das der Schipper mitnahm, wenn er auf Fahrt ging, war das Zertifikat. Es war ein vom Stadtrat bestätigtes Dokument über das Danziger Wareneigentum. Das Zertifikat enthielt Vor- und Zuname eines oder mehrerer Eigentümer der an Bord befindlichen Waren, Angaben über Art und Größe der Ladung, über Richtung und Ziel der Seefahrt und Schiffsflagge. Noch einen weiteren Nachteil hatten die Zertifikate. Sie wurden ausgegeben für Waren, die Eigentum der Danziger Kaufleute waren. Wenn also ein Segelschiff unter Danziger Flagge fremde Waren, d. h. Waren die nicht Eigentum der Danziger Kaufleute waren, beförderte, oder wenn es vor Anker stand – was wesentlich für den Exploitationsertrag war, fehlte das Zertifikat. Diese Angaben werden besonders wichtig für die Beurteilung der Aktivität einzelner Handelsfirmen und Reedereien.

Nach diesen kurzen einleitenden Bemerkungen soll der Versuch unternommen werden, die wesentlichen Fragen über die Danziger Schiffahrt im 17. Jahrhundert zu beantworten. Besonders wichtig erscheinen die Probleme: Größen- und Eigentumsverhältnis in der Danziger Flotte, desgleichen Umfang, Tragweite und Struktur des Schiffstransportes.

Unter der Größe einer Flotte versteht man den zahlenmäßigen Stand und die gesamte Tragfähigkeit der Schiffe. Den zeigt für die Jahre 1660–1700 unten Tabelle 1. Vor ihrer Besprechung sind einige Erläuterungen notwendig. Die Tabelle berücksichtigt nur Segelschiffe über 30 Last Tragkraft. Die kleineren Schiffe spielten keine bedeutende Rolle in der Überseeschiffahrt und wurden hauptsächlich in der Küstenschiffahrt eingesetzt. In den herangezogenen Quellen sind die Informationen über diese zu knapp, um einer statistischen Auswertung dienen zu können.

Tabelle 1. Zahl und globale Tonnage der Danziger Flotte.

Jahr	Zahl der Schiffe	Globale Tonnage (Last)	Schiffstonnage im Durchschnitt (Last)
1660	7	•	•
1667	7	•	•
1676	25	•	•
1679	27	•	•
1689	30	2957	98,1
1691	44	5024	114,6
1692	54	6609	122,2
1693	66	9050	136,6
1694	70	10256	146,3
1695	70	9896	142,5
1696	75	10608	141,2
1697	66	8681	140,6

• – Angaben fehlen

Quelle: A. G r o t h, Entwicklung der Danziger Flotte (wie Anm. 5), S. 32.

Es sei betont, daß die in Tabelle 1 angegebenen Zahlen für die Größe der Danziger Flotte nur die aktive Flotte, d. h. Einheiten, die auf Fahrt gingen, betreffen. Das ergibt sich aus dem Charakter der herangezogenen Quellen. Seebriefe und Zertifikate erhielten nur Schiffe, die auf Fahrt gingen. Praktisch konnte ein Teil der Segelschiffe z. B. wegen Reparaturen, Kassation, Stillstand oder aus anderen Gründen ausfallen.

Von den siebziger Jahren des 17. Jahrhunderts bis 1696 ist eine dynamische Entwicklung der Danziger Flotte zu beobachten. Es wuchs sowohl die Zahl der Schiffe als auch die globale Tonnage. Die Zahl der Schiffe vergrößerte sich im untersuchten Zeitraum elffach. Die globale Tonnage der Danziger Flotte ist 1696 fast 3,5 mal größer als im Jahre 1689. In dem ganzen untersuchten Zeitraum wuchs ständig die Zahl der Schiffe und die

Tonnage der Danziger Flotte. Besonders schnell war die Entwicklung der Flotte in den neunziger Jahren.

Es entsteht die Frage nach der Ursache dieser Beobachtung, besonders, da aus der Literatur wohl bekannt ist, daß seit der Mitte des 16. Jahrhunderts die Danziger Flotte sich zahlenmäßig verkleinerte, nachdem die Danziger Kaufleute sich immer mehr auf Handelsvermittlung zwischen den Lieferanten aus dem Hinterland und den ausländischen Kaufleuten beschränkten[5]. In der zweiten Hälfte des 17. Jahrhunderts entstand eine günstige Konjunktur für den Danziger Handel. Die Polnische Krone erholte sich allmählich von den Kriegszerstörungen, lieferte mehr Getreide, und ihre Zufuhr nach Danzig nahm zu. In Westeuropa wurde ständig Holz für den Schiffbau gesucht, da große Handelsflotten entstanden waren, die Kriegsflotten ausgebaut wurden und England, Holland und Frankreich Krieg auf See führten. Mit der Rohstoffnachfrage in Westeuropa wuchs der Transportbedarf. Dabei waren die politischen Verhältnisse Westeuropas damals spezifisch. Die englische Navigations-Akte schloß hauptsächlich die holländische Schiffahrt von den englischen Häfen aus. Während des Krieges zwischen Frankreich und der Augsburger Liga (1688–1697) wurde die Schiffahrt der Gegner bekämpft. Es bestand Bedarf an Transportmitteln, die neutral sein mußten. Diese Rolle spielte die Danziger Flotte, und daher ihre schnelle Entwicklung. Trotz der Kriegsgefahren nutzte sie die Konjunktur, die sich aus dem Ausscheiden der holländischen Handelsvermittlung ergab[6]. Die Entwicklung der Danziger Flotte wurde ebenfalls durch die damalige Schiffahrtspolitik des Danziger Stadtrates begünstigt. Dieser versuchte so wie die Kaufmannschaft von dem bisher passiven zum aktiven Handel überzugehen.

---

5 In der 1. Hälfte des 15. Jh.s zählte die Danziger Flotte 100 Segelschiffe mit einer globalen Tonnage von 3.000–5.000 Last. Im Jahre 1460 betrug die Flotte schätzungsweise 200 Einheiten, zu Beginn des 16. Jh. 200 Einheiten, im Jahre 1583 spricht man von 60 Danziger Schiffen, im Jahre 1665 zählte die Danziger Flotte kaum 6 Schiffe von 40–100 Last und 10 Schoten von 20–40 Last Tragfähigkeit, vgl. Andrzej G r o t h, Rozwój floty i żeglugi gdańskiej w latach 1660–1700 [Entwicklung der Danziger Flotte und Schiffahrt in den Jahren 1660–1700], Gdańsk 1974, S. 20.

6 Der Einsatz der holländischen Flotte in der Danziger Schiffahrt spielte eine bedeutende Rolle, aber während des Krieges zwischen Frankreich und der Augsburger Liga ging er zurück und betrug im Jahre 1688 15 und 1693 27% aller Schiffe, vgl. Andrzej G r o t h, Ruch statków w porcie gdańskim w latach 1670–1693 [Schiffsverkehr im Danziger Hafen in den Jahren 1670–1693], in: Rocznik Gdański, Bd. 31, 1971, H. 2, S. 171–187.

Die Bemühungen gingen vor allem in die Richtung des Schiffbaues und Schaffung von Voraussetzungen für die Entwicklung der eigenen Handelsflotte. Es ging u. a. auch darum, fremde Bürger aufzunehmen, sie in ihren Rechten mit den eigenen Bürgern gleichzustellen und eine protektionistische Politik gegenüber der eigenen Flotte und Schiffahrt zu treiben. Es waren moderne Maßnahmen, die gegen mittelalterliche Privilegien und eine Beschränkung der Freiheit nur für Danziger Bürger gerichtet waren, um die Entwicklung der Flotte und Schiffahrt zu fördern. Es wurden dafür amtliche Formen geschaffen, als 1660 die Deputation zur Verbesserung des Handels und 1665 das Kollegium der Kaufmannsältesten entstanden war. Es sei jedoch zugegeben, daß die Forderungen und Vorschläge dieser Gremien vor der Idee eines freien Handels, der in Westeuropa immer mehr Anhänger hatte, noch fern waren. Die Stadtbehörden mußten unter dem Druck des Volkes, hauptsächlich der kleinen und mittleren Kaufleute, ihre Politik gegen die Konkurrenten der Danziger Handwerker und Kaufleute verschärfen. Die Stadt verteidigte auch entschlossen ihr Monopol als Vermittler im Handelsaustausch zwischen den fremden Kaufleuten und seinem Hinterland.

Nicht ohne Bedeutung für die zahlenmäßige Entwicklung der Danziger Flotte war in der zweiten Hälfte des 17. Jahrhunderts die Eindämmung der in den letzten Jahrhunderten auftretenden Tendenz zur Preiserhöhung im Schiffbau. Die Preise waren sogar gefallen, daher haben die Danziger Kaufleute jetzt ihr Kapital in den einheimischen Schiffbau investiert[7]. Von der Danziger Flotte 1697 waren fast ¾ der Schiffe in einheimischen Werften gebaut.

Die Weiterentwicklung der Danziger Flotte brach 1697 ab. Als Ursache ist die damalige politische Situation anzusehen. Danzig lehnte 1697 den französischen Kandidaten für den polnischen Thron, den Fürsten Conti, ab und erkannte den sächsischen Kurfürsten als polnischen König an. Der Hof von Versailles hat daraufhin gegenüber dem Danziger Handel und seiner Flotte Repressalien angewandt. Auf Anweisung des Königs Ludwig XIV. erhielten die Offiziere der Admiralität in La Rochelle und in anderen französischen Häfen den Befehl, Segelschiffe der Danziger Flotte festzu-

---

7 Seit der siebziger Jahre des 17. Jh. beobachtet man in Danzig eine deutliche Belebung des Schiffbaus, vgl. Zbigniew B i n e r o w s k i, Gdański przemysł okrętowy od XVII do początku XIX wieku [Danziger Schiffbauindustrie in der Zeit vom 17. bis Anfang 19. Jh.], Gdańsk 1963.

nehmen[8]. Die auf der Reede des Danziger Hafens stehende Eskadron des Admirals Bart eroberte fünf Schiffe, vier davon wurden konfisziert[9]. In den französischen Häfen wurden noch zwei weitere Danziger Segelschiffe beschlagnahmt. Nach den Schätzungen betrugen die Schäden der Danziger Kaufleute und Reeder 1697 durch diese Beschlagnahme von Schiffen und Waren über 230.000 Floren, was etwas übertrieben sein mochte[10]. Auch wurden 1697 zwei Danziger Segelschiffe von den Engländern beschlagnahmt[11]. Insgesamt betrugen 1697 die Verluste fast 15 % der gesamten Tonnage der Danziger Flotte, abgesehen von den versenkten Schiffen. Die Folge dieser Ereignisse war der Zusammenbruch des Handels zwischen Danzig und Frankreich. Den Verlust der Schiffe und Waren befürchtend, haben die Danziger fast ganz und gar die Schiffahrt nicht nur nach Frankreich sondern auch nach den anderen westeuropäischen Häfen eingestellt. Die Amtsprotokolle der Präsidierenden Bürgermeister für die Jahre 1698 und 1699, obwohl sie vollständig überliefert sind, enthalten fast keine Seebriefe, Zertifikate, keine für die Seefahrt notwendigen Dokumente.

Zusammenfassend kann von der Danziger Handelsflotte in der zweiten Hälfte des 17. Jahrhunderts gesagt werden, daß die Danziger die für sie günstige Kriegskonjunktur ausgenutzt haben, um ihre eigene Flotte auszubauen.

Mit der zahlenmäßigen Vergrößerung der Danziger Flotte und ihrer gesamten Tonnage in der zweiten Hälfte des 17. Jahrhunderts erfolgten auch Strukturveränderungen in der Flotte. In den Jahren 1689–1697 nahm systematisch die Zahl der Schiffe mit Tragfähigkeit von 30 bis 50 Last ab (von 26,7 % im Jahre 1689, auf 9,7 % im Jahre 1697). Es wuchs die Zahl der großen Schiffe, über 200 Last Tragfähigkeit (von 3,3 % im Jahre 1689 auf ca. 30 % im Jahre 1697). Diese Zahlen zeigen deutlich die zunehmende Tragfähigkeit des Segelschiffes in der damaligen Zeit, sie betrug in den Jahren 1689–1697 durchschnittlich 98 bis 146 Last. Im Vergleich der er-

---

8 Michał Komaszyński, Polska w polityce gospodarczej Wersalu 1661–1715 [Polen in der Wirtschaftpolitik von Versailles 1661–1715], Warszawa/Kraków 1968, S. 130.
9 Ders., Akcja eskadry francuskiej admirała Barta przeciw żaglowcom gdańskim w 1697 r. [Einsatz der französischen Eskadron vom Admiral Bart gegen die Danziger Segelschiffe im Jahre 1697], in: Studia gdańsko-pomorskie, Red. Edmund Cieślak, Gdańsk 1964, S. 180.
10 Komaszyński, Polen in der Wirtschaftpolitik (wie Anm. 8), S. 136, 151.
11 APGd., 300,5, Nr. 131, S. 169–188.

sten Hälfte des 15. Jahrhunderts mit der ersten Hälfte des 17. Jahrhunderts bedeutet das im Durchschnitt eine zwei- bis dreifache Vergrößerung der Danziger Schiffe[12]. Hinsichtlich der Größe sind die Danziger Segelschiffe vergleichbar mit den holländischen Schiffen aus der Ostsee. Im Durchschnitt war die Tragfähigkeit der Schiffe, die von Holland nach Danzig segelten, in den Jahren 1597–1651 von ca. 80 auf ca. 140 Last gestiegen[13].

Wie bereits erwähnt, wurden die Danziger Schiffe in den Jahren 1670–1700 zum größten Teil in den Danziger Werften erbaut. Wenn sie sich hinsichtlich der Größe wenig von den holländischen Schiffen auf der Ostsee unterschieden, so mußten es für die damaligen Zeiten moderne Schiffe sein. Die Danziger Schiffbauindustrie war, wie es Zb. Binerowski betont, hinsichtlich Stand der Technik und Produktion auf einem Niveau, das sich wenig von westeuropäischen Werften unterschied. Diese Behauptung bestätigt auch die Größe der Schiffsbesatzung auf den Danziger Segelschiffen, die sich von den holländischen Schiffen zahlenmäßig wenig unterschied[14].

Damit hängt die Frage nach den Schiffstypen, die in den Danziger Werften gebaut wurden, zusammen. Die Typologie der damaligen Schiffe ist trotz der reichen Literatur ein schwieriges Problem. Die Schwierigkeiten ergeben sich daraus, daß ein systematisiertes Material (typologische Systematik) fehlt. Es werden in der Literatur verschiedene Begriffe und Terminologien für die Schiffe angewandt.

Es muß davon abgesehen werden, hier die Typen der Danziger Schiffe, die in der Schiffahrt eingesetzt waren, zu beschreiben. Wir beschränken

12 Nach Maria B o g u c k a betrug die Tragfähigkeit der Danziger Segelschiffe in der 1. Hälfte des 15. Jh. im Durchschnitt 30–50 Last, vgl. Gdańsk jako ośrodek produkcyjny w XVI–XVII w. [Danzig als Produktionszentrum im 16.–17. Jh.], Warszawa 1962, S. 42. Sie stellt für die 1. Hälfte des 17. Jh. fest, daß die Danziger Schipper kleine Schiffe mit geringer Warenmenge führten, vgl. Udział szyprów gdańskich w handlu bałtyckim pierwszej połowy XVII w. [Beteiligung der Danziger Schipper am Ostseehandel in der 1. Hälfte des 17. Jh.], in: Zapiski Historyczne, Bd. 29, 1964, H. 4, S. 20–22.
13 Maria B o g u c k a, Handel niederlandzko-gdański w latach 1597–1651 w świetle amsterdamskich kontraktów frachtowych [Der Danziger-niederländische Handel in den Jahren 1597–1651 nach den Amsterdamer Frachtkontrakten], in: Zapiski Historyczne, Bd. 33, H. 3, 1968, S. 178.
14 Zu dieser Zeit hatten große Einheiten 400 und mehr Last, und zwar holländische Schiffe nach Angaben des Schiffszimmermanns Daniel Schultz aus Rotterdam die Besatzung von 12–13 Mann. Das Danziger Segelschiff „Die Stadt Danzig" (240 Last) zählte 12 Mann, das Schiff „Die Katze" (100 Last) 7 Mann Besatzung, vgl. G r o t h, Entwicklung der Danziger Flotte (wie Anm. 5), S. 205.

uns nur auf diejenigen, die in der zweiten Hälfte des 17. Jahrhunderts in der Danziger Überseeschiffahrt eingesetzt waren. Die verfügbaren Quellen (Seebriefe, Zertifikate) berücksichtigen nur wenig die Typologie der Schiffe. In der Mehrzahl steht neben dem Namen des Schiffes nur die Bezeichnung Schiff. In Einzelfällen bezeichnen die Kaufleute und Reeder den Typ des Schiffes. Es gibt Dokumente, wo die Angaben widersprüchlich sind, da der Besitzer seinem Schiff verschiedene Bezeichnungen gibt. Es waren in der zweiten Hälfte des 17. Jahrhunderts folgende Schiffstypen vorhanden:

Galiot	seine damalige	Tragfähigkeit	36–170	Last
Schute	nach Quellenangaben	"	16–50	"
Schmake	nur in der Schiffahrt nach Herzogtum Preußen			
Kreja	(zwei Schiffe)	"	30 und 35	"
Bojer	ein Schiff			

Es ist anzunehmen, daß die Danziger Reeder im 17. Jahrhundert auch den Schiffstyp „Fluite" besaßen, der damals auf der Ostsee sehr verbreitet war. Dafür spricht die Tatsache, daß man nach Danzig höchst qualifizierte Schiffbauer hauptsächlich aus Holland holte, wo dies sehr rentable Schiff zu Hause war.

Die Danziger Schiffahrt war wie die Schiffahrt anderer Hansestädte bereits im 15. Jahrhundert auf gemeinsamen Besitz der Schiffe eingestellt. Eine Schiffsgesellschaft war so organisiert, daß einige Kaufleute ihre Anteile zusammenlegten, um ein Schiff zu bauen oder zu kaufen. Das Schiff war Eigentum der Schiffsgesellschaft oder der einzelnen Teilhaber. Neben dem Eigentum wurde auch der Verdienst geteilt und zwar im Verhältnis zur Höhe des Anteils, desgleichen wurde Risiko des Verlustes von Schiff oder Waren gemeinsam getragen. Dies spielte eine wichtige Rolle, da es die Schiffahrt erleichterte, indem das Risiko einer Seefahrt kleiner war und mögliche Verluste unter den Schiffsbesitzern geteilt wurden. Das hatte eine große Bedeutung wegen des häufigen Untergangs von Schiffen[15], der Gefahr seitens der Kaper und anderes. Untergang, Havarie oder Be-

---

15 Über die Schiffahrt auf der Ostsee im 17. Jh. schrieb unlängst Andrzej Groth, Awarie morskie na Bałtyku w II połowie XVII stulecia [Havarien auf der Ostsee in der 2. Hälfte des 17. Jh.], in: Nautologia, 1978, Nr. 3, S. 60–66.

schlagnahme eines Schiffes verursachten große Verluste. Wenn sie von mehreren Kaufleuten, von den Miteigentümern, getragen wurden, waren sie für den einzelnen nicht so groß. Es war also eine Form von Assekuranz in Zeiten, wo eine Versicherung auf See nicht üblich war.

Darin bestand hauptsächlich die Bedeutung des gemeinsamen Eigentums eines Schiffes in der Geschichte der Schiffahrt. Nach S. Matysik, der das Problem untersucht hat, bestand diese Form in der Danziger Flotte bis zum 19. Jahrhundert[16].

Tabelle 2 zeigt die Eigentumsverhältnisse in der Danziger Flotte des 17. Jahrhunderts. Es wurden hier alle Schiffe aus den Jahren 1660–1700 erfaßt, die aufgrund der Seebriefe und Zertifikate nachgewiesen werden konnten. Wie Tabelle 2 zeigt, war gemeinsames Eigentum in der zweiten Hälfte des 17. Jahrhunderts noch sehr verbreitet. In den Jahren 1660–1670 hatten von 21 Schiffen 15 (über 71%) mehr als einen Eigentümer. In den Jahren 1671–1680 war die Zahl der Segelschiffe, die den Schiffsgesellschaften gehörten, noch größer und betrug über 76% sämtlicher Einheiten. In den weiteren Jahren des 17. Jahrhunderts ist mehr Einzelbesitz als vorher zu beobachten, und zwar in den Jahren 1681–1690 betrug er über 32% und 1691–1700 fast 39%. Die Schiffsgesellschaft als Sicherung des im Seetransport investierten Kapitals war im untersuchten Zeitraum eine allgemeine Erscheinung. In der zweiten Hälfte des 17. Jahrhunderts beobachtet man in Danzig eine zunehmende Zahl der Reedereien. In den Jahren 1660–1670 waren es 20 Schiffahrtsunternehmen, in den siebziger Jahren bereits 60, in den achtziger Jahren fiel ihre Zahl bis auf 36. Die größte Zahl an Reedereien bestand in Danzig in den neunziger Jahren des 17. Jahrhunderts.

Die grundsätzliche Organisationsform der Schiffahrt war im untersuchten Zeitraum die Schiffahrtsgesellschaft. Im Vergleich mit der Gesamtzahl der Reedereien waren es in den Jahren 1660–1670 – 68%, 1671–1680 – 78%, 1681–1690 – 69% und 1691–1700 – 72%. Bis zum Ende der achtziger Jahre des 17. Jahrhunderts hat eine Einzelfirma oder eine Schiffsgesellschaft gewöhnlich ein Segelschiff zu Eigen besessen. Dieser Zustand änderte sich in den Danziger Reedereien in den letzten zehn Jahren des

---

16 Stanisław Matysik, Ze studiów nad współwłasnością statków morskich w żegludze bałtyckiej w XIV–XVIII w. [Studium über Miteigentum der Schiffe in der Schiffahrt auf der Ostsee im 14.–18 Jh.], in: Czasopismo Prawno-Historyczne, Bd. 14, 1962, S. 61.

Tabelle 2. Miteigentum an Danziger Schiffen in den Jahren 1660–1700.

Zahl der Miteigentümer	Jg. 1660–1670		Jg. 1671–1680		Jg. 1681–1690		Jg. 1691–1700	
	S	%	S	%	S	%	S	%
1	6	28,8	16	23,5	16	32,7	60	38,3
2	3	14,2	25	36,8	17	34,7	38	24,3
3	5	23,8	16	23,5	10	20,4	21	13,5
4	4	19,0	8	11,9	5	10,2	18	11,6
5	2	9,5	2	2,9	•	•	8	4,6
6	1	4,7	•	•	•	•	7	4,5
7	•	•	1	1,4	1	2,0	1	0,6
8	•	•	•	•	•	•	2	1,3
9	•	•	•	•	•	•	1	0,6
10	•	•	•	•	•	•	•	•
11	•	•	•	•	•	•	•	•
12	•	•	•	•	•	•	•	•
13	•	•	•	•	•	•	•	•
14	•	•	•	•	•	•	1	0,6
Insgesamt	21	100	68	100	49	100	157	100

S – Zahl der Schiffe
• – nicht zutreffend

Quelle: G r o t h, Entwicklung der Danziger Flotte (wie Anm. 5), S. 62.

17. Jahrhunderts. Damals besaß unter den 24 induviduellen Schiffahrtsunternehmen eine Firma neun Segelschiffe, eine 5, eine 6, zwei je 4, drei je 3, fünf je 2 und 11 je ein Schiff. Also 24 Einzelfirmen (28 % aller Reedereien) waren Eigentümer von 58 Schiffen, d. h. 37 % der gesamten Schiffszahl in den Jahren 1691–1700. Man beobachtet die beginnende Konzentrierung der Mittel des Seetransports in den Händen weniger Firmen.

Es sei aber hinzugefügt, daß der Vorgang dieser Konzentrierung keine allgemeine Erscheinung in der Danziger Schiffahrt war. Im Durchschnitt besaß eine Reederei folgende Zahl an Schiffen: 1689 – 1,2; 1691 – 1,2; 1692 – 1,3; 1693 – 1,4; 1694 – 1,3; 1695 – 1,4; 1696 und 1697 – 1,3.

Die Schiffsgesellschaften wurden gewöhnlich für eine kurze Zeit gegründet, d.h. für 1–2 Jahre. Es läßt sich nicht genauer ermitteln, warum sie so kurz bestanden. Wahrscheinlich gehörte zu den Ursachen der Bankrott einer Firma durch Untergang des Schiffes oder Beschlagnahme[17]. Die Unbeständigkeit oder Kurzfristigkeit der Schiffsgesellschaften, ihre häufige Gründung, um nur eine Transaktion durchzuführen, kann eine gewisse Organisationsform des Danziger Seehandels bezeugen. Man beobachtet, daß erst seit den achtziger Jahren des 17. Jahrhunderts die Schiffsgesellschaften von längerer Dauer sind. In den Jahren 1681–1690 bestanden nur noch 48% aller Gesellschaften bis zu zwei Jahren, und in den neunziger Jahren verringerte sich ihre Zahl auf 26%. Im letzten Jahrzehnt des 17. Jahrhunderts bestand eine Schiffsgesellschaft 3 bis 7 Jahre.

In der zweiten Hälfte des 17. Jahrhunderts erschienen immer häufiger individuelle Kaufleute, die über eine bedeutende Zahl von Schiffen verfügten. Das Eigentum eines ganzen Schiffes in einer Hand war dadurch bedingt, daß sich in der zweiten Hälfte des 17. Jahrhunderts das System der Seeversicherungen verbreitete, welches das Risiko der materiellen Verluste verringerte.

Bei näherer Betrachtung der damaligen Reedereien kann man im einzelnen den Mechanismus ihres Entstehens verfolgen. Es werden im folgenden zwei Unternehmen besprochen: ein individueller Besitzer und eine Gesellschaft.

An der Spitze der Danziger Reeder steht in der zweiten Hälfte des 17. Jahrhunderts Albrecht Grodeck. Im Jahre 1662 erhielt er in Danzig die Bürgerrechte. Bis in die Mitte der siebziger Jahre war seine Beteiligung am Handel passiv, d.h. beschränkte sich auf Vermittlung zwischen den Produzenten und ausländischen Kaufleuten.

Im Jahre 1676, als die Konjunktur für eine neutrale Flotte so gut war, wurde er Reeder und verband die Schiffahrt, mit aktivem Überseehandel. Wegen der vielen Gefahren auf See, bedingt durch den Kriegszustand und auch wegen mangelnder Erfahrung in der Schiffahrt beschränkte er sich hauptsächlich darauf, Teilhaber zu werden, um kein großes Risiko einzu-

---

17 z.B. Das Segelschiff „Fortuna", Eigentum von zwei Danzigern, wurde 1667 von Kapern aus Ostende beschlagnahmt, dadurch fiel die Gesellschaft und wird in folgenden Jahren nicht mehr erwähnt.

gehen. Im Jahre 1676 besaß er ¼ Anteil am Schiff „Die Olive". Ein Jahr später wurde in seinem Auftrag und dem Auftrag eines anderen Danziger Reeders das Segelschiff „Der König von Polen" erbaut und vom Stapel gelassen. In den folgenden Jahren gründete er noch weitere Schiffsgesellschaften. Zusammen mit anderen Danziger Reedern exploitierte er bis 1689 sieben Einheiten. Nach 1683 gründete Grodeck keine Schiffsgesellschaften mehr, er besaß aber die in der zweiten Hälfte des 17. Jahrhunderts in Danzig größte Reederei. Sie wurde im Jahre 1686 gegründet. Es exploitierte das Segelschiff „Das Wapen von Danzig" (60 Last). Im Jahre 1689 kaufte er noch zwei Segelschiffe. Damals ist er schon, wenn man seine Anteile in Schiffsgesellschaften berücksichtigt, der größte Reeder von Danzig. Schiffe, die sein ausschließliches Eigentum waren, sind fast 10 % der ganzen Danziger Flotte und über 8 % ihrer globalen Tonnage. Auch die weiteren Jahre bringen eine intensive Entwicklung von Grodecks Reederei. Bis 1684 wurden im Auftrage seiner Firma in der Danziger Werft sieben weitere Segelschiffe gebaut, u.a. das für damalige Zeit größte (300 Last) Segelschiff „ Der preußische Kaufmann". Das ist der Gipfel der Entfaltung von Grodecks Firma. Seine Flotille zählte über 1.000 Last Tragfähigkeit. Die Entwicklungstendenzen der Firma sind noch im folgenden Jahr sichtbar, als Michael Hilbrand, Meister der Danziger Schiffszimmermanns-Innung das Segelschiff „Die große Mühle von Danzig" (210 Last) Grodeck zur Exploitation übergab. Es läßt sich nicht nachweisen, ob Albrecht Grodeck weiter in den Überseetransport investiert hat. Er exploitierte nur die Schiffe die er besaß, gleichzeitig nahm die Zahl seiner Schiffe ab, und zwar nach den Verlusten, welche die Firma gehabt hat durch die Schiffkaper an den Westufern Europas. Vielsagend ist das Schicksal des Segelschiffes „Die Steinschleuse von Danzig". Erbaut im Jahre 1691, wurde es zwei Jahre später während der Seefahrt zu den Häfen der Bucht von Biskaya von einer französischen Fregatte festgenommen und nach Saint Luiz entführt. Trotz der Intervention des polnischen Hofes am Hof von Versailles hat Grodeck sein Schiff nicht zurückbekommen. Die Verluste allein an der Ladung des Schiffes betrugen 10.000 Taler. Der Konflikt zwischen Danzig und dem französischen Hof wegen der ablehnenden Stellung 1697 gegenüber dem Fürsten Conti, dem französischen Kandidaten für die polnische Krone, hat die Schiffahrt und den Handel zusätzlich erschwert. Die Firma hat in dieser Situation fast völlig ihre Geschäfte eingestellt. Im Jahre 1700 hat Grodeck zwei Segelschiffe von 180 Last Gesamttonnage eingesetzt. Die bis 1712 andauernden französischen Repressalien gegenüber der Danziger Flotte, die komplizierte polnische Situation nach Ausbruch des Nordischen Krieges (1700–1721), der sich auf Ostsee abspielte und die Schiffahrt auf den für den Danziger Handel üblichen Wasserstraßen störte, haben dazu geführt, daß Grodeck die Verluste fürchtend seine eigene Reederei aufgab und erneut in eine Schiffsgesellschaft eintrat. Er gründete sie zusammen mit seinen Söhnen Albrecht und Karl. Diese Familiengesellschaft exploitierte drei Schiffe, deren Gesamttonnage 550 Last betrug[18].

Im 17. Jahrhundert haben die Danziger Reeder, die eigene Schiffe besaßen oder Teilhaber in Schiffsgesellschaften waren, die Schiffahrt mit dem Überseehandel verbunden. So auch Grodeck. In der Ausfuhr interessierte ihn besonders Amsterdam, wohin er hauptsächlich Getreide und Lebensmittelprodukte transportierte. Eine große Rolle im Export dieser Firma spielten auch für Getreide und Holz die französischen Häfen. In der Einfuhr spielte Frankreich mit dem Import von Salz und Wein die Hauptrolle. Ähnlich war die Warenstruktur für den Import der Firma aus den Häfen der Iberischen Halbinsel. Sowohl der Export wie auch der Import der Firma Grodeck waren hinsichtlich der Größe nicht imposant. Wie aus den Quellen ersichtlich, basierte die Firma Grodeck hauptsächlich auf dem Verdienst durch den Besitz einer eigenen Flotte. Als Grodeck in den Jahren 1676–1680 Teilhaber in zwei Reedereien wurde, hat er die Schiffe nicht selbst eingesetzt. Später als er alleiniger Eigentümer einer bedeutenden Flotte war, verpachtete er Schiffe an Danziger Kaufleute. Es gibt Beweise dafür, daß Grodecks Segelschiffe zu den Häfen im Fernen Osten fuhren und mit Waren der holländischen Kaufleute beladen waren.

Zwar hat Grodeck auch selbst auf seinen Einheiten Waren transportiert, und man könnte nicht behaupten, daß seine Reederei nur auf das Verpachten von Schiffen eingestellt war, aber viele Einzelheiten weisen doch darauf hin, daß seine Flotte auf diese Art funktionierte. Seine Firma zeigte Symptome einer späteren Entwicklung, und zwar entstanden in Danzig besondere Schiffahrtsunternehmen, deren Verkäufer Firma Grodeck war.

---

18 Andrzej G r o t h, Wykaz gdańskiej floty handlowej w 1712 r. [Nachweis der Danziger Handelsflotte im Jahre 1712], in: Zapiski Historyczne, Bd. 43, 1978, H. 1, S. 89–100.

Wie bekannt, war die größte Zahl der Segelschiffe in den Jahren 1660–1700 Eigentum der Schiffsgesellschaft. Nähere Informationen über eine von ihnen sollen hier angeführt werden.

Zu den bedeutendsten gehörte die 1689 gegründete Gesellschaft Friedrich Hagdorn, Arnold Buckhack, Craft Stahl und Anton Koomen. Im ersten Jahr ihres Bestehens hatte sie vier Segelschiffe: „Das Wapen von Pohlen", „Der verguldete Weintraube", „Printz Constantin von Pohlen", und „Constantia". Die Anteile der einzelnen Mitglieder waren an jedem der Schiffe gleich und betrugen ein Viertel des Gesamtwertes. Im Jahre 1689 betrug die Flotte dieser Gesellschaft 12,5 % der gesamten Danziger Flotte und über 16 % der globalen Tonnage. Das Segelschiff „Das Wapen von Pohlen" hatte eine Tragfähigkeit von 140 Last. Es wurde von der Firma in den Jahren 1689–1697 eingesetzt. Im März 1694 ist das Schiff auf einer Seefahrt von Danzig nach Vlie auf Grund geraten und verlor Hauptmast, Wanten, Anker und Ankerseil. Im Jahre 1695 verlor die Gesellschaft das Schiff für eine kurze Zeit. Im August 1695 setzten die Eigentümer das Schiff mit einer Getreideladung nach Amsterdam ein, und es fuhr mit Ballast in die französischen Häfen auf der Suche nach weiterer Fracht. Schließlich wurde im Hafen St. Martin das Schiff mit Salz für Danzig beladen. Dann wurde es von den Engländern gekapert. Die Eigentümer bemühten sich um die Herausgabe des Schiffes, was allem Anschein nach gelungen ist, denn dieses Schiff befand sich in späteren Jahren unter der Danziger Flotte. Die Verluste an Schiff und Ladung waren so groß, daß jeder der vier Miteigentümer schätzungsweise ein Viertel seines Anteils in Höhe 3.473 Fl. verlor, dazu ein Viertel der Salzladung im Werte von 1.925 Fl. Insgesamt betrugen die Verluste der Gesellschaft hier 21.594 Fl. Dieses Vorkommnis zeugt von der Größe des Kapitals, über das die Gesellschaft verfügte.

Das nächste Segelschiff, welches seit der Gründung der Firma eingesetzt wurde, war „Der verguldete Weintraube" mit 130 Last. Das Schiff wurde im Auftrage der Gesellschaft in Danzig erbaut. Es wurde bis 1697 eingesetzt. In Jahre 1689 wurde das Schiff „Der Printz Constantin von Pohlen" mit 187 Last Tragfähigkeit von dem holländischen Eigentümer und Schipper Jakob Horck für 9.500 Fl. käuflich erworben. Das Schiff war bis 1693 im Einsatz. Mitte Juni 1693 fuhr das Segelschiff von Lisabon mit einer Ladung Salz, Wein, Zitronen, Oliven und anderen Waren nach Danzig. Unterwegs wurde es festgenommen und nach Dunkerk von einem französischen Kaper entführt. Während des Transports nach Dunkerk erfolgte eine Havarie. Die dadurch entstandenen Verluste betrugen 1.570 Fl. In späteren Jahren fehlen Informationen über das Schiff. Wahrscheinlich haben die Reeder das Schiff wegen seiner Beschädigung verkauft. Über das Schiff „Constantia" fehlen nähere Angaben. Anhand der Quellen ist bekannt, daß es im Jahre 1689 Eigentum der Gesellschaft war. Zwei Jahre nach der Gründung der Gesellschaft wurde ein weiteres Schiff „Stadt Danzig" mit 240 Last Tragfähigkeit käuflich erworben. Dieses Schiff stieß mit einem unbeleuchteten dänischen Schiff zusammen und verlor Mast, Segel und andere Schiffsausrüstung. Das weitere Schicksal des Schiffes ist unbekannt, es wird nicht mehr unter den Danziger Schiffen erwähnt.

Nach dem Jahr 1691 haben die Teilhaber nicht weiter im Überseetransport investiert. Die Schiffsverluste in den Jahren 1693–1694 haben ihre Position unter den Danziger Reedern bedeutend verschlechtert. Ihre Blütezeit war in den Jahren 1691–1693, als sie vier Schiffe mit einer Gesamttonagge von 697 Last besaßen. Nach 1697 wird die Gesellschaft nicht mehr erwähnt.

Alle genannten Teilhaber, Arnold Buckhack, Craft Stahl, Anton Koomen und Friedrich Hagdorn, hatten außer der eigenen Schiffsgesellschaft Anteile in fünf anderen Gesellschaften und waren dort eigentlich die Hauptteilhaber. Friedrich Hagdorn und Anton Koomen waren außerdem im Jahre 1697 Eigentümer eines Segelschiffes von 120 Lasten. Durch den Besitz der vielen Anteile gehörten sie zu den führenden Reedern von Danzig.

Zu erwähnen bleibt noch die Rolle des Schippers in der Schiffsgesellschaft. Im 15. Jh. war seine Beteiligung am Schiffseigentum die Regel[19]. Das persönliche Interesse des Schippers am Verdienst der Gesellschaft war ganz wesentlich für die übrigen Teilhaber. Ein Schipper, der Miteigentümer des Schiffes war, kümmerte sich auf der Fahrt mehr um den Warentransport und um die Herabsetzung der Transportkosten. In der zweiten Hälfte des 17. Jahrhunderts ging die Bedeutung des Schippers als Miteigentümer der Einheit beträchtlich zurück, wie aus dem Quellenmaterial ersichtlich. In den Jahren 1661–1670 waren von 21 Schiffen zwei

---

19 Charlotte B r ä m e r, Die Entwicklung der Danziger Reederei im Mittelalter, in: Zeitschrift des Westpreußischen Geschichtsvereins, H. 63, 1922, S. 33–95.

Schiffe (9,5 %) ausschließlich Eigentum des Schippers, und Miteigentümer waren sie an vier Segelschiffen (19 %). In den Jahren 1671–1680 gab es unter 68 Einheiten nur drei (4,4 %) die ausschließlich Eigentum eines Schippers waren. Miteigentümer waren sie aber an 19 Segelschiffen (27,9 %). In den weiteren Jahrzehnten waren Schipper nicht mehr ausschliesslich Schiffseigentümer. Die Zahl der Schiffe, deren Teilhaber die Schipper waren, nimmt von 16,6 % aller Einheiten in den Jahren 1681–1690 auf 10,7 % in den Jahren 1691–1700 ab. Die Höhe der Schipperanteile in den erwähnten Jahren war verschieden und beläuft sich auf: ½, ¼, 1/8, 1/16 und auch 3/3, 3/16. Diese Ziffern sprechen deutlich dafür, daß der Schipper immer häufiger Angestellter wurde.

Dieselbe Erscheinung einer Trennung zwischen Kapitän und Schiffseigentum als Produktionsmittel tritt zwar im geringeren Maße in Lübeck hervor. In den Jahren 1560–1600 besaßen die Lübecker Schipper ihre Anteile in 97 %, 1661–1700 – 78 % und Ende des 17. Jh. nur 50 % aller Lübecker Schiffe[20].

Zusammenfassend kann von den Eigentumsverhältnissen in der Danziger Flotte in der 2. Hälfte des 17. Jh. gesagt werden, daß die Zahl der Reedereien wuchs, desgleichen nahm langsam die Zahl der von den einzelnen Firmen eingesetzten Schiffe zu und damit vergrößerte sich auch die gesamte Tragfähigkeit in Lasten gerechnet, denn in dieser Zeit stieg im Durchschnitt die Tragfähigkeit eines Schiffes.

Wesentlich sind auch zwei Probleme, die u. a. den Akkumulationsprozess des Kapitals in der Seeschiffahrt bestimmen, und das Miteigentum und die Rolle des Schippers in den Reedereien.

Wie bekannt, war die typische Form der Schiffsexploitation im Mittelalter die Schiffsgesellschaft. In den Jahren 1660–1700 blieb diese Form des Eigentums an Seetransportmitteln die Hauptform der Organisation in der Danziger Schiffahrt. Die Zahl der Schiffsgesellschaften war in den zehn Jahresabschnitten 1661–1670 – 68,5 %, 1671–1680 – 78,9 %, 1681–1690 – 70,3 %, 1691–1700 – 75 % sämtlicher Reedereien. Wenn man das Problem vom Standpunkt der Schiffsgröße, also der Baukosten pro Einheit betrachtet, dann sieht man, daß in den Jahren 1660–1700 von den 71 uns bekannten Schiffen mit einer Tragfähigkeit von 100 und mehr Last

---

20 Stanisław Gierszewski, Studia nad dziejami stoczni południowo-bałtyckich XVI–XVIII w. [Studium der Geschichte von südbaltischen Werften im 16.–17. Jh.], in: Rocznik Gdański, Bd. 21, 1962 (1963), S. 119.

53 Schiffe also fast 75 % Eigentum der Gesellschaften waren. Die Ziffern deuten darauf hin, daß sie Schiffsgesellschaften hauptsachlich gegründet wurden um große Einheiten einzusetzen, deren Baukosten hoch waren. Nicht jeder Kaufmann verfügte über ein genügendes Kapital, um auf eigene Rechnung ein Segelschiff bauen zu lassen.

Im Vergleich mit dem 15. Jahrhundert nimmt in der Danziger Flotte die Zahl der Teilhaber an den einzelnen Schiffen ab. Weit fortgeschritten ist auch der Prozess, den Schipper vom Eigentum der Produktionsmittel also Eigentum des Schiffes zu trennen.

Einen wesentlichen Einfluss auf die in den Jahren 1660-1700 beobachtete Entwicklung der individuellen Reedereien und der Rolle des Schippers als Lohnarbeitskraft hatte die Versicherung auf See. Durch sie nahm die Bedeutung der Assekuranz für die Schiffsgesellschaften ab. Dadurch wurde auch die Kapitalsanlage im Überseetransport für die einzelnen Kaufleute begünstigt, und es entstehen hinsichtlich der Schiffszahl und Tonnage große Reedereien.

Die Institution der Versicherung auf See erscheint in Nordeuropa verhältnismäßig spät, im 14. und 15. Jahrhundert wahrscheinlich auch im 16. Jahrhundert gab es keine Versicherung in Handel und Seefahrt der Hanse. Dem ökonomischen Folgen von Verlusten durch Schiffbruch, Untergang, Havarie, Beschlagnahme oder Kaperung konnte nur vorgebeugt werden, indem man die Waren teilweise auf verschiedenen Schiffen transportierte und sein Kapital in mehreren Schiffsgesellschaften anlegte. Seit der zweiten Hälfte des 16. Jahrhunderts wurde das Zentrum für Versicherung auf See von seiner Heimat Norditalien an die nordwestliche Küste Europas nach Holland verlegt. Nach den Feststellungen einiger Forscher übernahm Amsterdam die Versicherung auf See seit Ende des 16. Jahrhunderts[21]. Darum galt die Stadt als holländisches Versicherungszentrum. Durch die engen Beziehungen zwischen Danzig und Holland haben die Danziger Kaufleute und Seeleute dort die Praktik der Versicherung auf See näher kennengelernt. Es ist schwer zu ermitteln, wann die Institution der Versicherung auf See in Danzig eingeführt wurde. Die erste diesbezügliche Rechtsakte wurde von dem Danziger Stadtrat verhältnismäßig spät denn 1761 herausgegeben. S. Matysik betont aber, daß ein Ausblei-

---

21 Tadeusz O c i o s z y ń s k i, Rozwój żeglugi i myśli morskiej [Entwicklung der Schiffahrt], Gdynia 1968, S. 136, 147; M a t y s i k, Danziger Seerecht (wie Anm. 4), S. 317–318.

ben von gesetzlicher Reglung nicht davon zeugt, daß es eine Versicherung früher in Danzig gab.

Die Richtigkeit dieser Annahme wird bestätigt durch die Untersuchung von M. Komaszyński, der sich mit der französischen Kaufmannschaft in Danzig im 17. und 18. Jahrhundert beschäftigt. Seine Forschung betrifft Kaufleute französischer Herkunft, die in Danzig wohnten, Handel mit Frankreich unter Ludwig XIV. trieben, als auf den Meeren Europas große Unsicherheit wegen der vielen Kriege herrschte. Er gibt u.a. ein Beispiel der Versicherung von Schiff und Ladung eines Danziger Bürgers. Das von mir herangezogene Archivmaterial erweitert das Wissen über Versicherungsmaßnahmen in der Danziger Schiffahrt. In den Amtsakten des Präsidierenden Bürgermeisters und des Vizebürgermeisters fand ich mehrere Versicherungsfälle, die Schiff und Ladung betrafen. Es ist charakteristisch, daß sie aus den neunziger Jahren des 17. Jahrhundert stammen, also aus den Zeiten der Kriege auf den Meeren Westeuropas. Die meisten Versicherungsverträge wurden in dem damaligen Zentrum in Amsterdam realisiert. Es ist anzunehmen, daß die Versicherung auch in Danzig möglich war. Das bestätigt die vor dem Vizepräsidierenden Bürgermeister gemachte Aussage des Peter Teschmacker, der als Faktor des Amsterdamer Kaufmanns Simon Granat auftrat. Er behauptete, daß er im Dezember 1697 im Auftrage und auf Rechnung seines Prinzipals auf das Schiff „Die drei Granat Apfel" Waren im Werte von 11.000 Fl. geladen hatte. Die ganze Ladung wurde in Danzig für die Seefahrt Amsterdam–Lissabon versichert. Weiter sagt Teschmacker aus, daß sein Schiff in der Gegend von Texel eine Havarie hatte. Davon wurde der Versicherer in Danzig benachrichtigt.

Die Danziger Reeder und Kaufleute kannten die Versicherung „casco", eine Versicherung des Schiffs gegen verursachte Verluste, Beschädigung oder völligen Verlust des Schiffs. Bekannt war die Versicherung „cargo", Versicherung der Ladung gegen Verluste durch Beschädigung, Ausfall und besondere Belastung wie z.B. Kaperung.

Eine Versicherung außerhalb Danzig erledigte der sich versichernde Kaufmann gewöhnlich durch seinen Korrespondenten. Es wurde mit dem Versicherer schriftlich ein Versicherungsvertrag abgeschlossen. Der Faktor erhielt für seine Tätigkeit eine Provision in Höhe von 0,5 % von der Versicherungssumme. Die Höhe der Versicherungsbeiträge hing vom Wert der Versicherten Ladung ab, und bei einer Versicherung „casco" vom aktuellen Wert des Schiffes. In beiden Versicherungen hing die Höhe der Beiträge auch von solchen Faktoren ab wie Seeweg, Stand der Sicherheit auf den Meeren[22]. Wir haben wenig Informationen über die Höhe der Versicherungsbeiträge, die Danziger Kaufleute und Reeder in dem von uns besprochenen Zeitraum zahlten, so daß keine allgemeinen Schlüsse gezogen werden können. Wir wissen z. B., daß für die Versicherung von 22,5 Last Weizen auf dem Weg von Danzig nach Lisabon 2.000 Fl. Gezahlt wurde und für die Versicherung eines 50 Lasten Galiot zahlte man im Jahr 1695 2.000 Fl. Ein anderer Danziger Kaufmann und Reeder Carl Salomon versicherte 1695 Schiff und Ware des Schiffes für den Seeweg St. Ives–Danzig. Der Wert des Schiffes betrug 18.000 Fl. und der der Ladung 6.000 Fl. Der Versicherungsbeitrag, den er an die Amsterdamer Versicherungsgesellschaft zahlte, betrug 1.680 Fl. d. h. 7 % des Gasamtwertes von Schiff und Ladung. Anhand dieser Tatsachen ist zu schließen, daß die Versicherung in der Danziger Schiffahrt seit den neunziger Jahren des 17. Jahrhunderts verbreitet war.

In dem besprochenen Zeitraum gibt es bedeutende Veränderungen in der geographischen Reichweite der Danziger Schiffahrt ganz besonders in den achtziger Jahren. Das größte Interesse hatten die Danziger Kaufherren in den Jahren 1660–1700 für die Häfen der französischen Küste. In dieser Zeit führten von den 1.030 Seefahrten 280 also über 27 % von oder in französischen Häfen. Dieses Interesse der Danziger Kaufmannschaft änderte sich im Laufe der hier besprochenen Zeit. In den Jahren 1660–1670 gab es nur eine Seefahrt von Danzig nach Dunkerk und zwei Seefahrten von La Rochelle nach Danzig, das waren nur 12 % sämtlicher Seefahrten auf den von Danzigern gepachteten Segelschiffen. In den folgenden drei Jahrzehnten des 17. Jahrhunderts betrug die Zahl der Seefahrten in dieser Region 51, 57 und 169 Seefahrten. Die Belebung der Seefahrt zwischen der Weichselmündung und Frankreich ist damit zu erklären, daß der französische Hof am Handel mit Polen besonders in den neunziger Jahren des 17. Jahrhunderts interessiert war. Da sich 1689 Frankreich in einen anhaltenden Konflikt mit der Augsburger Liga einließ, hatte das Problem der Erhaltung von Handelskontakten mit Polen für Frankreich, das von englischen und holländischen Schiffen blockiert war, eine große

---

[22] Michał K o m a s z y ń s k i, Działalność kupców francuskich w Gdańsku w XVII–XVIII w. [Aktivität der französischen Kaufleute in Danzig im 17.-18. Jh.], in: Rocznik Dziejów Społecznych i Gospodarczych, Bd. 16, 1954, S. 256–257. Er gibt an, daß die Höhe der Versicherung auf See bis 50 % des Ladungswertes betrug.

Bedeutung. Die französischen Werften suchten Baumaterial für ihre Schiffe, und der Export französischer Waren sollte die leere Staatskasse füllen. Als 1693 eine Fehlernte zur Hungersnot in Frankreich geführt hatte, erwartete man die Getreidelieferungen besonders aus Polen. Diese Konjunktur nutzten die Danziger Kaufleute und vergrößerten ihren Einsatz. Die Danziger Flotte, die als neutral galt, garantierte sichere Schiffahrt. Diese Konjunktur für den Danziger Seetransport verdarben die bekannten Ereignisse von 1697. Damals starb der Schiffsverkehr zwischen Danzig und den französischen Häfen fast völlig ab. In den Jahren 1698–1700 kam aus Frankreich nach Danzig nur ein Danziger Schiff. In der entgegengesetzten Richtung fuhren zur selben Zeit nur zwei Schiffe.

Am häufigsten waren die Seefahrten mit Ladungen, Eigentum Danziger Kaufleute, nach den französischen Häfen Bordeaux, Nantes, La Rochelle, St. Martin, Rouen, Bajon und Dunkerk.

Außer der französischen Küste interessierten sich die Danziger Kaufherren in den Jahren 1660–1700 für die Häfen von Niederlanden, Flandern, Seeland und Friesen. Im untersuchten Zeitraum fuhren in beiden Richtungen 290 Segelschiffe mit Ladungen, die Eigentum der Danziger Kaufleute waren, das macht 25,8 % aller Seefahrten mit Danziger Waren aus. Die Intensität der Schiffahrten in dieser Region blieb nicht gleichmäßig. In den Jahren 1660–1670 gab es drei Seefahrten von Danzig nach Amsterdam und eine von Danzig nach Hoorn. In der anderen Richtung wurden von den Danziger Kaufleuten kaum zwei beladene Schiffe von Amsterdam nach Danzig gesandt.

Die nächsten zehn Jahren brachten keine größeren Veränderungen in den Handelsbeziehungen der Kaufleute zu dieser Region. Eine Belebung der Kontakte seitens der Danziger Kaufherren erfolgte hier erst in den Jahren 1681–1690. Es waren 36 Seefahrten zu den niederländischen Häfen und 5 von ihnen. Eine Blütezeit waren die Jahre 1691–1700 mit 196 Seefahrten zu den niederländischen Häfen und 14 von ihnen. In den Zertifikaten findet man am häufigsten die Seefahrten von Danzig nach Amsterdam wieder. Sehr selten sind die Seefahrten zu anderen Häfen dieser Region. Es kamen auch Fahrten vor, wo Schiffe, die nach Niederlanden fuhren, die Ladung nicht aus Danzig sondern aus anderen baltischen Häfen (Königsberg, Riga, Pernau, Kolberg) mitnahmen, um dann weiter direkt nach Amsterdam zu fahren. Es werden auch Seefahrten erwähnt, wo die niederländischen Häfen, besonders Amsterdam, nur ein Teil der Waren aufnahmen, während die Häfen der französischen Küste und der Iberischen Halbinsel das Endziel waren. Danziger Segelschiffe, die von der niederländischen Küste beladen über die Ostsee fuhren, liefen gewöhnlich den Danziger Hafen an.

Die Danziger Kaufleute hatten die meisten Schiffahrtskontakte mit der niederländischen Küste, mit Flandern, Seeland und Friesen über den größten Hafen der Region – Amsterdam. Unter den 269 Pendelfahrten zu den Häfen dieser Region fuhrten 236 nach Amsterdam, also fast 88%. Außerdem werden die Häfen Hoorn, Ostende, Norden, die Insel Texel, Mastland, Emden, Dordrecht, Middelburg, Rotterdam und Brügge erwähnt.

An nächster Stelle standen für die Danziger Schiffahrt die Häfen von England, Schottland und Irland. In den Jahren 1660–1700 liefen 9% der von Danziger Kaufleuten eingesetzten Schiffe die Häfen dieser Region an. Die Intensität der Kontakte Danzigs mit England, Scottland und Irland blieben im untersuchten Zeitraum nicht gleichmäßig.

In den Jahren 1660–1670 haben die Danziger Kaufleute sechs Seefahrten von Danzig nach London und eine in der umgekehrten Richtung gemeldet. Diese Zahl ist unbedeutend. Wenn man aber bedenkt, daß die unmittelbaren Handelskontakte überhaupt zur Seltenheit gehörten, betrugen die Seefahrten zu den englischen Häfen fast 27% aller Seefahrten in diesem Zeitabschnitt. England hatte in dieser Zeit die intensivsten unmittelbaren Kontakte mit Danzig. Das Interesse der Danziger Kaufleute für England unterstützte die für die Danziger Schiffahrt günstige politische Situation. Die Navigationsakte schloss in dieser Region die Konkurrenz der Kaufherren und die Flotte der Vereinigten Provinzen aus. Karl II. Stuart räumte für Danzig im August 1661 die 1668 bestätigten Privilegien ein, nach denen die Danziger Flotte von der Navigationsakte ausgenommen wurde[23]. In den folgenden Jahren steigt zwar die Zahl der Seefahrten zwischen Danzig und englischen, schottischen und irländischen Häfen in beiden Richtungen, aber das Schwergewicht der Danziger Schiffahrt verschob sich nach den Küsten Frankreichs und der Iberischen Halbinsel. Die Rolle Englands in der Danziger Schiffahrt nahm an Bedeutung ab, da wie die Danziger Schipper und Mitglieder des Kaufmännisches Kollegium feststellten, hohe Zölle und Abgaben von den Schiffen erhoben wurden. Außerdem gab es, wie aus den Zertifikaten ersichtlich,

---

23 Hans H ü b n e r, Danzigs Handel von 1650 bis zum Weltkrieg, in: Danzigs Handel in Vergangenheit und Gegenwart, hg. v. Hanns B a u e r u. Walter M i l l a c k, Danzig 1925, S. 158.

für die Rückfahrt Schwierigkeiten bei der Beladung der Schiffe in englischen Häfen[24]. In der englischen, schottischen und irländischen Region liefen die Danziger Schiffe am häufigsten den Londoner Hafen an. Außerdem werden in den Quellen folgende Häfen genannt: Glasgow, Newcastle, Schaten, Hull, Lieth, Korck, Montros, Edinburgh und Insel Jersey. Die übrigen Regionen Westeuropas (d. h. die Regionen westlich vom Sund) spielten keine größere Rolle in der Danziger Schiffahrt.

Es soll jetzt die Beteiligung der einzelnen Ostseeregionen an den unmittelbaren Kontakten mit den Danziger Kaufleuten erörtert werden.

In den Jahren 1660–1700 waren an erster Stelle unter den Ostseeregionen die Kontakte Danzigs mit den Häfen des Herzogtum Preußen. Die Seefahrten in beiden Richtungen innerhalb dieser Region bildeten 9 % der von Danziger Kaufleuten gepachteten Schiffen. Wenn man die Zahl der Danziger Kontakte in der Ostseezone in den Jahren 1660–1700 mit 100 bezeichnet, dann beträgt die Zahl der Seefahrten zwischen Danzig und dem Herzogtum Preußen in beiden Richtungen 48 % aller unmittelbaren Kontakte Danzigs mit Ostseehäfen.

An der Spitze der preußischen Häfen stand entschieden Königsberg mit 90 % gepachteter Danziger Schiffe, die in beiden Richtungen fuhren. In den Zertifikaten werden auch die Häfen Memel und Pillau genannt. Die Verbindungen mit dem Herzogtum Preußen waren gewöhnlich direkt. Fast 82 % der Seefahrten zu den preußischen Häfen nahmen den Kurs Danzig–Königsberg. Für die Gegenrichtung sind nur 7 Seefahrten vermerkt. Manchmal ist ein Schiff nach Königsberg gefahren, um eine Ladung vor seiner Fahrt nach Amsterdam, zu den französischen oder iberischen Häfen mitzunehmen. Charakteristisch für die Seeverbindung mit dem Herzogtum Preußen war die Tatsache, daß dorthin kleine Einheiten, die sog. Schmacken, mit einer Ladung von 5–12 Lasten fuhren. Daher blieben die Umsätze trotz der vielen Fahrten gering. Verhältnismäßig zahlreich waren im untersuchten Zeitraum die unmittelbaren Danziger Kontakte mit den Häfen der Skandinavischen Halbinsel, Bornholm, Oland und Gotland. In den Jahren 1660–1700 wurden 64 Seefahrten von Schiffen mit Danziger Ladung registriert, das ist 6,2 % sämtlicher Seefahrten dieser

---

24 In den Zertifikaten gibt es viele Seefahrten Danziger Schiffe dieser Art: Danzig (Ladung von Holz, Teer, Getreide usw.) – englische Häfen (hier erfolgt Ausladung) – weiter unter Ballast – französische Häfen oder iberische Küste (Beladung mit Salz, Wein, Ol, Südfrüchte, Kolonialwaren) – Danzig.

Zeit. In den Danziger Kontakten mit der Skandinavischen Halbinsel waren am häufigsten die Fahrten zwischen Danzig und schwedischen Häfen. Darunter sind an erster Stelle die Seefahrten Danzig–Stockholm, elf an der Zahl. Direkte Seefahrten Stockholm–Danzig waren verhältnismäßig selten. Die Danziger Kaufleute befrachteten auch Schiffe für Pendelfahrten in dieser Region, darunter sind 5 auf dem Weg Danzig–Stockholm–Danzig, zwei Danzig–Kalmar–Danzig, zwei Danzig–Bergen–Danzig verzeichnet.

Es sei erwähnt, daß die skandinavischen Häfen, besonders die norwegischen und der schwedische Hafen Göteborg zu denen gehörten, wo die Danziger Schiffe ihre Ladung durch Holz ergänzten und dann weiter zu den französischen, iberischen und englischen Häfen fuhren. In der skandinavischen Region hatte Danzig viele Verbindungen mit Stockholm, seltener mit Kalmar, Bergen, Visby, Masterland, Norrköping, Göteborg und Trondheim.

Die Danziger Kontakte mit den übrigen ostbaltischen Häfen waren im untersuchten Zeitraum nicht sehr lebhaft. Die Hauptschwierigkeit für die Danziger Schiffahrt bestand wohl darin, das dort zu hohe Zölle und Abgaben erhoben wurden. Davon ist u. a. im Jahre 1688 im Kollegium der Kaufmannsältesten die Rede, wenn festgestellt wird, daß die von Danzigern gepachteten Schiffe nur selten nach Riga, Narva und Reval fuhren, da die Schiffahrt zu diesen Häfen wegen der hohen Zölle und Abgaben, die häufig dem Wert der transportierten Waren gleichkamen, unrentabel war[25]. Seefahrten zu und von den Häfen Livlands bildeten 14,8 % aller auf gepachteten Danziger Schiffen in dieser Zone oder 2 % aller Seefahrten überhaupt. Sporadisch waren in den Jahren 1660–1700 die Danziger Kontakte mit Kurland und Estland.

Fast keine Rolle spielten die Danziger Kontakte mit den Häfen von Pommern und Mecklenburg. Ihr Anteil an der Danziger Schiffahrt betrug kaum 0,3 % aller von den Danziger Kaufleuten befrachteten Einheiten.

In dieser Zeit reicht die Danziger Schiffahrt auch zu den Kanarischen Insel und zum Mittelmeer.

Zusammenfassend kann hinsichtlich der Aktivität und geographischen Reichweite der Danziger Schiffahrt festgestellt werden: Interesse der Danziger Kaufmannschaft für die Schiffahrt zu den westeuropäischen Häfen. Im untersuchten Zeitraum überwogen entschieden

25 APGd. 300, 10, Nr. 49, Bl. 158.

die Kontakte der Danziger Kaufleute mit den westlichen d. h. westlich vom Sund gelegenen Häfen. Die Seefahrten unternahmen 70 % aller von den Danzigern gepachteten Segelschiffe.

Es gibt deutlich drei Zeitabschnitte in der Entwicklung der Danziger Schiffahrt und ihrer geographischen Reichweite. In den Jahren 1660–1670 wurden kaum 26 Seefahrten der von Danziger Kaufleuten befrachteten Segelschiffe festgestellt. Die Schiffahrt reichte bis zu den Häfen Englands und Frankreichs. Auf der Ostsee waren sie auf die Häfen des Herzogtums Preußen beschränkt. Seit den siebziger Jahren des 17. Jahrhunderts beobachtet man eine bedeutende Belebung der Schiffahrt. Die Zahl der Schiffahrten der in Danzig befrachteten Schiffe betrug in den Jahren 1670–1681 200 und im darauf folgenden Jahrzehnt 206. Seit den siebziger Jahren erweitet sich auch die geographische Reichweite der Danziger Schiffahrt in Richtung der Iberischen Halbinsel. Die neunziger Jahre sind die Jahre größter Aktivität des Danziger Schiffs- und Warenverkehrs. Es konnten 598 Seefahrten nachgewiesen werden, und die Schiffahrt umfaßte das Mittelmeer und die Kanarischen Inseln.

Zum Schluß sollen die finanziellen und organisatorischen Möglichkeiten der Danziger Kaufmannschaft hervorgehoben werden. In der kurzen dreißigjährigen Zeit vollzog sich in Danzig eine schnelle Entwicklung der Flotte und Schiffahrt. Die Danziger Kaufherren verstanden es, ihre Flotte und Schiffahrt vielfach zu vergrößern, mehr als in der ganzen Zeit vor der Teilung Polens.

Die Kaschuben und Danzig im Lauf der Geschichte

von Józef Borzyszkowski

Das Thema[1] „Kaschuben und Danzig" mit dem Zusatz „im Lauf der Geschichte" betrifft nicht, wie es auf den ersten Blick scheinen könnte, nur lokale Angelegenheiten. Es birgt in sich den Reichtum mannigfaltiger Erfahrungen, eine verschiedenartige Forschungsproblematik und betrifft also die universalen Probleme der Menschheit. Die Fragen um diese heute kleine Gruppe der Gesellschaft und um dieses scheinbar kleine Gebiet beziehen sich generell auf die umfangreiche Problematik der Regionen, der Minderheiten und der ethnisch-kulturellen Grenzbereiche. Dieses Thema trägt in sich, auch bei maximal möglicher Einschränkung, einige Grundfragen, die eine möglichst ausführliche Antwort verlangen. Die Schwierigkeit liegt darin, daß es hier um eine 1.000jährige Tradition und zugleich um die Gegenwart der Kaschuben und Danzigs geht. Es geht auch um die Stellung dieser Stadt in der kaschubischen Gesellschaft und um den Einfluß dieser Gesellschaft auf die Einwohner der großen Hafenstadt. Zu dem Problemkomplex gehört auch die Frage nach dem kaschubisch-Danziger Anteil an den deutsch-polnischen Beziehungen.

Doch zugleich sollte bedacht werden, daß diese Problematik, die Relationen Kaschuben–Danzig, bisher kein Gegenstand von analytischen Forschungen waren.

Und somit lautet die grundlegende Frage: Wer sind die Kaschuben? Was war und ist für die Kaschuben Danzig? Was waren und was sind die Kaschuben in der Stadt an der Mottlau? Meiner Meinung nach ist es wert, auf diese Fragen eine Antwort zu finden und das eigene Wissen mit dem Wissen und mit den Ansichten anderer zu vergleichen. Natürlich müssen dabei viele interessante, oft auch kontorverse Probleme vernachläßigt werden, die ihre Widerspiegelung nicht nur im kaschubischen All-

---

1 Siehe Józef B o r z y s z k o w s k i, Kaszubi a Gdańsk na przestrzeni dziejów [Die Kaschuben und Danzig im Lauf der Geschichte], in: Rozmyślania gdańskie. Materialy z sesji „Miejsce Gdańska w procesie powstawania narodowego państwa polskiego". [Danziger Gedanken. Materialien der Konferenz „Die Stelle Danzigs im Entstehungsprozeß des Nationalstaates Polens"], Gdańsk 1998. S. 165–179. Siehe auch: d e r s., „Autograf" 1990, Nr. 4–5.

tag, sondern auch in der Publizistik finden, insbesondere Probleme der Sprachwissenschaft und der polnischen und der deutschen Geschichtsschreibung.

Die Kaschuben sind eine alte westslawische ethnisch-kulturelle Gemeinschaft, deren wichtigstes Kennzeichen die Sprache ist. Bekannt ist diese Gemeinschaft seit dem frühen Mittelalter. Die Kaschuben lebten in Pommern und Pommerellen an der Ostsee, heute westlich der Weichsel, einst auch nahe der Oder. Diese Gemeinschaft repräsentiert die urstämmige Bevölkerung dieses Gebietes – also die früheren Pommeraner, die auch über die Odergrenze hinaus seßhaft waren. Sie sind gegenwärtige Nachfahren der Ostseeslawen, pommeranischer Stämme, die als eine sehr besondere Verbindung polnischer Lechiten mit elbischen Stämmen, von denen die letzten im 18. Jahrhundert untergegangen waren, zu betrachten sind.

Spricht man über die Kaschuben, sollte man nicht vergessen, daß sie seit Jahrhunderten an der slawisch-germanischen Kontaktstelle lebten. Ihr Siedlungsgebiet – Pommern – war seit dem frühen Mittelalter Gegenstand politischer Rivalitäten der stärkeren Nachbarn – der deutschen Staatsgebilden und Polens. Die Kaschuben lebten also „zwischen Hammer und Amboss", zumeist als Gegenstand der Geschichte. Ein eigenes Staatsgefüge haben sie nie gebildet. Die mittelalterlichen staatlichen Formen unterlagen mit der Zeit einer Entfremdung oder wurden völlig von den Nachbarn aufgesogen. Deshalb kann auch keine Geschichte der Kaschuben als Staat im herkömmlichen Sinn geschrieben werden; dies ist nur möglich, betrachtet man die Kaschuben als dauernde ethnisch-kulturelle Gemeinschaft.

Bisher gibt es zwei Ausarbeitungen, die sich mit der Geschichte der Kaschuben befassen. Eine ist in polnischer Sprache von dem hervorragenden, sich für die Sache der Kaschuben einsetzenden kaschubischen Schriftsteller Aleksander Majkowski verfaßt worden. In dieser Arbeit, wie Prof. Gerard Labuda sagt, erweiterte der Verfasser die Vergangenheit der Kaschuben von der Weichsel bis zu den Quellen der Mecklenburger Peene und belegte ihren Anteil an der politischen Geschichte Hinterpommerns und Pommerellens. Die zweite Arbeit wurde in deutscher Sprache von dem den Kaschuben nahestehenden Friedrich Lorentz erstellt. Diese Arbeit betrachtet die Kaschuben in den Grenzen des von ihnen im 19. Jahrhundert bewohnten Territoriums und, wie selbst die Kaschuben einschätzen, behandelt eher nur die Germanisierung dieses Volksstammes.

Inspiriert wurde dieses Werk auch durch antipolnische deutsche Kreise in Danzig, die versuchten, einen Keil zwischen die Kaschuben und Polen zu treiben, was aber keinerlei dauerhaften Resultate brachte.

Heute nähern wir uns der Entstehung einer neuzeitlichen Ausarbeitung über die Geschichte der Kaschuben, was jedoch schwierig ist, denn die Vorbereitungen darauf machen zugleich auch gezielte Forschungen notwendig. Die Aufgabe ist mit dem Namen Gerard Labuda verbunden. Dieser Ehrenbürger der Stadt Danzig ist zugleich einer der hervorragendsten Mediävisten und Historiker Polens sowie Kenner der polnisch-deutschen Problematik und damit auch der kaschubischen. Immer wirkt er aktiv für die wesentlichsten Angelegenheiten des Kaschubischen. Seine ersten Schlußfolgerungen enthalten folgende Feststellungen:

1. Die Kaschuben, die das östliche Glied in der Kette der Ostseeslawen bilden, schufen im Mittelalter, ähnlich wie die Obodriten und Welten, keine eigene, dauerhafte und einheitliche Monarchie und konnten ihre Mundart nicht auf das Niveau einer stämmeübergreifenden Sprache erheben. Indem sie in der Oberschicht der Germanisierung unterlagen, entstand in ihren Fürstentümern kein bodenständiger feudaler und später kapitalistischer Staat.

2. Infolge der deutschen Kolonisierung und Germanisierung der oberen Gesellschaftsschichten im 12. bis zum 14. Jahrhundert, die unter dem verstärkten Einfluß der Greifendynastie im kaschubischen Pommern und durch den Einfluß des Deutschen Ordens im Weichselgebiet verlief, wurde die bodenständige Mundart und Kultur zum Eigentum der einfachen Volksschichten. Daraus ergaben sich politische und kulturelle Barrieren, die nicht in der Neuzeit – Rückkehr Weichselpommerns an Polen im 16./17. Jahrhundert – und auch nicht in den Zeiten der Teilung der Adelsrepublik überwunden werden konnten.

3. Als Mitte des 19. Jahrhunderts die sog. kleinen Völker in Mitteleuropa sich ihrer nationalen Zugehörigkeit bewußt wurden, hatte das Kaschubische weder ausreichende Kraft noch genügend innere Bedürfnisse, seine ethnische und sprachliche Gemeinschaft zum Rang einer politischen und nationalen Autonomie auszubauen. Vor der Gefahr der Germanisierung ließen die Kaschuben ihr Programm der nationalen Wiedergeburt in das Programm der Unhabhängigkeit des polnischen Volkes einfließen.

4. Entscheidende Bedeutung für die kaschubische Bewegung hatte die nationale Wiedergeburt Polens in den Jahren 1918–1920. Die Kaschuben, die in Polen seßhaft waren, wurden vollberechtigte Bürger Polens und damit Teil der polnischen Gesellschaft. Demzufolge konnten sie nicht ohne Schwierigkeiten und Verdächtigungen ihre ethnisch-kulturelle Gemeinschaft, ihre Sprache und Literatur erhalten und entwickeln.

Hier kann hinzugefügt werden, daß Danzig im 19. und besonders im 20. Jahrhundert zum geistigen Zentrum, zum Zentrum des modernen regionalen und politischen Gedankens der Kaschuben wurde. Bei der Entwicklung des modernen Kaschubischen ist in der Literatur eine sehr starke Berufung auf die Vergangenheit zu bemerken. Die Dichter griffen nach der Tradition der eigenen staatlichen Form im Mittelalter, sowohl der danzig-pommerelischen, verbunden mit Oliva als „dem kaschubischen Wawel", als auch der westpommerschen, der Fürstentümer Rügen und Pommeranien – des *dux Cassuborum et Pomeranorum* Stettins und des Greifengeschlechts. Zur selben Zeit erfolgte die endgültige Germanisierung der Westkaschuben, die am längsten im kaschubisch-pommerschen Staat gelebt hatten. Unter preußischer Herrschaft wurde zu Ende des 19. Jahrhunderts das Kaschubische sowohl aus der evangelischen Kirche als auch aus dem Alltag der Kaschuben am Leba-Fluß, den Slowinzen, vertrieben. Das Ende ihres tragischen Schicksals erfolgte nach 1945, obwohl ihnen freundlich gesinnte Kaschuben, Polen, insbesondere aus Danzig und Posen, versuchten, diesen Prozeß zu verhindern. Doch sind sie weiterhin lebendig im Gedächtnis ihrer Landsleute, in der Geschichte und vor allem in der kaschubischen Literatur. Diese Volksgruppe löst häufig intensivere Faszination als die lebende kaschubische Gemeinschaft in Danzig und Umgebung aus.

Einer der herausragendsten kaschubischen Poeten, Hieronim Derdowski (1852–1902), Verfasser des „Marsches", der kaschubischen Hymne, in der der Refrain *„Nigdë do zgubë nie przindą Kaszubë, marsz, marsz, za wrodziem! Më trzimomë z Bodziem"* (Niemals werden die Kaschuben verloren sein, Marsch, Marsch für den Anführer! Wir halten es mit Gott!) dominiert, schrieb in seinem Epos *„Kaszubë pod Widnem"* [Die Kaschuben bei Wien]:

Die Kaschuben und Danzig im Lauf der Geschichte 137

Piękny Kraju Kaszebsczi. Zemnio Obiecanô,
Wszędze twëch dzyrsczïéch sënów wielgô znanô.
Nigdze ju nie nalézesz dzys na swiece kątka,
Gdze bë po nôs Kaszubach nie bëla pamiątka.
(Herrliches kaschubisches Land, gelobtes Land.
Überall sind deine heutigen Söhne wohlbekannt.
Es gibt keinen Platz auf der Erde,
wo nichts an uns Kaschuben erinnert.)

Und so ist es wahrhaftig. Die Kaschuben-Slowinzen hinterließen Erinnerungen in Polen, in Pommern, an der Leba, aber auch in Deutschland; katholische Kaschuben gibt es hier und dort. Zwar war die geschlossene Gemeinschaft vor allem im östlichen Teil ihres früheren Territoriums seßhaft, so wurde sie doch im 19. und im 20. Jahrhundert fast in alle Welt zerstreut. Die Mehrheit emigrierte nach Amerika, eine kleinere Gruppe nach Australien und Neuseeland. Derdowski selbst befand sich 1885 unter seinen Landsleuten in den USA, wo die derzeit starke kaschubische Polonia schon heute Geschichte ist. Die kaschubische Polonia blieb erhalten in Kanada, in Ontario. Für sie gibt es keinen Zweifel: „was kaschubisch ist, ist polnisch". Die meisten Vorfahren der dortigen Kanadier kaschubischer Abstammung stammen aus der Gegend um Chojnice/Konitz und Bytów/Bütow; doch die Stadt, die von ihnen zuerst als Zentrum der Region, aus der sie stammen, genannt wird, ist Danzig.

Wenden wir uns also Danzig zu, der Geschichte dieser Stadt und dem Rang, den die Kaschuben in dieser Stadt einnahmen. Handelt es sich darum was Danzig in der Vergangenheit war, sind sich Polen und Deutsche einig. Diese große Wehrsiedlung der ostpommerschen Fürsten wurde sehr schnell zu einer der reichsten Hansestädte. Schon zu Zeiten des Deutschen Ordens und auch zu den Zeiten der polnischen Adelsrepublik war Danzig eine Stadt, in der das deutsche Element vorherrschte. Die deutschsprachigen Danziger, sich des Ranges ihrer Stadt als Perle in der Krone der Republik bewußt, lebten sowohl in der deutschen Kultur als auch in der polnischen – der vom Königlichen Preußen – in einer westlichen, einer christlichen europäischen Kultur. Im preußischen Staat konnten sie sich anfangs nur schwer an die neuen Gegebenheiten gewöhnen. In Danzig, das mit der Zeit zu einem Zentrum des östlichen Deutschland wurde und nach 1920 zur Freien Stadt, lebte immer das Bewußtsein der Verbundenheit sowohl mit ganz Deutschland als auch mit Polen. Die Polen bildeten in Danzig eine Minderheit, etwa 10 % der Einwohner waren polnisch. Unter ihnen gab es, außer der aus dem Inneren des Landes zugewanderten Bevölkerung (zumeist Angestellte), zahlreiche Kaschuben-Pommeraner.

Die Kaschuben siedelten sich ständig in Danzig an. Und zumeist unterlagen sie dort der Germanisierung, obwohl sie ihre Wurzeln nicht abbrachen. Danzig war nämlich ein außergewöhnlicher Ort an der kaschubisch-polnisch-deutschen Berührungsstelle. Als starkes wirtschaftliches Zentrum war die Stadt Hauptmarkt für Absatz und Arbeit. Sie zog nicht nur die Leute aus dem Hinterland durch den Fischmarkt oder auch den Kaschubischen Markt an. An bestimmten Wochentagen erklang hier das Kaschubische in seinem ganzen Reichtum, in den Mundarten der Kaschuben von der Ostsee, aus Puck/Putzig, der Danziger Höhe, aus Kartuzy/Karthaus, Bytów/Bütow, Kościerzyna/Berent, und sogar aus Chojnice/Konitz. Die Kaschuben, die sich in Danzig niedergelassen hatten, unterlagen dem Druck von Verwaltung und Kultur dieser Stadt, die in diesen Bereichen eindeutig deutsch ausgerichtet war. Und doch lebten die Danziger, so wie auch die Kaschuben, jahrhundertelang in der Welt zweier Kulturen, der deutschen und der polnischen; und teilweise auch in der skandinavischen, niederländischen und vor allem in der am naheliegendsten – der kaschubisch-pommeranischen Kultur. So wie jedoch das, was kaschubisch war, im Bewußtsein der früheren Danziger als slawisch, nahe dem Polnischen verblieb, genau so bezog sich die Bezeichnung „Pommern" immer häufiger ausschließlich auf die deutsche Tradition, insbesondere auf das fast völlig germanisierte Hinterpommern.

Die Kaschuben selbst antworten auf die Frage „Was ist Danzig?": „Gduńsk, nasz stoleczni gard." (… unsere Hauptstadt) und vor dem Krieg wiederholten sie, häufiger als heute, wo es selbstverständlich ist: „Gduńsk bёł, je i bądze naszim." (Danzig war, ist und bleibt unsere Stadt.) Und hier tritt das Problem des hauptstädtischen Charakters Danzigs für die Kaschuben auf. Mit dieser Frage setzte sich in den Jahren zwischen den beiden Weltkriegen unter anderem Józef Kisielewski in seiner hervorragenden Reportage „Ziemia gromadzi prochy" [Die Erde versammelt Asche] auseinander. Unter anderem sind im genannten Buch folgende Feststellungen zu finden:

Danzig hat zwei Gesichter: ein kaufmännisches und ein kaschubisches. Das Element, das eine ungeheuer wichtige Rolle spielt, das sind die Kaschuben. Für die gesamte Kaschubei ist Danzig „die Stadt". Denn über viele Jahrhunderte war Danzig das geistige Zentrum der Kaschubei (…)

Diese Tatsache, daß Danzig als Hauptstadt erachtet wird, bewirkt, daß noch heute, wenn ein Kaschube sein Radio anmacht, er vor allem danach sucht, was Danzig sendet (...) Dieses Danzig gibt ihnen wunderschöne Möbel, aber es gibt schon nicht mehr diesen seelischen Reiz, wie es bis zum Krieg war. Danzig kann in ihnen nicht mehr den hohen Ehrgeiz der Kultur wecken ... (...) Solche seelischen Reize können nur noch von Gdynia ausgesandt werden. Langsam ändert sich die Sache: Danzig, die privilegierte Hauptstadt des Kaschubischen, hat sich nach Gdynia verlagert. (...) Vielleicht ist das nur ein zeitweiser Übergang, bis der germanisierende Druck in Danzig aufhört. Vielleicht wird das Kaschubische bald zwei Hauptstädte haben: Danzig und Gdynia? (...) Es gibt in der ganzen Kaschubei keine Familie, die keine Verwandten in Danzig hat, die nicht von Zeit zu Zeit nach Danzig fahren muß, um Familienangelegenheiten zu erledigen. Und so ist das Kaschubische stark verbunden durch die Blutsverwandtschaft mit Danzig. Und bleibt lange verbunden, so lange der Bevölkerungsüberschuß seinen Ausweg in der Stadt hat. (...) Danzig belebt sich, ernährt sich in seinen fast sechzig Prozenten vom kaschubischen Blut. Aber da früher oder später die Kaschuben in der Stadt germanisiert werden, kommt noch dazu, daß Danzig der Kessel der Germanisierung ist, in dem pausenlos die Umwandlung des kaschubischen Blutes in deutsches stattfindet (S. 415–416).

So war es bis 1945, als die Kaschuben, auch die Danziger Kaschuben, die sich nicht den Germanisierungsprozeßen unterordneten, sehr oft für ihr Polentum den höchsten Preis bezahlen mußten – Leiden und Leben, Tod an vielen Orten, in Stutthof und den Wäldern von Piasnitz. Parallel dazu mußten zahlreiche Kaschuben für ihre Staatsangehörigkeit zum III. Reich den Soldatentod an der Front sterben. Daran erinnert auch Witold Ciecholewski („Pomerania" 1997, Nr. 4–5) – vor dem Krieg junger Danziger, *Danziger Bowke*, heute Bürger der Stadt Hamburg, ehemaliger polnischer Segler und Dokumentalist, ähnlich wie Brunon Zwarra[2], Berichterstatter Danziger und kaschubisch-polnisch-deutscher Schicksale.

Der Zweite Weltkrieg und dessen Folgen für das Verhältnis Kaschuben–Danzig ist ein gesondertes Thema. Nach 1945 blieben die Kaschuben, die den Krieg überlebt hatten, in der Mehrheit in ihrer Stadt. Trotz neuer, tragischer Erlebnisse trat das ein, wovon nicht nur J. Kisielewski träumte: Die Kaschuben nahmen mit anderen Polen massenhaft teil an der Neubesiedelung Danzigs und ganz Hinterpommerns einschließlich Stettins. Doch wurde ihre Anwesenheit und auch ihre Rolle in diesem Prozeß gedämpft durch die massenhafte Besiedlung Danzigs durch Umsiedler aus den Ostgebieten, insbesondere aus der Gegend um Wilna. Im

---

2 Brunon Z w a r r a, Wspomnienia gdańskiego bówki, t. 1–4, Gdańsk 1984–1996; auf Deutsch erschienen seine Erinnerungen im Verlag der Nation: B. Z w a r r a, Die Danziger Erlebnisse eines Kaschuben, Berlin 1989.

Laufe der Zeit, besonders im Jahr 1956, kam in der Danziger Wirklichkeit etwas stärker die lebendige Anwesenheit der Kaschuben in der Stadt zum Ausdruck. Danzig, nicht Gdynia, das mit Sopot/Zoppot das Ballungsgebiet Dreistadt bildete, wurde in noch größerem Maße als vor dem Krieg geistige und wirtschaftliche Hauptstadt der Kaschuben. Doch erfuhr ihre Rolle in weiterer Danzig-polnischer Skala beträchtliche Veränderungen. Die Kaschuben waren nicht mehr das einzige oder hauptsächlichste Element bei der Stärkung der polnischen Kräfte in der Stadt an der Mottlau. Jedoch stärkte sich die Rolle Danzigs als geistiges Zentrum des Kaschubischen und ganz Pommerns, insbesondere Weichselpommerns. Es kam zu neuen Aktivitäten der Kaschuben selbst, die oft gegen den Willen der lokalen und zentralen Politik der Regierung realisiert wurden. Die hauptstädtische Rolle Danzigs liegt nicht nur in der historischen Tradition oder im Bewußtsein vieler gegenwärtiger Kaschuben begründet. Sie folgt wohl eher aus der Rolle Danzigs als regionales, kaschubisch-pommersches Zentrum von Wirtschaft, Politik, Verwaltung und Kultur. Einst war diese Rolle gestärkt durch den Sitz des Erzdiakon Pommerellens in Danzig und das sich von 1925 bis heute entwickelnde Bistum Danzig; heute auch Kirchenprovinz und zugleich Landesseelsorge der mit dem Meer verbundenen Menschen, unter denen vor allem Kaschuben-Pommeraner waren und sind, und zwar nicht nur die Fischer vom Kleinen Meer (Putziger Wiek).

Jedoch ist die Stellung Danzigs als Hauptstadt für alle Kaschuben auch unter Diskussion gestellt. Das bringt auch der Vers von Maryla Wolska zum Ausdruck, der vor dem Ersten Weltkrieg entstand:

> Siedem miast od dawna kłóci sie ze sobą,
> Które z nich wszech Kaszub głową:
> Gdańsk – miasto liczne, Kartuzy śliczne,
> Święte Wejherowo. Lębork, Bytowo,
> Cna Kościerzyna i Puck – perzyna.
>
> (Sieben Städte streiten sich seit langem,
> Welche die Hauptstadt der Kaschuben ist:
> Danzig – die große Stadt, Karthaus die schöne,
> das heilige Neustadt, Lauenburg, Bütow,
> Ehrwürdige Berent und Putzig – Kleinigkeit

Danzig jedoch war immer, obwohl am Rand der Kaschubei gelegen, ihr größtes städtisches Zentrum von überregionaler Bedeutung. Der „hauptstädtische Ehrgeiz" der anderen Städte führte häufig die Vision des Kaschubischen zu Ausmaßen, ein eigenes Kreisgebiet zu schaffen; eine Wunschvorstellung, die sich in der mythischen Welt, der volkstümlichen Werte der Vergangenheit mehr verhärtet hatte und eher mit dieser verbunden war als auf die Zukunft ausgerichtet zu sein.

Die hauptstädtische Rolle Danzigs für die Kaschuben und deren ununterbrochene Anwesenheit in dieser Stadt, was zur Festigung des Polentums in Danzig zu Zeiten der polnischen Teilungen beitrug, erkennen auch die Historiker, die Autoren der Geschichten der Stadt Danzigs an. Zwar nicht immer eindeutig, doch sehr entschieden ist das stärker in der polnischen Geschichtsschreibung als in der deutschen zu bemerken. Für die deutschen Historiker scheinen die Kaschuben und das Kaschubentum zwangsläufig mehr fremd zu sein. Paradoxerweise betrachten aber auch viele Polen, auch ein Teil der Danziger, das Kaschubische weiterhin als fremd und recht exotisch. Charakteristisch ist auch, daß in zahlreichen, nicht nur historischen Ausarbeitungen über Danzig und Pommern, die Kaschuben nicht als Subjekt sondern als Objekt der Geschichte betrachtet werden. In der Regel werden Pommerellen, die Kaschubei, häufig auch Danzig, als Brücke für Polen auf seinem Weg zum Meer und für die Deutschen auf der Strecke nach Ostpreußen und Königsberg behandelt. Sogar Geschichtsschreiber der Geschichte Danzigs sprechen über die Kaschuben recht zufällig und der ihrer Meinung nach hauptstädtische Charakter der Stadt wird von ihnen einzig auf die Vergangenheit, auf die Zeiten des pommerellischen Herzogs Świętopełk bezogen. Dieser Aspekt ist die typische Betrachtungsweise von Außen, vom Landesinneren Polens her. Es fehlt hier der wesentliche Aspekt von Innen, der der Kaschuben und Danzigs selbst. Beim Studium dieser Literatur kann man zur recht traurigen Schlußfolgerung kommen, daß je größer die Bedrohung der polnischen Rechte in Danzig war, die Anwesenheit Polens in dieser Stadt zweifelhafter wurde. Um so häufiger werden in der polnischen Geschichtsschreibung Stimmen laut über die Anwesenheit der Kaschuben, ihre Geschichte und ihre Rolle als das polnische Element stärkender Faktor.

Anders zeigt sich dieses Problem in der schöngeistigen Literatur – der aus der Vergangenheit und auch der Gegenwartsliteratur. In der älteren Literatur ist das Kaschubische eher eine Randerscheinung. In der Gegenwartsliteratur veränderte sehr viel Günter Grass und seine *Danziger Trilogie*. Sein Roman *Die Blechtrommel*, der danach entstandene Film und auch das Bekenntnis des Romanautors zu seiner kaschubischen Herkunft bewirkte eine breitere Öffnung auf das Kaschubische, sowohl bei den Deutschen als auch bei den Polen. In einem der kennzeichnenden Fragmente aus der *Blechtrommel* sagt die Großmutter zu Oskar, als die Deutschen Danzig verlassen:

„So isses nu mal mit de Kaschuben, Oskarchen. Die trefft es immer am Kopp. Aber ihr werd ja nun wägjehn nach drieben, wo besser is, und nur de Oma wird blaiben. Denn mit de Kaschuben kann man nich kaine Umzüge machen, die missen immer dablaiben und Koppchen hinhalten, damit de anderen drauftäppern können, weil unserains nich richtich polnisch is und nich richtig deitsch jenug, und wenn man Kaschub is, das raicht weder de Deitschen noch de Pollacken. De wollen es immer genau haben!"[3]

In der kaschubischen Literatur sind weitere Beispiele zu finden, die zu einer fruchtbringenden Diskussion beitragen können. Leider ist jedoch diese kaschubische Literatur fast unbekannt und in der polnischen Literatur fehlt es an Werken von der Größe der *Blechtrommel*.

Komplizierter ist die Lage im Bereich des historischen Bewußtseins der früheren und gegenwärtiger Danziger und der Kaschuben selbst. Die Kaschuben unterscheiden sich untereinander und schätzen dementsprechend das Kaschubentum auch unterschiedlich ein. Für die meisten Deutschen aus dem früheren Danzig und Umgebung, die sich in Landsmannschaften nach dem Zweiten Weltkrieg zusammenfanden, ist wiederum Danzig und die Kaschubei die wunderbare und vertraute Landschaft, Natur, Namen und die damit verbundene Geschichte der deutschen Gemeinschaft. Selten beziehen sie das Kaschubische auf eine konkrete Person. Wenn schon, dann zumeist ist es Fischer oder Bauer auf dem Markt oder eine Kaschubin als Haushaltshilfe und Kindermädchen. Als Beispiel können die zahlreichen Schriften von Wilhelm Brauer über die Kaschubische Schweiz angeführt werden. Der Danziger Brauer wurde in Karthaus geboren und verstarb als Pastor in Lübeck. Doch gibt es auch eine andere, zwar seltenere Betrachtung der Kaschuben durch Deutsche. Als repräsentativ kann hier die Schwester von W. Brauer, Eva Brenner aus Heidelberg, gelten. Für sie war die Kaschubei und Danzig nicht nur das, was ihr Bruder Wilhelm in seinen Aufsätzen und Bildern festhielt. Für sie war es vor allem das Kaschubische – die Sprache, die Kultur der ursprünglichen Bevölkerung dieser Gebiete – was der Erhaltung wert ist. Eva Brenner sah die

---

3 Günter G r a s s, Die Blechtrommel (Danziger Trilogie. Sammlung Luchterhand), Hamburg 1994, S. 512.

Gefahr, setzte das Werk ihres Vaters fort und übersetzte den wichtigsten kaschubischen Roman *Žëcë i przigodë Remusa* [Das abenteuerliche Leben von Remus] von Aleksander Majkowski in die deutsche Sprache. Der Roman wurde erstmals 1938 in Thorn veröffentlicht, zum zweiten Mal in Danzig nach dem Krieg, wo auch später zwei Auflagen in polnischer Sprache und auch eine zweisprachige Version erschienen. Die deutsche Ausgabe des *Remus* wurde 1988 mit einer sehr interessanten Einleitung von Gerd Wolandt herausgegeben, das Original erschien 1989. Unter dem Einfluß der kaschubischen Wirkungen in Polen und der Werke von G. Grass, der Veröffentlichungen von G. Wolandt, Heinz Lingenberg, Hans Georg Siegler, Priester Franz Manthey und weiterer deutschsprachiger Autoren begann sich immer breiter unter den Deutschen, den ehemaligen Einwohnern Danzigs und Pommerns, das Bewußtsein ihrer kaschubischen Wurzeln zu festigen. Insbesondere ist dies zu bemerken in den letzten Jahren, in Zeiten der freien polnisch-deutschen Kontakte und des Tausendjährigen Jubiläums Danzigs.

Aber wie sieht die Aufnahme der kaschubischen Literatur in Polen, in Danzig aus? Müssen die Deutschen uns überholen? Die Relationen Kaschuben–Danzig–Deutsche ist eine immer fernere Vergangenheit. So ähnlich sehen dies auch die heutigen Danziger, die ihre Wurzeln außerhalb der Kaschubei und Pommern haben. Für sie ist Danzig die Stadt der Zuwanderer und vor allem ein großes Hafen- und Werftzentrum und ein Hochschulzentrum. Danzig heißt zugleich die Tradition des polnischen Dezember 1970 und des August 1980. Die Kaschubei ist, außer für die wissenschaftlichen und künstlerischen Kreise, zumeist Folklore und Touristik, selten vertieft durch Wissen und Glaube an die Zukunft des Kaschubischen. Es kann auch nicht anders sein, denn das gesamte Bildungs- und Erziehungssystem war in seinem Inhalt – entgegen der theoretischen Grundlagen der Pädagogik – bis vor nicht langer Zeit weit entfernt von dem, was naheliegt, was so wesentlich ist als *Heimat* in der deutschen Kultur und für uns als *mała ojczyzna* – kleines Vaterland.

Kehren wir jedoch zurück zu den Kaschuben selbst, zu den Fundamenten ihrer Gegenwart und zur Kraft des Kaschubischen in Danzig, zur aktuellen Rolle Danzigs für das gesamte kaschubische Territorium und zugleich zur kaschubischen ethnisch-kulturellen Minderheit.

Die Wiedergeburt und die moderne Entwicklung des Regionalismus und der kaschubischen Sprache ist vor allem mit der Jungkaschuben-Bewegung zu Beginn des 20. Jahrhunderts verbunden. Die Jungkaschuben gründeten 1912 in Danzig den Verein der Jungkaschuben und verlegten den Sitz der Redaktion ihres Presseorgans „Gryf" hierher. In Zoppot gründeten sie das Kaschubisch-Pommersche Museum und setzten nach dem Krieg sowohl in Danzig als auch außerhalb von Danzig ihre Tätigkeit fort. Ihre Nachfolger, insbesondere in der Vereinsbewegung, unterstrichen verbal und überzeugend die Bedeutung Danzigs für die gesamte Kaschubei.

Nach dem Zweiten Weltkrieg, nach den ersten Jahren der Hoffnung auf eine bessere Zukunft (I. Kaschubenkongreß in Wejherowo/Neustadt 1946) und nach der schweren Zeit des Stalinismus, entstand 1956 in Danzig die Kaschubische Vereinigung, die seit 1964 den Namen „Kaschubisch-Pommersche Vereinigung" trägt. Dieser Verein setzt in Danzig, wo der Sitz des Hauptvorstandes ist, die Traditionen der Jungkaschuben fort. Sie kann Hunderte von Veröffentlichungen über die Kaschubei und Pommern mit der kaschubischen Literatur in erster Linie vorweisen, veranstaltete zahlreiche wissenschaftliche Konferenzen, Wettbewerbe, inspirierte wissenschaftliche Forschungen und die Veröffentlichung der Forschungsergebnisse, wirkt mit den territorialen Verwaltungsorganen und der Wojewodschaftsverwaltung zusammen, sorgt für die Ausführung und Erhaltung von Gedenktafeln und Denkmäler für Menschen und für Ereignisse der Vergangenheit. Zugleich werden auch ständig Anstrengungen unternommen für den Schutz und die Erhaltung der natürlichen und kulturelle Umwelt, für die Entwicklung der kaschubischen Sprache u. a. durch eine Regionalisierung des Unterrichts, für die Entwicklung der Selbstverwaltung und Regionalisierung des Landes. Visitenkarte der Vereinigung ist die gesellschaftlich-kulturelle Monatsschrift „Pomerania", die in Danzig anstelle der 1962 eingestellten Schrift „Kaszëbë" erscheint. Die Kaschubisch-Pommersche Vereinigung, die in Filialen und Klubs in den ehemaligen Wojewodschaften Danzig, Slupsk/Stolp, Koszalin/Köslin, Bydgoszcz/Bromberg, Toruń/Thorn, Olsztyn/Allenstein und Piła/Schneidemühl und auch in Stettin und Warschau wirkt, vereinigt in sich Menschen aus verschiedenen gesellschaftlichen Schichten und Berufskreisen. Es überwiegen jedoch Vertreter der Intelligenz, besonders kennzeichnend ist der Anteil von Wissenschaftlern und Künstlern, es fehlt auch nicht an Geistlichen; viele darunter sind „Wahl-Kaschuben"! Die Kraft der Organisation ist ihre Unabhängigkeit in Denken und Handeln, wovon auch die von ihr erfüllte Aufgabe als Schule des demokratischen und gesellschaftlichen Handelns zeugt. Der Verein präsentiert konsequent unabhängige Meinungen, die die Empfindungen der kaschubisch-pommerschen Allgemeinheit oder der Mehrheit ausdrücken, ohne Rücksicht auf die sich in Vergangenheit oder auch Gegenwart verändernde Politik des Staates.

Über die Wirkungskraft des Vereins entscheidet auch die enge Zusammenarbeit mit Wissenschaftlern, insbesondere mit Sozialwissenschaftlern aus Danzig sowie Vertretern der lokalen Kommunalverwaltungen. Hervorzuheben ist hier die besondere Rolle des Danziger Forschungszentrums, das neben dem Zentrum in Warschau (das verbunden ist mit der Polnischen Akademie der Wissenschaften) große Aktivitäten in bezug auf die Kaschubenforschung zeigt. Früher war dieses Forschungszentrum mit der Pädagogischen Hochschule und dem Danziger Wissenschaftlichen Verein verbunden, seit 1970 arbeitet es eng mit der Danziger Universität zusammen. Der Danziger Wissenschaftliche Verein, der eine Fortsetzung des Freundeskreises Wissenschaft und Kunst Danzig von vor 1939 ist, kann in seiner Tätigkeit nach dem Krieg u.a. auf die Herausgabe eines epochalen Werkes stolz sein: Es ist dies *Słownik gwar kaszubskich na tle kultury ludowej* [Wörterbuch der kaschubischen Mundarten auf dem Hintergrund der Volkskultur], ausgearbeitet von Priester Dr. Bernard Sychta, der einer der ersten Ehrendoktoren der Universität Danzig war. Dieses Wörterbuch, genauso wie frühere ähnliche Veröffentlichungen und Forschungen polnischer und deutscher Sprachwissenschaftler, wie vor allem das von Friedrich Lorentz und nach dem Zweiten Weltkrieg von Friedhelm Hinz in Berlin fortgesetzte *Pommeranisches Wörterbuch*, bestimmten eindeutig den lange diskutierten Status der kaschubischen Sprache. Zu erwähnen sind auch die Arbeiten der Danziger und Warschauer Sprachwissenschaftler, unter denen sich auch die Kaschuben Edward Breza und Jerzy Treder befinden, die Autoren der vom Kaschubisch-Pommerschen Verein herausgegebenen *Gramatyka kaszubska* [Kaschubische Grammatik] und Redaktoren von *Słownik polsko-kaszubski* [Polnischkaschubisches Wörterbuch] sind. Zu vergessen sind auch nicht die Arbeiten von Jan Trepczyk in diesem Bereich. Von großer Wichtigkeit sind die Forschungen der Danziger Soziologen. Ihnen ist es zu verdanken, daß die polnische Wissenschaft geneigt ist, das Kaschubische als gesonderte Sprache zu betrachten, was in der europäischen Wissenschaft schon längst anerkannt ist, aber offiziell eine „Neuheit" in dem Land ist, in dem die Kaschuben leben. Hier ist anzuführen, daß für den „jüngsten" Forscher des Kaschubischen, Prof. Alfred Majewicz aus Posen, ein sehr wichtiges Element in der Diskussion (ob das Kaschubische ein Dialekt der polnischen Sprache sei oder eine eigenständige, dem Westslawischen nahestehende Sprache) das sprachliche Bewußtsein der Menschen ist, die diese Sprache verwenden. Dies bezieht sich vor allem auf Vertreter des literarischen Schaffens. Darüber hinaus ist die Tatsache von Bedeutung, daß das Kaschubische für den durchschnittlichen Polen aus dem Inneren des Landes unverständliche Sprache darstellt. Es entsteht somit eine neue Situation in Polen: innerhalb eines Volkes können mehrere Sprachen funktionieren, auch das Kaschubische, ohne Beschuldigungen auf Separatismus und ähnliches. Und damit können die Kaschuben, die sich identifizieren mit dem polnischen Volk, als zahlreichste sprachliche Minderheit, als ethnisch-kulturelle Gruppe in Polen existieren.

Ein wichtiges Ereignis in der Geschichte Danzigs und der Kaschuben ist die Einführung der kaschubischen Sprache in die Liturgie. Dies erfolgte auf Initiative Danziger geistlicher und weltlicher Kreise und betrifft die Diözese Pelplin (einst Kulm), Danzig und den hinterpommerschen Teil von Diözese Gorzów/Landsberg. Besonders die hinterpommerschen Metropoliten, die den Wert der ursprünglichen Kultur und Sprache der Kaschuben schätzen, üben eine positive Wirkung auf die Kaschuben selbst aus durch ihre Offenheit und Akzeptanz der Maßnahmen für die Entwicklung des Kaschubischen. Besonders auf die Kaschuben, bei denen die kaschubische Sprache am verbreitetsten und zugleich auch so wenig geschätzt ist. Eine besondere Rolle spielte hierbei Pelplin, die Hauptstadt der historischen Kulmer heute Pelpliner Diözese, zu der die meisten der Kaschuben gehörten. Dort erschien auch der Band kaschubischer religiöser Poesie *Sjęti dzél dészé* sowie wurde die kaschubische Übersetzung der Bibel veröffentlicht – zuerst das Neue Testament, vorbereitet von Eugeniusz Gołąbek und zum Druck gelegt in Danzig. Von vergleichbarer Wichtigkeit ist auch die Rolle Olivas, deren Kathedrale so fest in der Tradition, dem Bewußtsein und der Kultur der Kaschuben verwurzelt ist. In dieser Kathedrale nahmen Vertreter der Kaschubisch-Pommerschen Vereinigung im Mai 1987 am Treffen mit Papst Johannes Paul II. teil, der einen Tag früher in Gdynia/Gdingen in seiner an die Menschen des Meeres gerichteten Predigt sich direkt an die Kaschuben wandte:

Ich darf es heute nicht versäumen, mich an die Nachfolger der urslawischen Pommeraner zu wenden, an die uns allen teueren Kaschuben, die bis heute ihre ethnische Identität bewahrten und ihre Sprache mit slawischen Wurzeln (...)
Liebe kaschubische Brüder und Schwestern! Schützt diese Werte, die Eure Identität sind.

Diese Worte und die Predigt des Papstes selbst wurden zu einem Ereignis von epochaler Bedeutung. Es war dies eine an die Kaschuben und seine polnischen Landsleuten gerichtete Sendung. Sie hat zu Folge Stärkung der kaschubischen Anstrengungen zur Erhaltung und Entwicklung des Kaschubischen und der damit verbundenen Sphäre moralisch-gesellschaftlicher Werte, sowie die Akzeptanz der in Danzig konzentrierten Maßnahmen in diesem Bereich.

Weiterhin besteht der Bedarf einer größeren Wirkung Danzigs und der Kaschubisch-Pommerschen Vereinigung, um den Bedürfnissen der Region deutlich, zumindest im Bereich Veröffentlichungen und menschlichen Bereich entgegenzukommen. Dazu soll auch das Kaschubische Haus, daß in vier wiederaufgebauten Bürgerhäusern in der Danziger Altstadt errichtet wurde, dienen. Die seit einigen Jahrzehnten in Polen stattfindenden Umwandlungen wirken sich günstig auf die Tätigkeit des Kaschubisch-Pommerschen Vereins aus, auf die Funktion dieser Organisation in Danzig. Die subjektive und reale Tätigkeit der im Verein wirkenden Gemeinschaft, die Offenheit für jegliche Besonderheiten und authentische Werte hat universellen Charakter. Doch sind die Effekte dieser Tätigkeit eingeschränkt durch die Folgen der wirtschaftlichen Situation, die das staatliche und davon abgeleitetes Eigentum betreffen. Dies betrifft besonders schmerzhaft die Menschen, denen es schwerfällt, den Schwierigkeiten des Lebens die Stirn zu bieten. Ein vollständigeres Bild der kaschubischen Gegenwart und der Kondition des Kaschubischen selbst sowie auch mittelbar der Rolle Danzigs können die erneut aufgenommenen soziologischen Forschungen und die Tätigkeit des Kaschubischen Instituts in Danzig bringen. Einen großen Beitrag leisten hierbei die Arbeiten von Cezary Obracht-Prondzyński. Sie behandeln unter anderem Fragen der kaschubisch-polnisch-deutschen Beziehungen, Stereotypen, die kulturelle Diffusion und weitere Erscheinungen, die kennzeichnend für ethnisch-kulturelle Grenzbereiche sind.

Vor allem jedoch ist ein engeres und systematisches Zusammenwirken verschiedener Kreise in Danzig, in Polen sowie auch eine polnisch-deutsche Zusammenarbeit notwendig. Daran müssen auch die Kaschuben beteiligt sein. Ohne sie kann es keine Geschichte der Kaschubei und auch keine Geschichte der kaschubisch-Danziger Gegenwart geben. Die Kaschuben selbst und auch die Danziger müssen offener sein für das Andere, das heißt für andere Kulturen und Traditionen. Ihre Kenntnis dient dem würdigen Leben, der Abschaffung von Hemmungen und der Aufnahme der Zusammenarbeit für das gemeinsame, universelle Wohl. Die gute Tradition und das Positive in der Gegenwart Danzigs verpflichtet! Und zwar sehr. Historia magistra vita est!

Literatur:

Albrecht, Dietrich; Józef Borzyszkowski (Hg.), Pomorze. Mała ojczyzna Kaszubów (Przeszłość i teraźniejszość). Kaszubisch-pommersche Heimat (Geschichte und Gegenwart), Gdańsk/Lübeck 2002.
Askenazy, Szymon, Gdańsk a Polska [Danzig und Polen], Warszawa ²1923.
Bądkowski, Lech, Pomorska myśl polityczna [Der Pommersche politische Gedanke], London 1945; 2. Aufl. u. d. T.: Pomorska myśl polityczna i kaszubsko-pomorskie drogi [Der Pommersche politische Gedanke und die kaschubisch-pommerschen Wege], Gdynia 1990.
Biernat, Czeslaw; Edmund Cieślak, Dzieje Gdańska [Die Geschichte Danzigs], Gdańsk ³1994.
Borzyszkowski, Józef, Kaszubi a Gdańsk. Gdańsk stolicą Kaszub? [Die Kaschuben und Danzig. Danzig Hauptstadt der Kaschuben?], in: Pomerania 1988, Nr. 5, S. 4–6.
Borzyszkowski, Józef; Cezary Obracht-Prondzyński, Samorządowe Pomorze [Selbstverwaltetes Pommerellen], Gdańsk 1993.
Borzyszkowski, Józef, Aleksander Majkowski (1870–1938). Biografia historyczna [Historische Biographie]. Gdańsk/Wejherowo 2002.
Borzyszkowski, Józef (Hg.), Gdańsk i Pomorze. Mała ojczyzna Kaszubów [Danzig und Pommern. Heimat der Kaschuben], Gdańsk 1995.
Borzyszkowski, Józef, Życie i twórczość Aleksandra Majkowskiego. [Leben und Werk von Aleksander Majkowski], Wejherowo 1997.
Breza, Edward (Hg.), Problemy statusu językowego kaszubszczyzny [Probleme des sprachlichen Status des Kaschubischen], Gdańsk 1992.
Bukowski Andrzej, Regionalizm kaszubski. Ruch naukowy, literacki i kulturalny [Der kaschubische Regionalismus. Eine wissenschaftliche, literarische und kulturelle Bewegung], Poznań 1950.
Karnowski, J., Moja droga kaszubska [Mein kaschubischer Weg]. Einführung und Bearbeitung Józef Borzyszkowski, Gdańsk 1981.
Kisielewski, Józef, Ziemia gromadzi prochy [Die Erde versammelt Asche]. Nachwort Gerard Labuda, Warszawa 1990.
Labuda, Gerard, Historia Kaszubów na tle historii Pomorza [Schlüsselprobleme zur Geschichte der Kaschuben auf Grund der Geschichte Pommerns], Gdańsk 1992.
Labuda, Gerard (Hg.), Historia Pomorza [Geschichte Pommerns], Bd. 1–3, Poznań 1968–2003.
Latoszek, Marek (Hg.), Kaszubi. Monografia socjologiczna [Die Kaschuben. Eine soziologische Monographie], Rzeszów 1995.

Lorentz, Friedrich, Geschichte der Kaschuben, Berlin 1926.
Manthey, Franciszek, O historii Kaszubów. Prawda i świadectwo [Aus der Geschichte der Kaschuben. Wahrheit und Zeugnis]. Einführung und Bearbeitung Józef Borzyszkowski, Gdańsk 1997.
Miziński, Jan, Gra w historię. O prozie Güntera Grassa [Das Spiel Geschichte. Zur Prosa von Günter Grass], Lublin 1994.
Obracht-Prondzyński, Cezary, Kaszubi. Między dyskryminacją a regionalną podmiotowością [Die Kaschuben – Zwischen Diskriminierung und regionaler Selbststellung], Gdańsk 2002.
Pelczar, Marian, Polski Gdańsk [Das polnische Danzig], Gdańsk 1947.
Piwarski, Kazimierz, Dzieje Gdańska w zarysie [Geschichte Danzigs in Gründzügen]. Gdańsk/Bydgoszcz/Szczecin 1964.
Wapiński, Roman, Gdańsk centrum pogranicza kaszubsko-polsko-niemieckiego [Danzig als Zentrum des kaschubisch-polnisch-deutschen Grenzgebietes], in: Józef Borzyszkowski (Hg.): Antropologia Kaszub i Pomorza, Bd. 1, Gdańsk 1990.

Danzig, Lange Brücke. Nach einem Gemälde von Wilhelm Brauer, 1920/49

Zwischen polnischer Kultur und deutscher Zivilisation – die Kaschuben suchen ihre Identität

von Cezary Obracht-Prondzyński

Elemente der deutschen Kultur wurden auf unterschiedlichen Wegen in die Kaschubei hineingetragen. Vom Westen her war das ein Ergebnis zielstrebiger Politik der Herzöge des einheimischen Greifen-Geschlechts, die deutsche Ansiedler nach Pommern kommen ließen. Dazu kamen die Einflüsse durch die Vertreibung der Kaschuben aus den Städten nach dem sogenannten Wendischen Gesetz und das Wirken der Orden. Im östlichen Teil Pommerns war es der Deutsche Orden, der durch seine Ansiedlungspolitik einen zivilisatorischen Einfluß ausübte[1]. Diese Vorgänge hatten nicht unbedingt Zwangscharakter. Es scheint auch, daß die politischen Auseinandersetzungen um die Herrschaft über Pommern keine direkten kulturellen Konsequenzen hatten. Die unterschiedlichen deutschen Herrschaftsformen waren also auf keinen Fall „schon immer" mit zielstrebiger Germanisierungspolitik verbunden. Am nachhaltigsten wurde die Politik des jeweils herrschenden Staates von wirtschaftlichen Faktoren bestimmt, wie die Ansiedlungsaktionen deutlich machen. Andererseits sahen die deutschen Eliten Pommerns die kaschubische Bevölkerung als minderwertig an, was zu einer kulturellen und zivilisatorischen Benachteiligung der Kaschuben und der Herausbildung eines starken Minderwertigkeitsgefühls führte. Schon im ausgehenden Mittelalter und noch mehr an der Schwelle zur Neuzeit bekamen die Begriffe Wende und Kaschube eine abwertende Bedeutung. Selbst wenn die Kaschuben noch ein Gefühl der Zugehörigkeit zu ihrer Kulturgemeinschaft hatten, waren sie vielfach nicht mehr geneigt, sich offen zum eigenen Ethnikum zu bekennen[2].

Von großer Bedeutung für die Kaschuben und die kaschubisch-deutschen Beziehungen war die Reformation, da sie die kaschubische Gemein-

---

1 Gerard L a b u d a, Historiograficzne założenia syntezy „Historii Kaszubów" [Historiographische Grundsätze einer Synthese der „Geschichte der Kaschuben"], in: Kwartalnik Historii Nauki i Techniki, 1996, H. 1, S. 13.
2 D e r s., Kaszubi i ich dzieje [Die Kaschuben und ihre Geschichte], Gdańsk 1996, S. 101.

schaft dauerhaft spaltete. Während die Kaschuben in Pommerellen und im östlichen Teil Westpommerns (in den Kreisen Lauenburg und Bütow) ihre kulturelle Identität behaupteten, verschwanden die Kaschuben im westlichen Pommern.

Die Angleichung an die deutsche Kultur, besonders der oberen Gesellschaftsschichten, betraf aber nicht nur die evangelische Bevölkerung. Deutliche Assimilationstendenzen gab es vielmehr auch unter der polnischen katholischen Bevölkerung in Pommerellen, die eigentlich bis in das Jahr 1848 zurückreichen[3]. Mehrere Faktoren trugen dazu bei. Zum einen begriffen die führenden Schichten Pommerns den Dienst im preußischen Verwaltungsapparat als eine Chance für einen gesellschaftlichen und materiellen Aufstieg. Zum anderen wurde die deutsche Kultur in Pommern nicht als etwas Fremdes, Neues und von Eroberern Hineingetragenes empfunden. Die deutsche Kultur war hier anerkannt, stark verwurzelt und stellte eher etwas Höherwertiges dar, daß anziehend wirkte. Assimilation war somit eine gesellschaftliche Statusverbesserung[4]. Weiterhin ist auch das Zugehörigkeitsgefühl vieler Bewohner Pommerns und vor allem der Kaschubei zur polnischen Kultur zu berücksichtigen, das sich im 19. Jahrhundert allerdings auf den Kontakt zur „polnischen" katholischen Kirche reduzierte. Der Mangel an sonstigen Bindungen zum Polentum war ein Ausdruck geringer Vertrautheit mit der polnischen Kultur. Dazu trug sicher bei, daß Pommerellen außerhalb des Einflußes der polnischen Reformen der Aufklärungszeit lag. Ein polnisch-nationales Bewußtsein war damals in Pommerellen sehr schwach entwickelt, wobei berücksichtigt werden muß, daß sich selbst in zentralpolnischen Gebieten eine polnische nationale Identität erst entwickelte. Schließlich hatte auf die starken Assimilationstendenzen auch die Tatsache Einfluß, daß ein Interessenkonflikt zwischen der polnischen und der deutschen Bevölkerung noch kaum greifbar war[5]. Die Entfaltung dieses Konfliktes gehört zu den

---

[3] Kaziemierz W a j d a, Polacy i Niemcy w Prusach Zachodnich w XIX i początkach XX wieku [Deutsche und Polen in Westpreußen im 19. und Anfang des 20. Jahrhunderts], in: Mniejszości narodowe i wyznaniowe na Pomorzu w XIX i XX wieku [Nationale und religiöse Minderheiten in Pommern im 19. und 20. Jahrhundert], hrsg. von Mieczysław W o j c i e c h o w s k i, Toruń 1998, S. 9.

[4] Józef B o r z y s z k o w s k i, Inteligencja polska w Prusach Zachodnich w XIX i na początkach XX wieku [Die polnische Intelligenz in Westpreußen im 19. und Anfang des 20. Jahrhunderts], in: Mniejszości narodowe (wie Anm. 6), S. 9.

[5] Dzieje Pomorza Nadwiślańskiego od VII wieku do 1945 roku [Geschichte Weichselpommerns vom 7. Jahrhundert bis 1945], Gdańsk 1978, S. 317 ff.

ganz Europa erfassenden Prozeßen der nationalen Formierung. Im Grenzgebiet Pommern zeigte sich jedoch eine Spezifik. Hier waren in diesen Konflikt nicht nur Polen und Deutschen eingebunden, sondern auch Kaschuben und eine sicher nicht unbedeutende aber schwer zu schätzende Gruppe ohne eine bestimmte Identität zweisprachig und unentschieden in ihrer ethnischen Stellung[6]. Die Nationalisierung stellte gerade die Kaschuben vor das Dilemma, eine Identität zu wählen bzw. sich gegenüber der polnischen und der deutschen Kultur zu positionieren.

Der Nationalisierungsprozeß der Kaschuben dauerte sehr lange. Er wurde zusätzlich kompliziert durch den national bestimmten Streit zwischen Polen und Deutschen um das Territorium, das im 19. Jahrhundert von Kaschuben bewohnt war[7]. Die Kaschubei als ein Teil Pommerns stellte zwar in kulturellem Sinne sowohl aus polnischer als auch aus deutscher Sicht eine Peripherie dar, war jedoch für die beiden Völker auch im politischen Sinne wichtig. Gerade zur Zeit des Völkerfrühlings[8] wurde zumindest den regionalen Eliten dieser Konflikt deutlich und er bestimmte das Klima des politischen Lebens in Pommerellen bis zum Ende der Teilungszeit. Die zentrale Rolle des Grenzlandes in dem seit dem Völkerfrühling zunehmenden nationalen Konflikt zwischen den beiden Völkern,

6 Marek S t a ż e w s k i, Zjawisko dwujęzyczności mieszkańców Pomorza w XIX i w początkach XX wieku jako element oceny stanu świadomości narodowej [Das Phänomen der Zweisprachigkeit der Bevölkerung Pommerns als Element zur Beurteilung des nationalen Bewußtseinsstandes], in: Polska i Polacy. Studia z dziejów polskiej myśli kultury politycznej XIX i XX wieku [Polen und die Polen. Studie zur Geschichte des polnischen kulturellen und politischen Denkens im 19. und 20. Jahrhundert], hrsg. von Marian M r o c z k o, Gdańsk 2001, S. 379.
7 Cezary O b r a c h t - P r o n d z y ń s k i, Obraz Niemców i dziedzictwa niemieckiego na Pomorzu w kulturze kaszubskiej [Das Bild der Deutschen und das deutsche Erbe in der kaschubischen Kultur Pommerns], in: V Konferencja Słowińsko-Kaszubska, hrsg. von Wojciech Ł y s i a k, Poznań 1999, S. 169 ff.
8 Der Interessenkonflikt zwischen Deutschen und Polen in Westpreußen machte sich in der Öffentlichkeit erst zur Zeit des Völkerfrühlings bemerkbar. Magdalena N i e d z i e l s k a, Obraz polskich dążeń niepodległościowych w niemieckiej publicystyce pomorskiej w okresie Wiosny Ludów według „Thorner Wochenblatt" [Das Bild der polnischen Unabhängigkeitsbestrebungen in der deutschen pommerschen Publizistik in der Zeit des Völkerfrühlings dargestellt anhand des „Thorner Wochenblatts"], in: Polska myśl polityczna na ziemiach pod panowaniem pruskim [Das polnische politische Denken im preußischen Teilungsgebiet], hrsg. von Sławomir K a l e m b k a, Warszawa u. a. 1988, S. 258 ff.; Natalis S u l e r z y s k i, Pamiętnik byłego posła ziemi pruskiej [Die Erinnerung eines ehemaligen Abgeordneten im preußischen Teilungsgebiet], bearb. und mit einem Vorwort vers. von K a l e m b k a, Warszawa 1985, S. 136 ff.

schuf den Hintergrund der Geburt des kaschubischen Regionalismus[9]. Jede regionale Initiative wie auch jeder Versuch einer Auseinandersetzung mit der kaschubischen Frage, sei sie auch rein wissenschaftlicher Natur, wurde in den national-politischen Kontext gestellt und unterlag dem Verdacht nationalistischer Interessen.

Wie kompliziert die ethnische und kulturelle Lage in Pommern war, zeigt die Verwendung der Sprachen. Es existierten zwei Sprachen mit hoher sozialer Geltung und unterschiedlicher politischer Bindung, die schon Abbild eines Konflikts waren. Das Deutsche als Staatssprache war die Sprache der Unterdrücker und das Polnische die der Unterdrückten.[10] Ihre Rivalität entsprach dem Verhalten der polnischen kulturellen Elite und der Sprachpolitik des preußisch-deutschen Staates. Hinzu kamen zwei Sprachen mit minderer sozialer Geltung: das Plattdeutsche und das Kaschubische. Viele Bewohner der Kaschubei und Pommerns waren zwei- oder sogar viersprachig, die je nach Situation oder Milieu eine der Sprachen verwendeten. Die Mehr- oder nur Zweisprachigkeit konnte auf lange Sicht nicht ohne Einfluß auf die Identität von Individuum oder Gruppe bleiben. Das führte oft zu sprachlicher Assimilation, zumal in Pommern der Grundsatz einer dauerhaften Zweisprachigkeit im Sinne eines verhältnismäßigen Gleichgewichts im Status beider Sprachen fehlte[11]. Die sprachliche Rivalität wurde durch wirtschaftliche, politische, rechtliche und konfessionelle Faktoren hervorgerufen und geschürt. Wenn man bedenkt, daß die Zahl einer Volksgruppe nach der Sprachenstatistik berechnet wurde, so läßt sich die Beunruhigung der polnischen Eliten über die eigenen kulturellen Bestrebungen der Kaschuben seit der Zeit Florian Ceynowas leicht begreifen. Dieses Streben zeigte sich deutlich in der Entwicklung des kaschubischen Schrifttums und ist eng verbunden mir der Diskussion über den Status der kaschubischen Sprache im 19. und 20. Jahrhundert.

Die Teilung in die einzelnen Sprachgruppen korrespondierte stark mit der konfessionellen Gliederung des Landes. Die kaschubische Intelligenz

---

9 L a b u d a, Kaszubi i ich dzieje (wie Anm. 2), S. 176 ff.
10 Jadwiga Z i e n i u k o w a, Socjolingwistyczne problemy multilingwalnego Pomorza w XIX wieku [Soziolinguistische Probleme des multilinguistischen Pommerns im 19. Jahrhundert], in: Studia slavistica et humanistica in honorem Nullo Minisii, „Prace Naukowe Uniwersytetu Śląskiego", H. 1595, Katowice 1997, S. 243.
11 S t a ż e w s k i, Zjawisko dwujęzyczności (wie Anm. 6), S. 376 ff.

sah den Protestantismus als eine Bedrohung für die kaschubische Identität an, und das Schicksal der Kaschuben in Westpommern bestärkte sie in dieser Überzeugung. Leszek Belzyt schreibt dazu: „In dieser Zeit führte man eine intensive Germanisierung der Kaschuben durch Schule und Kirche, vor allem der evangelischen Kirche, sowie auch durch den Wehrdienst junger Männer. Das Deutsche war die Sprache der höheren Schicht der Gesellschaft, höher im wirtschaftlichen und kulturellen Sinne. Ein beruflicher Aufstieg war grundsätzlich vom Übergang zum Deutschtum begleitet. Eine entscheidende Wende erfolgte mit dem Kulturkampf im doppelten Sinne. Entgegen den Absichten Bismarcks und des ganzen preußischen Staatsapparats erlebten die katholischen Kaschuben den Kulturkampf als einen Prozeß nationaler Aufklärung, der die Germanisierung aufzuhalten vermochte. Um die Jahrhundertwende konnte man sogar mit der Rückkehr zum Polentum und Kaschubentum eine entgegengesetzte Bewegung beobachten. Andererseits unterlagen die evangelischen Kaschuben zu dieser Zeit einer raschen Germanisierung. Die konfessionelle Zugehörigkeit war damals vor allem auf dem Lande eigentlich wichtiger als die sprachliche oder auch nationale. Erleichtert wurde die Entnationalisierung der evangelischen Kaschuben durch die starke national-konfessionelle Polarisierung in der Zeit des Kulturkampfes und durch die Tatsache, daß das nationale Bewußtsein vieler Gruppen damals noch nicht gefestigt war."[12]

Diese hauptsächlich von den Eliten geführten nationalen Auseinandersetzungen wurden auch in Pommern von kulturellen Aus- und Abgrenzungsprozeßen begleitet. Akkulturation und Diffusion folgten nacheinander mit unterschiedlicher Intensität während der gesamten Teilungszeit. Die deutsche Zivilisation war für die Kaschuben attraktiv, jedoch stellte diese Attraktivität nach Meinung der kaschubischen Eliten eine Bedrohung dar. Der Priester Kamil Kantak (Pseudonym Pomeranus de Exilo) äußerte sich in dem Artikel Niebezpieczeństwo kultury niemieckiej [Die Bedrohung durch die deutsche Kultur] in der Zeitschrift „Gryf" dahingehend, daß „vier Faktoren den Deutschen als Waffe dienen: Politik, Wirtschaft, Zivilisation und Kirche"[13]. F. Lorentz berichtete, daß die Ka-

---

12 Leszek B e l z y t, Liczebność ludności kaszubskiej na Pomorzu Gdańskim w latach 1830–1914 [Die Bevölkerungszahl der Kaschuben im Danziger Pommern 1830–1914], in: Przegląd Zachodniopomorski 2000, H. 4, S. 74.
13 Gryf 1912, H. 3, S. 56–61.

schuben gern die zivilisatorischen Errungenschaften der Deutschen übernahmen und schrieb: „Trotz einiger Unterschiede ist die kaschubische Kultur gleich der polnischen, soweit es sich um ererbte Erscheinungen handelt. Neuere kulturelle Errungenschaften übernahmen die Kaschuben von den Deutschen; in der Hauptsache auf der Ebene der materiellen Kultur gibt es kaum Unterschiede zwischen den Kaschuben und den benachbarten deutschen Gebieten, vor allem dem deutschen Pommern. Es ist auch ganz selbstverständlich, da man seit dem Jahre 1600 immer neue Ansiedler aus dem deutschen Pommern in die Kaschubei zog, weil ihre Wirtschaft viel besser entwickelt als die kaschubische war, und seit 1772 der deutsche Einfluß in der Kaschubei dominierte. Er hinterließ auch im Bereich der geistigen Kultur Spuren, jedoch nicht tief, da sogar die Gestalt Wotans, des wilden Jägers, der nicht nur ein gemeinsames Merkmal mit den Helden im kaschubischen Volksglauben hatte, das kaschubische Volk nicht aufnahm. Die Kaschuben sind also – trotz der äußerlichen Aneignung von Errungenschaften der deutschen Kultur – innerlich das geblieben, was sie von Anfang an waren: ein slawisches Volk."[14]

Die Übernahme der Errungenschaften der deutschen Zivilisation war mit dem Problem der Modernisierung verknüpft. In Pommern, wie auch in den anderen Regionen der preußischen Ostgebiete, kam es zum Zusammenstoß zweier Modernisierungsprojekte. Das erste verwirklichte der preußische Staat durch Agrar- und Städtereformen im Zuge der Napoleonischen Kriege sowie der Reichsgründung 1871. Das andere Modell war die „Selbstmodernisierung" der polnischen Gesellschaft[15]. Im preußischen Teilungsgebiet war die Frage des Modernisierung stark mit den Nationalisierungsprozeßen verbunden, ohne daß jedoch die Wahl des Modernisierungsmodells der nationalen Option gleichgestellt werden kann. Die Berührung mit der deutschen Zivilisation führte zwar häufig zur nationalen Konversion, zumal wenn die Personen Beamte, Militäran-

---

14 Friedrich Lorentz, Zarys etnografii kaszubskiej [Ethographischer Abriß der Kaschuben], in: Kaszubi. Kultura ludowa i język [Die Kaschuben. Volkskultur und Sprache], Toruń 1934, S. 136.
15 Lech Trzeciakowski, Wielkopolski program samomodernizacji – kształtowanie się nowoczesnego społeczeństwa [Das großpolnische Programm der Selbstmodernisierung – die Herausbildung einer neuen Gesellschaft], in: Samomodernizacja społeczeństw w XIX wieku. Irlandczycy, Czesi, Polacy [Selbstmodernisierung der Gesellschaften im 19. Jahrhundert. Iren, Tschechen, Polen], hrsg. von Lech Trzeciakowski/Krzysztof Makowski, Poznań 1999, S. 65 ff.

gehörige oder Angestellte bei deutschen Firmen wurden. Es passierte aber auch, daß der Übernahme deutscher Mentalitätsmuster sowie technischer und materieller Errungenschaften keine Wahl der deutschen Nationalidentität folgte. Aus diesem Grunde vermerkten viele Reisende, die in die Kaschubei und auch in die anderen von Preußen verwalteten Gebiete von Polen kamen, eine Widersprüchlichkeit zwischen dem vor allem im materiellen Bereich oberflächlich bemerkbaren Deutschtum und dem polnischen Nationalleben im kulturellen, organisatorischen und religiösen Bereich. Um das zu bemerken, mußten die polnischen Reisenden diesen „polnischen Geist" allerdings wahrzunehmen bereit sein[16]. Aufgrund der inneren Differenzierung in der Kaschubei gestaltete sich dieser Modernisierungsprozeß und seine Verbindung mit der nationalen Wahl recht unterschiedlich. In der südlichen Kaschubei war die Bewegung der Selbstmodernisierung und demzufolge die mit der polnischen Nationalbewegung verbundenen Einflüße der Organischen Arbeit stärker bemerkbar. Für die nördliche und teilweise auch für die mittlere Kaschubei dagegen war eine stärkere Hinwendung zum Deutschtum charakteristisch. Das könnte auf den Einfluß der Stadt Danzig und der großen Rittergüter zurückgeführt werden. Eine wesentliche Rolle spielten in der ganzen Kaschubei aber auch die Kleinstädte, die den Einfluß der deutschen Kultur und Zivilisation auf diesem Gebiete festigten.

Die Chancen der Selbstmodernisierung in dieser Region waren vor allem von der Haltung der Kaschuben selbst zu diesem Programm abhängig, was wiederum sowohl mit der allgemeinen Einschätzung des Polentums, der polnischen Kultur und ihrer Attraktivität als auch mit der Erinnerung an den polnischen Staat und seine Stellung verknüpft war. Diesen sah man im allgemeinen sehr kritisch, abgesehen von dem verhältnismäßig kleinen Kreis der Elite. Erst jahrelange Agitation und organisatorische Bemühungen brachten eine Wende in den Einstellungen. Die Ursachen für diese kritische Einstellung lagen auch auf der polnischen Seite, vor allem in den polnischen Führungsschichten[17].

16 Sehe Jerzy S a m p, Pomorze, Kaszubi, ich język i piśmiennictwo w literaturze obcej i polskiej [Pommern, Kaschuben. Ihre Sprache und Schrifttum in fremder und polnischer Literatur], in: Antropologia Kaszub i Pomorza, Bd. 1, hrsg. von Józef B o - r z y s z k o w s k i, Gdańsk 1990, S. 125 ff.
17 Cezary O b r a c h t - P r o n d z y ń s k i, Zróżnicowanie społeczne Kaszubów w XIX i XX wieku, ze szczególnym uwzględnieniem roli i pozycji szlachty [Soziale Differenzierungen der Kaschuben im 19. und 20. Jahrhundert unter besonderer Berücksichti-

Die Wiedergewinnung der Unabhängigkeit Polens und die Einverleibung Pommerellens in den neuen Staat 1920 spielte für das Schicksal der Kaschuben eine große Rolle. Die Problemlage der kaschubisch-polnisch-deutschen Nachbarschaft blieb zwar bestehen, es kam jedoch zu einer grundlegenden Änderung in der Bevölkerungsstruktur, da ein bedeutender Teil der deutschen Bewohner, vor allem Beamte und Militärs, die Kaschubei verließ[18]. Gleichzeitig zog eine beträchtliche Gruppe polnischer Bevölkerung aus unterschiedlichen Regionen der neuen polnischen Republik zu, wodurch die kulturellen Unterschiede zwischen den Kaschuben und den polnischen Zuwanderern scharf markiert wurden. Jetzt zeigte sich, daß die Deutschen den Kaschuben kulturell und zivilisatorisch näher waren. Ihre Lebensweise und Mentalität schienen vertrauter und verständlicher im Vergleich zu dem sozialen Verhalten der neuen Bewohner, die aus dem russischen Teilungsgebiet oder Galizien kamen.

Zweifellos gewann in der Zwischenkriegszeit trotz kultureller Zwistigkeiten, die auch die Kaschuben betrafen, die polnische nationale Option die Oberhand. Dabei ist unbedingt zu berücksichtigen, daß vor allem die wirtschaftliche Lage mit dem Gefühl der zivilisatorischen Benachteiligung im deutschen Staat, die an der Erfüllung der Lebensentwürfe zweifeln ließ, aber auch die politischen Bedingungen mit dem steigenden Gefühl der Bedrohung durch Deutschland die Einstellung der Kaschuben zum polnischen Staat beeinflußte[19]. Schließlich hatten die Bestimmungen des Versailler Vertrages den Konflikt um das Territorium noch verschärft[20]. Gerade an dieser Frage stellt sich wieder das Grundproblem der Kaschuben dar. Die polnische Regierung hatte weiterhin große Zweifel an der nationalen Stellung der Kaschuben und wußte diesen Mangel an Vertrau-

---

gung der Rolle und Position der Schlachta], in: Szlachta – społeczeństwo – państwo między Warmią a Rugią w XVIII–XX wieku [Schlachta – Gesellschaft – Staat zwischen Ermland und Rügen im 18. bis 20. Jahrhundert], hrsg. von Mieczysław Jaroszewicz/Włodzimierz Stępiński, Szczecin 1998, S. 211–223.

18 Stażewski, Exodus. Migracja ludności niemieckiej z Pomorza do Rzeszy po I wojnie światowej [Exodus. Die Abwanderung der deutschen Bevölkerung aus Pommern ins Reich nach dem Ersten Weltkrieg], Gdańsk 1998.

19 Labuda, Kaszubi (wie Anm. 2), S. 46 ff.

20 Obracht-Prondzyński, Jan Karnowski (1886–1939). Pisarz, polityk i kaszubsko-pomorski działacz regionalny [Jan Karnowski (1886–1939). Schriftsteller, Politiker und Kaschubisch-pommerscher Regionalfunktionär], Gdańsk 1999, S. 46 ff.

en auch zu zeigen. Gleichzeitig versuchten die Deutschen auf die nationale Haltung der Kaschuben Einfluß zu nehmen, jedoch ohne Erfolg[21].

Trotz des politischen Konflikts und der wirtschaftlichen Rivalität blieb das von Generationen ausgebildete Muster des Zusammenlebens zwischen Kaschuben, Polen und Deutschen im Alltag weiterhin bestehen und fand erst in den 30er Jahren und schließlich mit dem Krieg ein Ende.

Die Stellungen der Kaschuben während des Krieges, die Politik der Okkupanten gegenüber der polnischen Bevölkerung und letztendlich die rechtlichen, ökonomischen und sozialen Kriegsfolgen bestimmten auf eine entscheidende Weise die Lage und Haltung der Kaschuben nach 1945[22]. Da dieser Zusammenhang gut erforscht ist, sollte es ausreichen, nur einige Elemente der nationalsozialistischen Ausrottungspolitik in Pommerellen zu nennen. Diese Politik bestimmte nicht nur die Grausamkeit des Krieges, sondern reichte mit ihren Folgen weit über 1945 hinaus. Schon in den ersten Tagen und Wochen nach Kriegsbeginn wurde ein beachtlicher Teil der polnischen Elite Pommerellens von den Nazis ermordet. Es handelte sich vor allem um Beamte, Lehrer, aktive Mitglieder des Polnischen West-Verbandes[23], Priester[24] und Personen, die im gesellschaftlichen, politischen und wirtschaftlichen Leben tätig waren[25]. Ein Symbol

---

21 Marek A n d r z e j e w s k i, Niemieckie zabiegi o uzyskanie wpływu na świadomość polityczną Kaszubów w latach 1924–1935. Materiały Ÿródłowe [Deutsche Maßnahmen zur Beeinflussung des politischen Bewußtseins der Kaschuben zwischen 1924–1935. Eine Quellensammlung], in: Zapiski Historyczne 1990, H. 2–3, S. 2 f.

22 Das macht Tadeusz B o l d u a n in seiner Arbeit: Nie dali się złamać. Spojrzenie na ruch kaszubski 1939–1995 [Sie geben sich nicht geschlagen. Ein Blick auf die Kaschubische Bewegung 1939–1995], Gdańsk 1996, S. 9 ff. deutlich.

23 Auf welche Weise die Mitglieder des Polnischen West-Verbandes (Polski Związek Zachodni) in Luzino und Umgebung verfolgt wurden, schildert Stefan F i k u s, Luzino. Historia wsi Luzina i okolicy w latach 1871–1985 [Luzino. Die Geschichte des Dorfes Luzino und Umgebung in den Jahren 1871–1985], Gdańsk 1992, S. 147.

24 Antoni L i e d t k e, W 30 rocznicę krwawej jesieni [Zum 30. Jahrestag des blutigen Herbstes], in: Studia Pelplińskie, Bd. 1, 1969, S. 9–17; Władysław S z u l i s t, Z martyrologii duchowieństwa katolickiego w diecezji chełmińskiej 1939–1945 [Zum Martyrium der katholischen Geistlichkeit in der Kulmer Diözese 1939–1945], ebenda, Bd. 3, 1973, S. 149–162, Bd. 6, 1975, S. 281–195, Bd. 10, 1979, S. 272–187; D e r s., Straty wojenne 1939–1945 wśród duchowieństwa diecezji chełmińskiej [Die Kriegsopfer 1939–1945 unter der Geistlichkeit der Kulmer Diözese], in: Orędownik Diecezji Chełmińskiej 1947, H. 1, S. 47–86.

25 Włodzimierz J a s t r z ę b s k i, Polityka hitlerowska i straty Pomorza w okresie II wojny światowej [Die Hitlerpolitik und die Verluste Pommerns im II. Weltkrieg], in: Studia Pelplińskie, Bd. 20, 1989, S. 11 ff.

für diese Ausrottungspolitik ist Piaśnica[26]. Es wird geschätzt, daß etwa 40.000 Personen im Herbst und Winter in Pommern 1939 ums Leben kamen[27]. Der ersten Welle von Repressionen und Vernichtung folgten die planmäßigen wirtschaftlichen Aktionen. Den Polen und Kaschuben wurde ihr Hab und Gut genommen, um sie dann ins Generalgouvernement umzusiedeln oder zur Zwangsarbeit ins Innere des Reiches zu verschleppen. Nach der Übernahme der Landgüter, Immobilien, Bauernhöfe, Groß- und Handwerksbetriebe wurden hier zigtausende aus verschiedenen Ländern Mitteleuropas stammende Deutsche angesiedelt[28].

Die deutsche Okkupation begann mit der planmäßigen Zerstörung der Grundlagen der nationalen Identität. Es wurden alle öffentlichen Zeichen des Polentums, Aufschriften, Schilder, Anzeigen usw. getilgt und alle Kultur-, Bildungs- und Presseeinrichtungen geschlossen, sowie die Verwendung der polnischen Sprache verboten.[29] Dabei wurde die der Kirche verbundene Bevölkerung besonders hart durch die Anordnung des Bischofs Carl Maria Splett getroffen, die die Verwendung der polnischen Sprache während des Gottesdienstes und sogar während der Beichte verbot[30]. Nicht

---

26 Barbara B o j a r s k a, Piaśnica. Miejsce martyrologii i pamięci. Z badań nad zbrodniami hitlerowskimi na Pomorzu [Piaśnica. Ein Ort des Martyriums und des Gedenkens. Forschungen über die Hitlerverbrechen in Pommern], Wrocław 1978.

27 D i e s., Eksterminacja inteligencji polskiej na Pomorzu Gdańskim (wrzesień – grudzień 1939) [Die Verschleppung der polnischen Intelligenz im Danziger Pommern (September bis Dezember 1939)], Poznań 1972, S. 131 ff.

28 Es wird geschätzt, daß etwa hunderttausend Personen aus Pommern ausgesiedelt wurden. Siehe Włodzimierz J a s t r z ę b s k i, Hitlerowskie wysiedlenia z ziem polskich wcielonych do Rzeszy a latach 1939–1945 [Die Aussiedlung polnischer Bevölkerung ins Reich 1939–1945], Poznań 1868, S. 134. Siehe auch Jan S z i l i n g, Wysiedlenia ludności polskiej z Pomorza w okresie okupacji hitlerowskiej [Die Aussiedlung polnischer Bevölkerung aus Pommern während der Naziokkupation], in: Zeszyty Naukowe UMK. Nauki Społeczno-Humanistyczne, Bd. 15, Historia, H. 1, Toruń 1965, S. 5–24.
J a s t r z ę b s k i/S z i l i n g, Okupacja hitlerowska na Pomorzu Gdańskim w latach 1939–1945 [Die Naziokkupation im Danziger Pommern 1939–1945], Gdańsk 1979, S. 265 ff.; Martin B r o s z a t, Nationalsozialistische Polenpolitik, Stuttgart 1961, S. 134.

29 Konrad C i e c h a n o w s k i, Walka z językiem polskim i zewnętrznymi przejawami życia polskiego na Pomorzu Gdańskim w latach 1939–1945 [Der Kampf mit der polnischen Sprache und dem polnischen öffentlichen Leben im Danziger Pommern 1939–1945], in: Przymus germanizacyjny na ziemiach polskich wcielonych do Rzeszy Niemieckiej w latach 1939–1945 [Der Germanisierungszwang in Polen zur Eingliederung ins Reich 1939–1945], hrsg. von Włodzimierz J a s t r z ę b s k i, Bydgoszcz 1993, S. 33 f.

30 Die Person und Wirksamkeit des Bischofs C. M. Splett löst auch heute noch ähnliche Emotionen aus wie direkt nach dem Kriegsende. Erst kürzlich setzte man sich

Zwischen polnischer Kultur und deutscher Zivilisation 161

nur der Bezug zu den kulturellen Überlieferungen sollte abgebrochen werden, sondern es wurde auch eine auf die Jugend ausgerichtete konsequente Germanisierungspolitik betrieben[31]. Jeder, der sich auf irgendeine Art und Weise der Politik der Nazis entgegenzusetzen versuchte, riskierte die Deportation in eines der zahlreichen Lager oder ins Gefängnis[32]. Das finsterste Symbol der Erinnerung an diese Ereignisse bleibt das Konzentrationslager Stutthof[33].

Erst auf diesem Hintergrund ergibt sich ein anschauliches Bild der nationalen Politik des Dritten Reiches gegenüber den Kaschuben[34]. Die Nazi-Behörden schwankten in ihrer Meinung über die potentiellen Möglichkeiten der Germanisierung sowie der Einverleibung der Kaschuben ins deutsche Volk. Albert Forster befand schließlich die Kaschuben für unwürdig einer Privilegierung und als nicht reinrassig. Er hielt die Kaschuben für keine separate Volksgruppe oder „slawisierten Deutschen", sondern einfach für Polen wie andere Bewohner Pommerellens auch. Er distanzierte sich deutlich von Heinrich Himmler, der vor allem in der ersten Phase des Krieges die Auffassung über eine Verwendbarkeit der Kaschuben in der Politik des Dritten Reiches und die Möglichkeit ihrer

in der Presse und in unterschiedlichen Foren mit der Einstellung des Danziger Bischofs gegenüber den polnischen Katholiken auseinander. Es wird ihm zum Vorwurf gemacht, daß er die Ausrottungspolitik des Nazis unterstützte oder sich ihr zumindest nicht entgegenstellte. Es gibt aber auch Verteidiger des Bischofs, wie der Priester Bogdanowicz aus Danzig oder auch die deutschen Danziger Katholiken des Adalbertus Werks. Orientierend in dieser Auseinandersetzung sind folgende Publikationen: Edward C i c h y, Faszyzm w Gdańsku 1930–1945 [Faschismus in Danzig 1930–1945], Toruń 1993, S. 88 ff.; Tadeusz B o l d u a n, Biskup Carl Maria Splett – od mitów ku prawdzie [Bischof Carl Maria Splett – vom Mythos zur Wahrheit], in: Studia Pelplińskie, Bd. 20, 1989, S. 79–95; Peter R e i n a, Karol Maria Splett, biskup gdański na ławie oskarżonych [Carl Maria Splett, der Danziger Bischof auf der Anklagebank], Warszawa 1994; Stanisław B o g d a n o w i c z, Karol Maria Splett – biskup gdański czasu wojny, więzień specjalny PRL [Carl Maria Splett – der Danziger Bischof der Kriegszeit als spezieller Häftling der Polnischen Volksrepublik], Gdańsk 1995. Diese Diskussion wurde auch in der Zeitschrift „Tygodnik Powszechny" geführt. Vgl. auch in diesem Band unten Stefan S a m e r s k i, Divide et impera, bes. S. 268–274.
31 Helena P r z e s ł a w s k a, Młodzież kaszubska w czasie okupacji. Studium historyczno-socjologiczne [Die kaschubische Jugend in der Okkupationszeit. Eine historisch-soziologische Studie], in: Sprawozdania Towarzystwa Naukowego w Toruniu, Bd. 3, H. 1–4, Toruń 1951, S. 65 ff.
32 J a s t r z ę b s k i/S z i l i n g, Okupacja hitlerowska (wie Anm. 28), S. 112 ff.
33 Ewa F e r e n c, Bibliografia KL Stutthof, Gdańsk 1991 (es werden fast 1500 Publikationen angegeben).
34 B o l d u a n, Nie dali się złamać (wie Anm. 22), S. 9 f.

schnellen Germanisierung favorisierte[35]. Die Lage änderte sich 1942 mit der Einführung der Zwangseinschreibung in die Deutsche Volksliste im Gau Danzig-Westpreußen[36]. Infolge der damaligen gesellschaftlichen Situation schrieben sich in die III. Gruppe im Mai 1944 in den Kreisen Konitz 88%, Neustadt 85,2%, Berent 81,7%, Karthaus 59% und Gdingen 65,8% ein[37]. Jedoch gab es auch kaschubische Dörfer, wo die Einschreibung massenhaft verweigert wurde, so in Gowidlino, Puzdrowo, im Kreis Karthaus fast zu 100%, Wiele im Kreis Konitz zu 70%, Miedzno und Odry im Kreis Konitz mit bedeutender Mehrheit[38]. Eine Einschreibung in die Liste war gleichbedeutend mit der Einberufung zur Wehrmacht[39]. Genaue Zahlen über Polen oder auch Kaschuben in der Wehrmacht sind nicht bekannt. Es wird geschätzt, daß aus den Gebieten Pommerellens mehrere Zehntausende einberufen wurden[40]. Die Furcht vor der Einschreibung in die Liste sowie der Einberufung kam den Partisanen in Pommern zugute[41], außerdem verstärkten die Deserteure die Alliiertenarmeen im Westen

35 Czesław Madajczyk, Polityka III Rzeszy w okupowanej Polsce [Die Politik des Dritten Reiches im okkupierten Polen], Warszawa 1970, Bd. 1, S. 398 ff.
36 Zitiert nach Jastrzębski, Przymus (wie Anm. 29), S. 7.
37 Stefan Waszak, Liczba Niemców w Polsce w l. 1931–1959 [Die Zahl der Deutschen in Polen 1931–1959], in: Przegląd Zachodni, 1959, H. 6, S. 338.
38 Grzegorz Górski, Ludność Pomorza Gdańskiego wobec Niemieckiej Listy Narodowościowej w latach 1942–1943 w świetle raportu emisariusza Delegatury Rządu RP na Kraj [Die Bevölkerung des Danziger Pommerns in den Deutschen Volkslisten der Jahre 1942–1943 im Lichte der Berichte des Emissärs der polnischen Regierungsvertretung im Lande], in: Zapiski Historyczne, 1999, H. 2, S. 138.
39 Zygmunt Narski, Zapiekła gorycz [Tiefe Bitternis], Toruń 1993, S. 43; Emil Cysewski, Był taki czas, kiedy las był moim domem [Es gab eine Zeit, als der Wald mein Zuhause war], Gdańsk 1972, S. 19.
40 Konrad Ciechanowski, Oni byli w Wehrmachcie [Er war bei der Wehrmacht], in: Pomerania, 1986, H. 10; ders., Pobór Polaków z Pomorza Gdańskiego do armii niemieckiej i zmilitaryzowanych oddziałów roboczych w latach II wojny światowej [Die Rekrutierung von Polen aus dem Danziger Pommern für die deutsche Armee und militärische Arbeitseinheiten während des II. Weltkrieges], in: Stutthof. Zeszyty Muzealne, 1985, H. 6; Jan Sziling, Przymusowa służba Polaków z III grupy niemieckiej listy narodowej w Wehrmachcie na przykładzie Pomorza Gdańskiego [Der Arbeitsdienst der Polen aus der dritten Gruppe der deutschen Volksliste in der Wehrmacht am Beispiel des Danziger Pommerns], in: Biuletyn Głównej Komisji Badania Zbrodni Przeciwko Narodowi Polskiemu, 1991, Bd. 33; Leszek Jażdżewski, Kaszubi w Wehrmachcie [Kaschuben in der Wehrmacht], eine bei Prof. J. Borzyszkowski geschriebene Dissertation. (Manuskript im Historischen Institut der Universität Danzig). Der Autor stellte fest, daß sogar bis zu 30.000 Kaschuben bei der Wehrmacht dienten.
41 Jastrzębski/Sziling, Okupacja hitlerowska (wie Anm. 28), S. 275; Leszek Jażdżewski, Dezerterzy kaszubscy z Wehrmachtu w latach 1942–1945 [Kaschu-

und im Osten[42]. Von größter Bedeutung für die pommerellischen Polen und Kaschuben war jedoch, daß sie die Folgen der Einschreibung in die Liste und des Dienstes in der Wehrmacht noch lange über das Kriegsende hinaus zu spüren bekamen, indem verschiedentlich Anklagen gegen sie erhoben wurden und sie sich der Prozedur der Volkszugehörigkeitsverifikation unterwerfen mußten[43]. Das vergiftete das Leben vieler Kaschuben und war indirekt die Ursache für die Emigrationswelle nach dem Kriege. Die Deutschen dagegen erkannten die Tatsache der Einschreibung in die Volksliste und den Wehrmachtsdienst als einen ausreichenden Beweis für die Erteilung der Genehmigung zur Übersiedlung nach Deutschland an.

Obwohl die Kaschuben grausame Erinnerungen an die Kriegszeit hatten, war das Bild des Deutschen nie einseitig negativ geprägt. Andererseits wurden die Kaschuben bei nur geringsten Verbindungen zur deutschen Kultur von der polnischen Bevölkerung mißachtet. Die Bindung an die deutsche Kultur ergab sich jedoch nicht nur aus deren Attraktivität und einer bewußten Wahl. Die Tatsache der mehrere Jahrhunderte dauernden Nachbarschaft und die Einflüße der Akkulturationsprozeße konnten nicht sofort gelöscht werden, auch wenn der polnische Staat eine gezielte Politik der nationalen Einheit nach dem Kriege führte und alles, was deutsch war, verurteilte. Infolge der Grenzverschiebung hörte die Kaschubei auf, im verwaltungspolitischen Sinne eine Grenzregion zu sein, blieb jedoch im kulturellen Sinne Grenzraum. Sehr schnell zeigte sich, daß der Kontext kaschubisch-polnisch-deutscher Beziehungen nicht an Bedeutung verlor. Im Gegenteil, die von der Volksrepublik Polen betriebene nationale Politik stellte die Kaschuben wieder offen vor die Frage ihres Verhältnisses zu den Deutschen und ihrer Kultur. Ein Paradoxon und gleichzeitig ein Drama war die Tatsache, daß es in der vom Kriege betroffenen Gemeinschaft mehrere Gruppen gab, die aus verschiedenen Gründen das Leben in Deutschland wählten und sich zur deutschen Kultur bekannten, obwohl sie häufig sehr schlechte Erinnerungen aus der Zeit direkt vor und während des Krieges hatten. Bei anderen blieb die

---

bische Deserteure aus der Wehmacht], in: Gdańsk i Pomorze w XX wieku. Księga ofiarowana Profesorowi Stanisławowi Mikosowi z okazji 70 rocznicy Jego urodzin, hrsg. von. Marek A n d r z e j e w s k i, Gdańsk 1997, S. 324 ff.; d e r s., Kaszubi w Wehrmachcie 1942-1945 w świetle źródeł [Kaschuben in der Wehrmacht 1942-1945 im Lichte der Quellen], in: Przegląd Zachodni 2001, H. „1, S. 253 ff.
42 J a s t r z ę b s k i, Przymus germanizacyjny (wie Anm. 29), S. 25 ff.
43 B o l d u a n, Nie dali się złamać (wie Anm. 22), S. 27 ff.

Frage der Wahl der nationalen Identität im Grenzgebiet immer offen bzw. war von der Lage, der Erfahrung und der Gruppenerinnerung abhängig. Die Erfahrungen eines beachtlichen Teils der Kaschuben machten die Identifikation mit dem Polentum fraglich. Dieses Dilemma kam in Form der Emigration aus der Kaschubei nach Deutschland zum Ausdruck[44]. Die Ausreise der Bevölkerung aus dem westlichen Grenzgebiet dauerte im Prinzip die ganze Nachkriegszeit an. Sie wurde zwar oft von politischen Entscheidungen und Spannungen in den deutsch-polnischen Beziehungen behindert, jedoch auch in diesem Bereich gab es eine spezifische Situation in der Kaschubei. Bis in die 80er Jahre hinein gab es eine Emigration der Kaschuben aus den Gebieten des ehemaligen Reiches und der Freien Stadt Danzig. Die Kaschuben aus den sogenannten „Alten" Kreisen, d. h. aus denjenigen, die bis 1939 innerhalb der polnischen Grenzen lagen, fingen erst in den 80er Jahren an auszureisen. Diese Ausreisewelle war ein Teil einer allgemeinpolnischen Erscheinung.

Die Analyse von Ursachen, sozialer Differenzierung und Folgen der Emigrationsprozeße erleichtert entscheidend zu verstehen, warum nach 1990 eine deutsche Minderheit in einigen kaschubischen Kreisen auftauchte. Es wurde schon nicht mehr mit einer weiteren Emigration gerechnet, aber es standen nunmehr spezifische rechtliche Bestimmungen für eine deutsche Staatsbürgerschaft offen zur Verfügung. Mit der deutschen Staatsbürgerschaft waren eine Reihe von Privilegien verbunden, wie z. B. die Möglichkeit einer legalen Arbeit in den EU-Ländern[45]. Kam die Möglichkeit einer legalen Ausreise nach Deutschland nicht in Frage, blieb der Eintritt in eine der Organisationen der deutschen Minderheit.

44 Cezary O b r a c h t - P r o n d z y ń s k i, Wędrówki pomorskich rodzin. Wpływ emigracji na tożsamość regionalną Pomorzan [Die Wanderungen pommerscher Familien. Der Einfluß der Emigration auf die regionale Identität der Pommern], in: Rodzina Pomorska [Heimat Pommern], hrsg. von Józef B o r z y s z k o w s k i, Gdańsk 1999; B o r z y s z k o w s k i / O b r a c h t - P r o n d z y ń s k i, Emigracje Kaszubów w XIX i XX wieku [Die Emigration der Kaschuben im 19. und 20. Jahrhundert], in: Migracje polityczne i ekonomiczne w krajach nadbałtyckich w XIX i XX w. [Politische und ökonomische Migration in den Baltischen Ländern im 19. und 20. Jahrhundert], hrsg. von B o r z y s z k o w s k i / W o j c i e c h o w s k i, Toruń/Gdańsk 1995.
45 Zu diesem Thema auch Philipp T h e r, Tajny model podwójnego obywatelstwa [Das geheime Modell der doppelten Staatsbürgerschaft], in: Zbliżenia. Polska-Niemcy 1995, H. 3, S. 49–55 und Andrzej G r a j e w s k i, Blaski i cienie podwójnego obywatelstwa z polskiej perspektywy [Glanz und Schatten der Staatsbürgerschaft aus polnischer Perspektive], in: Obywatelstwo w Europie Środkowo-Wschodniej [Staatsbürgerschaft in Ostmitteleuropa], hrsg. von Piotr B a j d a, Warszawa 1996, S. 77–82.

Am zahlreichsten finden sie sich außer in Danzig/Gdańsk in Bütow/Bytów, Lauenburg/Lębork, Stolp/Słupsk, Rummelsburg/Miastko und Wierzchucino[46]. In diesen Gegenden war die Emigration in der Vergangenheit am stärksten und hier sind auch die Zentren der autochthonen Bevölkerung. Aus diesen Gründen sollte man die Frage der Entwicklung der deutschen Minderheit in Pommerellen unbedingt mit dem Symptom der Emigration verbinden[47].

Zusammenfassend kann man zu dem Ergebnis kommen, daß in der Kaschubei, zumindest in einigen Regionen, der deutsche Kontext weiterhin von großer Bedeutung ist. Es liegt nicht nur an den kulturellen Faktoren, sondern auf eine besondere Weise an den wirtschaftlichen Bedingungen. Obwohl im wirtschaftlichen Bereich die Kaschubei in der letzten Zeit eine in ihrer Geschichte einmalige Entwicklung erlebte, ließ die Attraktivität des deutschen zivilisatorischen Musters, zumindest für einen Teil der Kaschuben, nicht nach. Die Rolle Danzigs hat sich auch geändert. Diese Stadt bildet seit 1945 das Zentrum des kaschubisch-polnisch-deutschen Grenzraums und verständlicherweise wurde sie zum Zentrum des Kaschubentums und des Polentums nicht nur im historischen und wirtschaftlichen Sinne, sondern wiederum als geistige und kulturelle Hauptstadt für die Gesamtheit der Kaschuben[48].

---

46 Innerhalb der Grenzen der heutigen pommerellischen Wojewodschaft schätzt man die Zahl der Mitglieder der deutschen Minderheitsverbände auf 6500–8000 Personen; Jan Gostomski, Pomorscy Niemcy [Deutsche Pommern], in: Pomerania 1999, H. 7–8, S. 6–11; Kaszubi. Monografia socjologiczna [Die Kaschuben. Eine soziologische Monographie], hrsg. von Marek Latoszek, Rzeszów 1990; Brunon Synak, Kaszubska tożsamość. Ciągłość i zmiana [Die kaschubische Identität. Beständigkeit und Wechsel], Gdańsk 1998.

47 Henryk Galus, Mniejszość niemiecka na Pomorzu Wschodnim [Die deutsche Minderheit in Westpommern], in: Mniejszość niemiecka w Polsce i Polacy w Niemczech [Die deutsche Minderheit in Polen und die Polen in Deutschland], hrsg. von Zbigniew Kurcz/Władysław Misiak, Wrocław 1994, S. 65ff.; Borzyszkowski/Obracht-Prondzyński, Deutsche Minderheit in Pomerania. Aktivitäten und Dilemma mit der ethnischen Identität, in: Miscellanea Anthropologica et Sociologica, H. 3, Gdańsk 1994, S. 24–38; dies., Mniejszość niemiecka na Pomorzu: „dogadać się można po kaszubsku" (Deutsche Minderheit in Pommern: „Man verständigt sich auf Kaschubisch"), in: Dialog 1995, H. 1–4, S. 34f.

48 Roman Wapiński, Gdańsk jako centrum pogranicza kaszubsko-polsko-niemieckiego [Danzig als Zentrum des kaschubisch-deutsch-polnischen Grenzraumes], in: Antropologia Kaszub i Pomorza w XIX i XX wieku [Anthropologie der Kaschuben und Pommern im 19. und 20. Jahrhundert], hrsg. von Józef Borzyszkowski, Bd. 1, Gdańsk 1990; ders., Kaszubi a Gdańsk na przestrzeni dziejów [Kaschu-

Die Entwicklung der kaschubischen Gemeinschaft im Zusammenhang mit der Entfaltung der kaschubischen Kultur und der deutschen Zivilisation im 19. und 20. Jahrhundert, die einige Generationen umfaßte, führte zur Gestaltung einer Gemeinschaft von multikulturellem Charakter, in der die polnische Kultur zwar dominiert, aber eine besonders offene Einstellung gegenüber der deutschen Kultur und Zivilisation besteht.

ben und Danzig im Laufe der Geschichte], in: Rozmyślania gdańskie [Danziger Überlegungen], Gdańsk 1998; d e r s., Gdańsk i Pomorze w XIX i XX wieku [Danzig und Pommern im 19. und 20. Jahrhundert], Gdańsk 1999.

Ein Danziger Plan einer Geschichte Westpreußens nach der Wiedergründung der Provinz 1878[1]

von Bernhart Jähnig

Das Preußenland als Einheit der Gebiete der Prußen zwischen unterer Weichsel und unterer Memel sowie Pommerellens westlich der Weichsel war das Werk des Deutschen Ordens[2]. Dies bedeutet jedoch nicht, daß die durch das Siedeln verschiedener Bevölkerungsgruppen bedingten Unterschiede innerhalb der Ordensherrschaft eingeebnet worden wären. Die Teilung des Landes infolge des Dreizehnjährigen Krieges und des Zweiten Thorner Friedens (1454–1466) führte zu Sonderentwicklungen der beiden Landesteile[3]. Die unterschiedlichen Beziehungen zur Krone Polen als Landes- oder Schutzherr für das westliche Preußen (Preußen königlich polnischen Anteils) bis 1772/93 und als Lehnsherrn bis 1657/60 für das östliche Preußen (Herzogtum, seit 1701 Königreich Preußen) hatten keine vollständige Trennung in zwei Länder bewirkt[4]. Als 1772 im Zuge der ersten Teilung Polens Elbing, das Marienburger Gebiet, Pommerellen

---

1 Die Erstfassung erschien als Festschriftbeitrag anläßlich des 30jährigen Jubiläums als Universitätslehrer für Herrn Kollegen Andrzej Groth, Universität Danzig, u. d. T.: Die Erörterung einer möglichen Darstellung der Geschichte Westpreußens nach der Wiedergründung der Provinz, in: Teki Gdańskie 5, Gdańsk 2004, S. 156–168. Die neue Fassung wurde vorwiegend durch weitere Nachweise ergänzt.
2 Vgl. Bernhart J ä h n i g, Bevölkerungsveränderungen und Landesbewußtsein im Preußenland, in: Blätter für deutsche Landesgeschichte 121, 1985, S. 115–155; d e r s., Entstehung und Schicksal des Neustamms der Preußen aus Deutschen, Balten und Slawen vom 13.–20. Jahrhundert, in: Die Völker des baltischen Raumes und die Deutschen, hrsg. v. Wilfried S c h l a u, München 1995, S. 185–198, 337–338.
3 Vgl. Marian B i s k u p, Etniczno-demograficzne przemiany Prus krzyżackich w rozwoju osadnictwa w średniowieczu, in: Kwartalnik Historyczny 98, 1991, S. 45–67; d e r s., Das Problem der ethnischen Zugehörigkeit im mittelalterlichen Landesausbau in Preußen, in: Jahrbuch für die Geschichte Mittel- und Ostdeutschlands 40, 1991, S. 3–25; d e r s., Das Königliche und das Herzogliche Preußen von der Mitte des 15. Jahrhunderts bis 1772, in: Zeitschrift für historische Forschung 22, 1995, S. 49–70; Bernhart J ä h n i g, Die Entwicklung des Neustamms der Preußen von der Teilung Preußens bis zu den Teilungen Polens (1466–1772/93), in: Zwischen Lübeck und Novgorod. Norbert Angermann zum 60. Geburtstag, Lüneburg 1996, S. 305–328.
4 Dies hat Janusz M a ł ł e k wiederholt zu definieren gesucht, vgl. seine Bücher: Dwie części Prus. Studia z dziejów Prus Książęcych i Królewskich w XVI i XVII wieku, Olsztyn 1987; Preußen und Polen, Stuttgart 1992.

und das Kulmer Land, jedoch nicht Danzig und Thorn, Preußen zugeteilt wurden, unterstellte König Friedrich II. der Große das vormalige Herzogtum Preußen und die genannten neu erworbenen Gebiete einem gemeinsamen Oberpräsidenten in der Person von Friedrich von Domhardt (1712–1781)[5]. Am 22. Oktober 1772 ließ der Minister Ewald Friedrich Graf von Hertzberg (1725–1795)[6] dem König den Vorschlag zuleiten, die neuen Gebiete als „West-Preußen", das alte Königreich als „Ost-Preußen" zu bezeichnen. Dem folgte der König mit seiner Kabinettsordre vom 31. Januar 1773 an den Oberpräsidenten, indem er diesen beauftragte, das den dortigen Behörden im Namen des Königs bekannt zu geben[7]. Dabei kam es zu einer Grenzbegradigung, indem das Ermland an Ostpreußen fiel, während Pomesanien mit Marienwerder westpreußisch wurde.

Auf dieser Grundlage wurden nach den erfolgreichen Befreiungskriegen gegen Napoleon und dem Wiener Kongreß (1815) die preußischen Provinzen wieder und teilweise neu eingerichtet, darunter Ostpreußen und Westpreußen als die beiden östlichsten. Daß der 1772 „westpreußisch" gewordene Netzedistrikt mit Bromberg zum größten Teil an das Großherzogtum (Provinz) Posen fiel, spielt für unsere Fragestellung des Planes einer Geschichte Westpreußens keine Rolle. Westpreußische Provinzhauptstadt war Danzig. Oberpräsident Westpreußens wurde der aus Ostpreußen stammende Reformpolitiker Theodor von Schön (1773–1856)[8]. Unter und mit ihm wurden 1824/29 die Provinzen Ost- und Westpreußen zunächst als Personal-, dann als Realunion zur Provinz Preußen vereinigt[9]. In den folgenden Jahrzehnten gab es jedoch als wesentliche gemeinsame politische Einrichtung nur den schon 1823 gegründeten „Pro-

---

5 Erich Joachim, Johann Friedrich v. Domhardt, Berlin 1899.
6 Deutsche Biographische Enzyklopädie, hrsg. v. Walther Killy u. Rudolf Vierhaus (DBE), 4, München 1996. S. 654.
7 Max Bär, Westpreußen unter Friedrich dem Großen 2: Quellen (Publicationen aus den K. Preußischen Staatsarchiven 84), Leipzig 1909, Nr. 113 S. 121, Nr. 171 S. 180; vgl. Walther Hubatsch, Friedrich der Große und die preußische Verwaltung (Studien zur Geschichte Preußens 18), Köln/Berlin 1973, S. 181.
8 Vgl. Theodor von Schön. Untersuchungen zu Biographie und Historiographie, hrsg. v. Bernd Sösemann (Veröffentlichungen aus den Archiven Preußischer Kulturbesitz 42), Köln u. a. 1996.
9 Vgl. Klaus von der Groeben, Provinz Westpreußen, in: Verwaltungsgeschichte Ostdeutschlands 1815–1945, hrsg. v. Gerd Heinrich, Friedrich-Wilhelm Henning, Kurt G. A. Jeserich, Stuttgart u. a. 1993, S. 269f.

vinziallandtag für das Königreich Preußen"[10]. Auf diesem Provinziallandtag gab es zwar eine ostpreußische Mehrheit, jedoch keine Spannungen zwischen den beiden Halbprovinzen. Erst in den 70er Jahren des 19. Jahrhunderts wurden in Westpreußen Stimmen laut, die eine Trennung von Ostpreußen forderten[11]. Treibende Kraft war der Danziger Oberbürgermeister Leopold von Winter (1823–1893)[12], der unter anderem den verständlichen Ehrgeiz hatte, nicht mehr einer Provinzstadt vorzustehen, sondern Oberhaupt einer Provinzhauptstadt zu werden. Nach mehrjährigen zähen Verhandlungen gelang schließlich die Wiedergründung der Provinz Westpreußen 1878.

Während Winter bis zu seinem gesundheitsbedingten Ausscheiden 1890 den Provinzialausschuß leitete, wechselte das Amt des Oberpräsidenten mehrmals. Länger im Amt waren 1879–1888 Adolf Ernst von Ernsthausen (1827–1894)[13] und seit 1891 Gustav von Goßler (1838–1902)[14], der unmittelbar vorher ein Jahrzehnt lang preußischer Kultusminister gewesen war. Auch wenn die westpreußischen Regierungsbezirke und Kreise in den Jahrzehnten der gemeinsamen Provinz Preußen nicht vernachlässigt worden sind, sahen die nunmehrigen westpreußischen Oberpräsidenten ihre Aufgaben darin, die besonderen Probleme ihres Amtsgebietes zu fördern und diesem eine wirtschaftliche und ideelle Einheit zu geben. Zu den kulturellen Aufgaben gehörte nicht nur das Schulwesen, zumal dessen Verwaltung die Schulabteilungen der Regierungspräsidien wahrzunehmen hatten, sondern Bereiche wie Denkmalschutz im weitesten Sinne und auch

---

10 Zur Entstehung der Ständegesetze in diesem Jahre vgl. Wolfgang N e u g e b a u e r, Politischer Wandel im Osten (Quellen und Studien zur Geschichte des östlichen Europa 36), Stuttgart 1992, S. 293–346.
11 Vgl. Max B ä r, Die Behördenverfassung in Westpreußen seit der Ordenszeit, Danzig 1912, Neudruck mit einem Geleitwort von Bernhart J ä h n i g (Sonderschriften des Vereins für Familienforschung in Ost- und Westpreußen 62), Hamburg 1989, S. 329–332; Peter L e t k e m a n n, Westpreußen – Selbstverständnis und Selbständigkeit einer Provinz, in: Westpreußen-Jahrbuch 29, 1979, S. 13–23; v. d. G r o e b e n (wie Anm. 9), S. 283–285.
12 Ernst B a h r, in: Altpreußische Biographie 2, Marburg 1969, S. 814.
13 Ludwig B i e w e r, Carl Adolf August Ernst von Ernsthausen. Oberpräsident von Westpreußen 1879 bis 1888, in: Danzig in acht Jahrhunderten, hrsg. v. Bernhart J ä h n i g u. Peter L e t k e m a n n, Münster 1985, S. 291–311.
14 Stephan S k a l w e i t, Art. Goßler, v., in: Neue Deutsche Biographie 6, Berlin 1964, S. 650f. Vgl. auch Friedrich R i c h t e r, Preußische Wirtschaftspolitik in den Ostprovinzen. Der Industrialisierungsversuch des Oberpräsidenten v. Goßler in Danzig (Schriften der Albertus-Universität. Geisteswissenschaftl. Reihe 15), Königsberg (Pr)/Berlin 1938.

wissenschaftliche Forschung. Goßlers Vorbereitungen für die Gründung der Technischen Hochschule können hier nur erwähnt werden, zumal die Ausführung erst nach seinem Tode erfolgte. Obwohl der größte Teil der Provinz Westpreußen durch seine rund drei Jahrhunderte währende Zugehörigkeit zur polnischen Adelsrepublik eine gemeinsame Vergangenheit hatte und jüngst als das „andere Preußen" bezeichnet worden ist[15], war die Provinz Westpreußen Ende des 19. Jahrhunderts eine junge Verwaltungseinheit, die sich angesichts der Verschiedenheit ihrer Teile erst noch um eine politische und geistige Einheit bemühen mußte. In diesem Zusammenhang ist der Plan einer Geschichte Westpreußens entstanden, den der Oberpräsident v. Goßler gleich nach Amtsantritt sich zu eigen gemacht hat.

Auf dem Provinziallandtag 1891 kam während dessen zweiter Plenarsitzung am 12. Februar die Geschichtsschreibung der Provinz Westpreußen zur Sprache, indem der Abgeordnete Magnus Roland von Brünneck (1840–1918)[16], Majoratsbesitzer und Kreisdeputierter aus Bellschwitz über Rosenberg, dazu anregte, wobei er sich auf frühere Landtagsverhandlungen bezog. Der Vorsitzende des Provinzialausschusses, Heinrich Graf Rittberg (1823–1897)[17], Rittergutsbesitzer auf Stangenberg im Kreise Stuhm, behielt sich vor, deshalb mit der Kommission für Kunst und Wissenschaft zu beraten[18]. Nachdem Gustav v. Goßler die Nachfolge seines am 23. April verstorbenen Vorgängers Hilmar von Leipziger (1825–1891) als Oberpräsident und als königlicher Kommissar auf dem Provinziallandtag angetreten hatte, übernahm er es, das Anliegen höheren Orts vor-

---

15 Karin F r i e d r i c h, The Other Prussia. Royal Prussia, Poland, and Liberty, 1569–1772, Cambridge 2000.
16 Ursula W a g n e r, Die preußische Verwaltung des Regierungsbezirks Marienwerder 1871–1920 (Studien zur Geschichte Preußens 35), Köln 1982, S. 53.
17 Johannes G a l l a n d i, Altpreußisches Adelslexikon (Geheimes Staatsarchiv Preußischer Kulturbesitz, XX. HA Historisches Staatsarchiv Königsberg, Hs 4), Bd. R-Sa, Bl. 109 r.
18 Verhandlungen des 14. Westpreußischen Provinzial-Landtages vom 11. bis einschließlich den 14. Februar 1891, Danzig 1891, S. 8. Gemeint ist wohl die Provinzial-Kommission für die Verwaltung des Provinzial-Museums, der 1891–1894 außer dem Grafen Rittberg der Landesdirektor Karl Franz Adolf Jaeckel (1844–1898), Oberbürgermeister a. D. Leopold von Winter, der praktische Arzt Abraham Lissauer (1832–1908) und der als Archivar und Bibliothekar tätige Diakon Ernst August Bertling (1838–1893) angehörten. Der Provinzialverband hat von hier aus Unterstützungen für künstlerische und wissenschaftliche Zwecke zwischen 300 und 2000 Mark an naturwissenschaftliche und Geschichtsvereine vergeben. Handbuch über den Königlich Preußischen Hof und Staat für das Jahr 1891, Berlin 1890, S. 249; dgl. für das Jahr 1892, Berlin 1891, S. 249.

zutragen[19], das er zu einem Teil seines politischen Programms machen wollte. Damit hoffte er offenbar, bei seinem Amtsnachfolger als Kultusminister, dem Grafen Robert von Zedlitz-Trützschler (1837–1914)[20], ein offenes Ohr zu finden, denn dieser war als Schlesier und unmittelbar zuvor als Oberpräsident von Posen mit den Problemen der preußischen Ostprovinzen vertraut. Dieser wies die Angelegenheit seiner Abteilung II für Unterrichtsangelegenheiten zur Bearbeitung zu. Erster Konzipient war als „Hilfsarbeiter" dieser Abteilung der damalige Regierungsassessor Dr. Schmidt, als verantwortliche Referenten werden im internen Geschäftsgang die damaligen Oberregierungsräte Dr. Otto Naumann (1852–1925) und Dr. Friedrich Althoff (1839–1908)[21] genannt, ohne daß deren inhaltliche Mitwirkung erkennbar würde.

Goßler ist offenbar erst durch die Sitzung des Provinzialausschusses der Provinz Westpreußen am 22. September 1891 mit den Überlegungen bekannt gemacht worden, eine Geschichte Westpreußens in Auftrag zu geben. Die genannte Kommission für Kunst und Wissenschaft hatte sich zuvor ablehnend geäußert, weil sie den Quellenerschließungs- und Forschungsstand als ungenügend ansah. Allenfalls eine Darstellung der Zeit bis zum Ende der Deutschordensherrschaft 1466 sei vertretbar. Sollte ein darüber hinausgehender Zeitraum behandelt werden, müßte ein hauptamtlicher Historiker für etwa ein Jahrzehnt beschäftigt werden, um die bisher bestehenden Lücken schließen zu können. Der Oberpräsident hat daraufhin den Provinzialausschuß bewogen, eine Beschlußfassung aufzuschieben, damit er sich inhaltlich mit der Sache vertraut machen und dem Ministerium die Angelegenheit vortragen könne. Goßler gibt gegenüber dem Ministerium zu erkennen, daß er dem zweiten Weg zuneige.

Goßler skizziert in seiner Eingabe zunächst die derzeitigen Bemühungen dreier Geschichtsvereine[22], Quellen zu erschließen, nämlich seitens

19 Geheimes Staatsarchiv Preußischer Kulturbesitz, Berlin, I. HA, Rep. 76 Kultusministerium, Vc Sekt. 7, Tit. XXIII, Nr. 11, Bl. 1–8, unten abgedruckt als Quelle Nr. 1.
20 DBE (wie Anm. 6) 10, 1999, S. 628.
21 Er wurde später vor allem als Abteilungsleiter im Ministerium bekannt, der um die Jahrhundertwende maßgeblich die Besetzung der Lehrstühle an den preußischen Universitäten bestimmte. Vgl. Frank S c h n a b e l, in: Neue Deutsche Biographie 1, Berlin 1953, S. 222–224; Bernhard v o m B r o c k e, in: DBE (wie Anm. 6) 1, 1995, S. 101.
22 Vgl. Kurt F o r s t r e u t e r, Die Entstehung von Geschichtsvereinen in Altpreußen, in: Neue Forschungen zur Brandenburg-Preußischen Geschichte 1, Köln/Berlin 1979, S. 239–258, hier 244f., 247–251.

des Vereins für die Geschichte Ost- und Westpreußens, des Westpreußischen Geschichtsvereins und des Historischen Vereins für den Regierungsbezirk Marienwerder. Dem Oberpräsidenten kam es nun darauf an, dem Minister darzulegen, daß die Arbeiten der Geschichtsvereine zwar verdienstvoll seien, die jedoch nicht in absehbarer Zeit eine ausgewogene Gesamtdarstellung der Geschichte der Provinz ermöglichten. Noch wichtiger mußte es für ihn zu begründen sein, daß die Niederschrift einer Geschichte Westpreußens sinnvoll sei. Eine solche hätte Ostpreußen auszuschließen, um das Bestehen der 1878 wiedergegründeten Provinz zu rechtfertigen. Zu diesem Zweck werden die wichtigsten historischen Epochen von der Vorgeschichte bis zur Zeit nach 1878 charakterisiert. Dabei werden die durch die Ordensherrschaft bedingten Gemeinsamkeiten nicht verschwiegen, jedoch die Besonderheiten der Entwicklung seit der Landesteilung hervorgehoben. Goßler betont einerseits die Bedeutung, die eine Gesamtgeschichte Westpreußen für den preußischen Gesamtstaat seiner Gegenwart haben werde, stellt andererseits heraus, daß das „empfohlene Werk" einen großen Wert für die Staatsregierung bei deren Bemühungen um die kulturelle Förderung der Provinz hätte. Mit dem Fehlen einer Universität und anderer wissenschaftlicher Einrichtungen begründet der Oberpräsident gegenüber dem Minister, daß daher auf diesem Felde der Gesamtstaat mit Kommune und Provinz zusammenarbeiten sollte. Dabei erwähnt Goßler, daß das Provinzialbewußtsein[23] in Westpreußen noch unterentwickelt sei und der Unterstützung höheren Orts bedürfe.

Die Durchführung solcher Vorstellungen, wie sie hier vom Oberpräsidenten entwickelt werden, stehen oder fallen wie heute im personellen Bereich. Die besten Ideen nutzen wenig, wenn es nicht gelingt, eine geeignete Person zu finden, um einen Plan zu gestalten. Goßler ließ sich verständlicherweise vom Westpreußischen Geschichtsverein beraten, als es darum ging, unter den in Westpreußen tätigen sachverständigen Historikern jemanden auszusuchen. Es lag zwar nahe, an erster Stelle den

---

[23] Bemerkenswerterweise wird dies ein gutes Jahrzehnt später nicht herausgestellt bei August A m b r a s s a t, Westpreußen. Ein Handbuch der Heimatkunde für Schule und Haus, Danzig 1906. Anders war das nach dem Zweiten Weltkrieg, weil Westpreußen nach der Zerschlagung infolge des Versailler Vertrags im allgemeinen Bewußtsein hinter Ostpreußen zurückstehen mußte; vgl. Paul F e c h t e r, Der westpreußische Mensch, in: Westpreußen-Jahrbuch 1955, S. 19–23; Erich K e y s e r, Die Eigenart Westpreußens, ebd. 1957, S. 5–10.

Namen von Max Töppen (1822–1893) zu nennen, der sich zwar an der Universität Königsberg habilitiert hatte, jedoch die längste Zeit als Leiter verschiedener höherer Schule Dienst getan hatte, zuletzt in Elbing. Seine vielfältigen Verdienste um Quellenerschließung und Geschichtsschreibung nicht nur Westpreußens, sondern des Preußenlandes im ganzen brauchen hier nicht wiederholt zu werden[24]. Von ihm wurde wegen seines hohen Alters abgesehen. Fachlich weniger ausgewiesen war der Marienburger Gymnasialdirektor Martens, der zwar auch genannt wird, aber wegen seiner amtlichen Stellung für eine längere Beurlaubung nicht in Frage kam.

Der eigentliche Kandidat, den der Oberpräsident ins Spiel brachte, war der Oberlehrer Dr. Rudolf Damus (1849–1918), ein Schüler von Georg Waitz (1813–1886)[25] in Göttingen, der mit einer Arbeit über die Slawenchronik Arnolds von Lübeck promoviert worden war. Seit 1879 unterrichtete er am Petrigymnasium in Danzig und war zur Zeit der hier vorgestellten Überlegungen am „Städtischen Gymnasium" tätig[26]. Damus war ohnehin bereits im Auftrage des Provinzialverbandes zu außerordentlichen historischen Forschungen beauftragt worden, nämlich zu Ermittlungen von Quellen zur westpreußischen Geschichte im Vatikanischen Archiv. Dazu ist er von Oktober 1889 an für sechs Monate vom Provinzialschulkollegium und vom Magistrat beurlaubt worden, letzterer übernahm die Kosten für die Vertretung[27]. Über die bis März 1890 abgeschlossenen Arbeiten gibt die Provinzial-Kommission zur Verwaltung der Westpreußischen Provinzial-Museen einen Überblick für den dann folgenden nächsten Provinziallandtag[28]. Das neue Projekt einer Gesamtgeschichte Westpreußens ist mit einer Planung von zehn Arbeitsjahren so umfangreich, daß der Oberpräsident erst die Zustimmung des Ministers einholen möchte, ehe mit dem Kandidaten und der Stadt Danzig Verhandlungen wegen einer Beurlaubung aufgenommen werden.

24 Vgl. Bernhart J ä h n i g, Max Töppens Bedeutung für die Erforschung der Geschichte des Preußenlandes, insbesondere hinsichtlich der historisch-kritischen Methode, in: Altpreußische Geschlechterkunde NF 24, Jg. 42, 1994, S. 317–321.
25 DBE (wie Anm. 6) 10, 1999, S. 296.
26 F a b e r, in: Altpreußische Biographie 1, Königsberg 1941, S. 124. Damus wurde kurz darauf (1892) Stadtschulrat von Danzig, 1893 übernahm er für fast 25 Jahre den Vorsitz des Westpreußischen Geschichtsvereins.
27 Verhandlungen des 13. Westpreußischen Provinzial-Landtages vom 24. bis einschließlich den 27. Februar 1890, Danzig 1890, Anlage XV, S. 2 f.
28 Verhandlungen des 14. Westpreußischen Provinzial-Landtages vom 11. bis einschließlich den 14. Februar 1891, Berlin 1891, Anlage XVI, S. 2 f.

Mehr rhetorische Bedeutung hat es, wenn pauschal jüngerer Historiker unter den westpreußischen Gymnasiallehrern erwähnt werden, die noch nicht stärker hervorgetreten seien, und wenn der Name des später berühmt gewordenen Historikers Georg von Below (1858–1927)[29] genannt wird, der damals gerade von Königsberg nach Münster gegangen war.

Als Termin, zu dem eine Äußerung des Ministers über eine mögliche finanzielle Beteiligung der Staatsregierung erbeten wird, wird die nächste Sitzung des Provinziallandtages im Februar des folgenden Jahres 1892 angegeben. Das Ministerium wandte sich darauf mit Schreiben vom 19. Oktober 1891 an den Direktor der Staatsarchive und des Geheimen Staatsarchivs[30]. Dieses Amt hatte seit 1875 der bekannte Historiker Heinrich von Sybel (1817–1895) inne, eine der bedeutendsten Persönlichkeiten seiner Zeit in Wissenschaftsorganisation und Geschichtsschreibung. Er war seit 1875 auch Mitglied der Akademie der Wissenschaften[31]. Deren gutachtliche Stellungnahme zu einem noch in Danzig zu erstellenden Arbeitsplan hatte schon der Oberpräsident angesprochen. Diese wird nun vom Ministerium unmittelbar zu der Eingabe Goßlers eingeholt. Sybels Antwort ergeht in weniger als vier Wochen, am 14. November 1891[32].

Seine Stellungnahme fällt in mehrfacher Hinsicht negativ aus. Zum einen glaubt er nicht, daß es gelingen könne, mit einer Auftragsarbeit ein solch bedeutendes Werk zu schaffen. Er hat das 19. Jahrhundert gewissermaßen im Rückblick vor sich, in dem die großen allgemein- und landesgeschichtlichen Werke nebenamtlich durch Historiker geschaffen wurden, die ein innerer Begeisterungsdrang zu ihren großen Leistungen geführt habe. Skeptisch äußert er sich über Sammelwerke, in denen die einzelnen Kapitel von verschiedenen Personen verfaßt werden. Sybel legt besonderen Wert auf die Durchdringung des Stoffes, nicht auf ein bloßes Sammeln von Tatsachen. Zum anderen sieht er noch nicht, daß der vorgeschlagene Kandidat bisher Proben in der geforderten Weise vorgelegt habe.

Sodann macht Sybel grundsätzliche Einwände gegen die thematische Beschränkung auf Westpreußen geltend. Für die Ordenszeit könne man

---

29 Hermann A u b i n, in: Neue Deutsche Biographie 2, Berlin 1955, S. 32 f.; DBE (wie Anm. 6) 1, 1995, S. 411.
30 Kultusministerium (wie Anm. 19), Bl. 9.
31 DBE (wie Anm. 6) 9, 1998, S. 643.
32 Kultusministerium (wie Anm. 19), Bl. 10–14, unten abgedruckt als Quelle Nr. 2.

zwar einzelne Komtureien und Bistümer darstellen, doch bei einer Betrachtung größerer Zusammenhänge könne man den Westen nicht ohne den Osten sehen oder umgekehrt. Für die Zeit danach sieht er eine Epoche, die durch „Landesverrath" entstanden sei. Sybel kann nicht erkennen, daß die Darstellung dieser Bewegung, die eine Fremdherrschaft begründet und einen Rückgang ständischer Freiheiten gebracht habe, den „provinzialen Geist" der Gegenwart fördern könne. Sybel stellt anheim, allenfalls die Provinzgeschichte seit 1772 darstellen zu lassen. Es könnte sinnvoll sein, dabei die Unterschiede zwischen preußischer und polnischer Verwaltung herauszustellen. Der Verfasser eines solchen Werkes müßte in Verwaltungsrecht, Volkswirtschaft und anderen Fachbereichen beschlagen sein. Er stellt die Frage, ob es überhaupt sinnvoll sei, partikularistische Tendenzen zu fördern, wo es doch nötiger sei, den Zusammenhalt des Staatswesens zu betreiben. Ohne es näher auszuführen, dachte der Gutachter zweifellos an die nationalen Spannungen jener Jahrzehnte.

Nachdem der Oberpräsident bis gegen Jahresende in dieser Angelegenheit nichts aus Berlin gehört hatte, fragte er mit Bericht vom 2. Januar 1892 im Blick auf den kommenden Provinziallandtag am 23. Februar 1892 beim Ministerium an. Mit Erlaß vom 19. Januar wird das Schreiben des Generaldirektors Sybel abschriftlich übersandt[33]. Der Minister möchte wegen der von Sybel vorgetragenen Argumente die Angelegenheit nicht weiter verfolgen. Die Frage einer Provinzgeschichte nach 1772 wird hinsichtlich ähnlicher Bestrebungen in anderen Provinzen vorbehalten.

Der Provinziallandtag hat sich in der angekündigten Sitzung mit der Frage erneut beschäftigt. Zunächst gab die Provinzial-Kommission zur Verwaltung der Westpreußischen Museen im Januar 1892 ihre Stellungnahme, wobei auf die ausführlichere Darlegung im Verwaltungsbericht des Provinzialausschusses verwiesen wird. Im Ergebnis wird der Zeitpunkt für eine Gesamtgeschichte Westpreußens als verfrüht bezeichnet. Es werden mehrere bekannte Historiker angeführt, die in ihren Werken darauf hingewiesen haben, in welcher Weise noch Quellenermittlungen und -erschließungen vorangehen müßten. Es wird daher nahegelegt, die entsprechenden Arbeiten des Vereins für die Geschichte Ost- und Westpreußens, des Westpreußischen Geschichtsvereins und auch des Historischen Vereins für den Regierungsbezirk Marienwerder zu fördern, deren

33 Ebd., Bl. 15–17.

Gustav v. Goßler (1838–1902).
Geheimes Staatsarchiv Preußischer Kulturbesitz, IX. HA Bildersammlung II 46

Heinrich v. Sybel (1817–1896) im Alter.
Geheimes Staatsarchiv Preußischer Kulturbesitz, IX. HA Bildersammlung I 156

neuste Veröffentlichungen angeführt werden[34]. Während der Verhandlungen selbst, in der zweiten Plenarsitzung am 24. Februar, forderte der Abgeordnete Stephan Genzmer (1849–1927)[35], Landrat zu Marienwerder, den Plan einer Geschichte Westpreußens „ernstlicher zu betreiben". Er stellte den Antrag, neben der Arbeit der Geschichtsvereine einen Historiker damit zu betrauen, ohne einen Namen und einen Zeitraum zu nennen. Der Oberpräsident „hielt es aus politisch-patriotischen Gründen sowie vom wissenschaftlichen Standpunkte aus nothwendig, daß die Geschichte von Westpreußen geschrieben werde. Eine neue Provinz habe noch mehr Veranlassung, sich um ihre Geschichte zu bekümmern, als ein alter Verband." Er berichtet über seine Eingabe an den Minister und referiert von den Sybelschen Einwänden nur die Hinweise zum rückständigen Forschungsstand, nicht jedoch die grundsätzlichen Erwägungen. Nach weiterer Diskussion wird schließlich der Antrag Genzmer zurückgezogen[36]. Damit wurde der Plan einer Geschichte Westpreußens auch in Danzig zunächst nicht weiter verfolgt. Die landesgeschichtliche Forschung und Geschichtsschreibung vollzog sich in den folgenden Jahrzehnten in den von den Geschichtsvereinen eingeschlagenen Bahnen.

Quellen

1.

1891 September 27. Danzig.

Der Oberpräsident der Provinz Westpreußen, Staatsminister Gustav v. Goßler, an den Minister der geistlichen, Unterrichts- und Medizinalangelegenheiten, Graf Robert von Zedlitz-Trützschler, wegen der Finanzierung einer Geschichte Westpreußens.

Behändigte Ausfertigung, eigenhändig unterschriebenes Kanzleischreiben, halbbrüchig beschriftet, 16 Seiten Folio. Geheimes Staatsarchiv Preußischer Kulturbesitz, I. HA, Rep. 76 Kultusministerium, Vc Sekt. 7, Tit. XXIII, Nr. 11, Bl. 1–8. Seite 1 (Bl. 1r) oben

---

34 Verhandlungen des 15. Westpreußischen Provinzial-Landtages vom 23. bis einschließlich den 26. Februar 1892, Danzig 1892, Anlage XVII, S. 155 f.
35 W a g n e r (wie Anm. 16), S. 52; DBE (wie Anm. 6) 3, 1996, S. 626. Ein Sohn war der Jurist und bekannte Mittelaltergermanist Felix Genzmer (1878–1959). Ernst B a h r, in: Altpreußische Biographie 3, Marburg 1975, S. 919 f.
36 Verhandlungen 1892 (wie Anm. 34), S. 8 f.

links gedruckter Briefkopf des Absenders, darunter Rubrum des Absenders Betrifft die Geschichte der Provinz Westpreußen. Von Amts wegen. *Unten links die Anschrift* An den Königlichen Staats-Minister und Minister der geistlichen, Unterrichts- und Medicinal-Angelegenheiten, Herrn Grafen von Zedlitz-Trützschler Excellenz zu Berlin. *Darunter Registraturvermerk* 10/10. A.V. 1363/91. *Oben rechts teilweise vorgedruckt Datierung und Tagebuchvermerk des Absenders* Danzig, den 27ten September 1891. Journal-No. 7749 O. P. *Darunter Präsentatumstempel* Ministerium d. geistl., Unterrichts- und Medic.-Ang. Praes: 8. OCT. 1891. *Darunter neben anderen Sichtvermerken Tagebucheintrag* U I 13316, *Bearbeitungsanweisung* Hr. Dr. Schm., p. Naum. 10/10.

In der Sitzung des Provinziallandtages vom 12ten Februar 1891 ist der Gedanke,
eine Geschichte der Provinz Westpreußen zu schreiben,
angeregt worden. Ueber diesen Vorschlag hat sich nach der dem Provinzialausschuß vom Landesdirektor gemachten Mittheilung die von der Provinzialverwaltung eingesetzte Kommission für Kunst und Wissenschaft dahin geäußert,
daß es noch nicht an der Zeit erscheint, eine Geschichte der Provinz Westpreußen, die allen heutigen Anforderungen der Wissenschaft entspräche, zu schreiben. Das dazu erforderliche Material sei noch gar nicht vollständig beisammen, nicht einmal registrirt, sondern sei in preußischen, polnischen und russischen Archiven und Bibliotheken zerstreut. Höchstens könne die Rede davon sein, eine Geschichte Westpreußens bis zum Ende der Ordensherrschaft (1466) verfassen zu lassen, obgleich auch für diese Zeit die Urkunden zweier Bisthümer und aller Städte noch nicht edirt seien und also auch für diese Zeit noch besondere archivalische Studien zu machen sein würden. Fast jedes Heft der Zeitschrift des Westpreußischen Geschichtsvereins bringe neues Material für diese ältere Zeit. Es müsse eben abgewartet werden, was die historischen Vereine ediren. Da ihre Mittel sehr beschränkt seien, würde erst sehr allmählich das erforderliche Material zu Tage gefördert.

Sollte dennoch die Abfassung einer Geschichte Westpreußens beliebt werden, so würde dazu ein Historiker gewonnen werden müssen, der sich diesem Zwecke ganz widme, die verschiedenen Archive und Bibliotheken besuche und darin monatelang arbeite. Finanziell würde er so gestellt werden müssen, daß er ganz dieser seiner Aufgabe leben und die Reisen machen könne; seine Anstellung müßte mindestens auf ein Jahrzehnt sich erstrecken.

Auf meinen Wunsch ist von dem Provinzialausschuß in seiner Sitzung vom 22ten September d.J. die Beschlußfassung hierüber ausgesetzt worden, um mich in den Stand zu setzen, die mir bis dahin noch nicht bekannte Angelegenheit zu prüfen und Euer Excellenz in der Sache Vortrag zu halten. Selbstverständlich bin ich nicht im Zweifel darüber, daß der zweite der beiden von der Kommission empfohlenen Wege den Vorzug verdient.

Zur Zeit beschäftigen sich mit Westpreußischer Geschichte

1. der Verein für die Geschichte Ost- und Westpreußens in Koenigsberg, von der Provinz Westpreußen mit 300 M jährlich unterstützt, welcher zur Zeit mit der Herausgabe der Simon Grunauschen Chronik beschäftigt ist.
2. Der Westpreußische Geschichtsverein zu Danzig, welcher sich nach der Trennung der Provinzen Ost- und Westpreußen gebildet hat, gegen 500 Mitglieder zählt, vom Geheimen Regierungs-Rath Dr. Kruse geleitet und mit 1000 M seitens der Provinzialverwaltung unterstützt wird. In 28 bisher erschienenen Heften hat der Verein Bedeutendes für die Provinzialgeschichte geleistet, theils durch Veröffentlichung besonderer Abhandlungen, theils durch Erschließung handschriftlicher Quellen, welche größtentheils aus dem, unter der trefflichen Leitung des Archidiakonus Bertling stehenden Archive der Stadt Danzig stammen.

Beide vorgenannten Vereine haben sich über eine Abgrenzung ihrer Arbeitsgebiete verständigt. Neben ihnen ist

3. der Geschichtsverein zu Marienwerder thätig, welcher gleichfalls eine Beihülfe aus provinziellen Mitteln erhält, aber nur wenig mehr publizirt und mit dem Weggange des Regierungs-Raths von Hirschfeld seine eigentliche Lebenskraft verloren hat. Immerhin verdient er einige Berücksichtigung und seine Veröffentlichungen ermangeln nicht des Verdienstes.

Fehlt es hiernach auch nicht an anerkennenswerthen Bestrebungen auf dem Gebiete provinzieller Geschichtsforschung, so ist doch so viel klar, daß, wenn nach dem ersten Vorschlage der Provinzial-Kommission verfahren werden sollte, noch viele Jahrzehnte vergehen werden, ehe die Quellen zur Geschichte Westpreußens in annähernder Vollständigkeit veröffentlicht oder dem Geschichtsschreiber zugänglich gemacht sind.

Will man das vorgesteckte Ziel erreichen, so bietet sich hierfür nur der zweite Weg dar.

Von vornherein könnte vielleicht die Frage aufgeworfen werden, ob es überhaupt möglich und auch räthlich ist, für Westpreußen eine besondere

Geschichte zu schreiben, losgelöst von einer allgemeinen Geschichte oder zum Mindesten von der Geschichte Ostpreußens. Die Frage ist unbedingt zu bejahen. Mögen auch Ostpreußen und Westpreußen längere Zeit hindurch unter der gleichen Herrschaft des deutschen Ordens gestanden haben, immerhin zeigen sie auch in diesem Zeitabschnitte in Folge der geschichtlichen Entwickelung, der Besiedlung, der administrativen und kirchlichen Eintheilung, des Auftretens des Eidechsenbundes und des Städtebundes, der Beziehungen zu den Polen und zu den Söldnern erhebliche Verschiedenheiten. Eine kurze Uebersicht der Perioden der westpreußischen Geschichte dürfte die etwaigen Zweifel bezüglich ihrer selbstständigen Behandlung beseitigen.

1. Vorgeschichtliche Zeit. Verhältniß des Bernsteinlandes zu den Völkern am Mittelmeer und im Orient.
2. Versuche zur Einführung des Christenthums seitens einzelner Apostel (Adalbert), der polnischen und pommerschen Herzöge. Christian von Oliva und Konrad von Masowien.
3. Auftreten des deutschen Ordens (1226). Verlegung der Ordensregierung von Venedig nach Marienburg (1309). Kolonisation. Hansabund (Danzig, Elbing, Thorn). Kampf mit den Polen. Innere Wirren (Eidechsenbund, Städtebund).
   Trennung Ostpreußens von Westpreußen durch Verlust der Marienburg und Verlegung des Ordenssitzes nach Koenigsberg (1457).
4. Unter polnischer Herrschaft (1466–1772). Sonderstellung von Danzig und Thorn.
5. Unter preußischer Herrschaft seit 1772.
   a. ohne Danzig und Thorn,
   b. seit 1793 mit Danzig und Thorn,
   c. während der Fremdherrschaft mit Sonderstellung von Danzig und Thorn,
   d. Vereinigung mit Ostpreußen seit 1824, mit Vorbehalten auf kommunalem Gebiet und mit provinzialrechtlicher Trennung,
   e. Administrative und kommunale Selbstständigkeit seit 1878.

Schon diese aphoristische Charakterisierung der einzelnen Perioden dürfte zeigen, wie eigenartig die Geschicke Westpreußens, auch wenn sie mit denen größerer Staatengebilde verbunden waren, sich gestaltet haben, und, wenn ich den Gewinn betrachte, welchen unsere vaterländische Geschichte aus der Darstellung der kulturellen und wirtschaftlichen Entwickelung der westpreußischen Landestheile ziehen wird, so zweifle ich nicht, daß kaum eine interessantere und auch vom Standpunkt der preußischen Gesamtgeschichte aus keine lohnendere Aufgabe gefunden werden kann, als das hier empfohlene Werk.

Seine Durchführung betrachte ich als ein wichtigeres Glied in der Reihe der Maßnahmen, welche die Staatsregierung auf geistigem Boden in Westpreußen durchzuführen hat. Ohne die großen Hülfsmittel, welchen anderen Provinzen – meist ohne ihr Verdienst – in Gestalt von Universitäten, Kunstakademieen, Bibliotheken und sonstigen Sammlungen in die Wiege ihres öffentlichen Lebens gelegt sind, muß Westpreußen versuchen, diese unentbehrlichen Grundlagen soweit als möglich aus eigener Kraft und mit Hülfe des Staats zu gewinnen. Provinz, Gemeinden und Vereine müssen sich die Hand reichen und sich auf das Aeußerste anspannen, um auch nur ein Bruchtheil von dem zu erreichen, was die Universitätsprovinzen – oft ohne den Werth zu erkennen – ihr eigen nennen. Wesentlich mit Hülfe solcher idealen Bestrebungen kann sich das Provinzialbewußtsein entwickeln, welches heute der Provinz Westpreußen noch mangelt, welches aber nothwendig ist, um die Schaffensfreudigkeit zu erringen, die sich in anderen Provinzen sehr zum Vortheil des Staats, kundgiebt. Von diesem höheren Gesichtspunkte aus erlaube ich mir Euer Excellenz geneigtes thatkräftiges Wohlwollen für diese Bestrebungen gehorsamst zu erbitten.

Die Gewinnung einer Persönlichkeit, welche die Westpreußische Geschichtsschreibung sich zur Lebensaufgabe macht und, losgelöst von allen sonstigen Verpflichtungen, den Arbeitsplan aufstellt, die Hülfskräfte zur Sammlung und Sichtung des Materials, zur Bearbeitung spezieller Gebiete (z. B. der Baukunst, des Meliorationswesens, der Justiz, der Verwaltungsorganisation, des Unterrichtswesens pp.) gewinnt und anleitet, schließlich das Gesammtwerk vollendet, – ist die erste und wichtigste Aufgabe.

Bei der Umschau, welche ich in Gemeinschaft mit dem Vorsitzenden des Westpreußischen Geschichtsvereins unter den Angehörigen der Provinz gehalten habe, glaubten wir von dem an und für sich an erster Stelle berufenen Direktor Töppen zu Elbing wegen seines hohen Alters und von dem Gymnasialdirektor Martens wegen seiner amtlichen Stellung absehen zu müssen. Als der zur Zeit weitaus am meisten in Betracht kommende Historiograph für Westpreußen bietet sich dar Dr. Damus,

Oberlehrer am hiesigen städtischen Gymnasium, aus Elbing gebürtig, welcher in neuerer Zeit, wie aus Euer Excellenz Akten hervorgeht, im Auftrage der Provinz im Vatikanischen Archiv Materialien für die westpreußische Geschichte gesammelt und hierüber einen in den Provinziallandtags-Verhandlungen veröffentlichten Bericht erstattet hat. Ob Dr. Damus zur Uebernahme der Aufgabe bereit und die Stadt geneigt sein wird, denselben, unter Offenhaltung der Stelle und gegen Zurücklassung seiner Bezüge, auf mindestens ein Jahrzehnt zu beurlauben, weiß ich nicht. Hierüber würde ich erst verhandeln, wenn ich Euer Excellenz Zustimmung sicher bin.

Einige jüngere, hoffnungsvolle Historiker sind unter den Lehrern an den höheren Lehranstalten vorhanden, jedoch tritt bisher keiner so hervor, daß ihm mit einiger Sicherheit ein so verantwortungsvolles Werk übertragen werden könnte.

Ob außerhalb der Provinz eine geeignete Kraft vorhanden ist, ob vielleicht Professor von Below zu Münster als berufen erscheint, entzieht sich meiner Beurteilung.

Meine Bitte an Euer Excellenz geht gegenwärtig dahin, daß Euer Excellenz Ihre thatkräftige Hülfe bei der Abfassung einer Geschichte für Westpreußen gütigst in Aussicht stellen.

Sind Euer Excellenz hierzu bereit und ertheilen mir die zur Erreichung des Zieles geeigneten Rathschläge, so würde ich an die Aufstellung eines Arbeitsplanes und eines Voranschlages, unter Betheiligung des Westpreußischen Geschichtsvereins und der Provinzialkommission für Kunst und Wissenschaft, gehen,

sodann Euer Excellenz die Vorarbeiten zur Prüfung und Genehmigung vorlegen mit dem Anheimstellen, das Gutachten der Königlichen Akademie der Wissenschaften einzuholen, und mit der Bitte, wegen der finanziellen Betheiligung des Staates Sich schlüssig zu machen.

In welchem Zeitabschnitte die beschließende Mitwirkung des Provinziallandtags in Anspruch zu nehmen sein würde, vermag ich noch nicht zu übersehen. Jedenfalls würde ihm von der Sachlage bei seinem voraussichtlich im Februar 1892 erfolgenden Zusammentritt Kenntniß zu geben sein.

Der Oberpräsident,
Staatsminister
v. Goßler

2.

1891 November 14. Berlin.

Der Direktor der Staatsarchive, Heinrich von Sybel, an den Minister der geistlichen, Unterrichts- und Medizinalangelegenheiten, Graf Robert von Zedlitz-Trützschler, wegen seiner Einwände gegen den Plan einer Geschichte Westpreußens.

Behändigte Ausfertigung, eigenhändig unterschriebenes Kanzleischreiben, halbbrüchig beschriftet, 9 Seiten Folio. Geheimes Staatsarchiv Preußischer Kulturbesitz, I. HA, Rep. 76 Kultusministerium, Vc Sekt. 7, Tit. XXIII, Nr. 11, Bl. 10–14. Seite 1 (Bl. 10r) oben links Absender eingeprägt, darunter von der Kanzleihand Datierung, Anschrift und Bezug: Berlin, 14. November 1891. An den Königlichen Staatsminister und Minister der geistlichen, Unterrichts- und Medicinal-Angelegenheiten Herrn Grafen von Zedlitz-Trützschler Excellenz. – A.V. 1363. – Erlaß vom 19. Oktober d.J. – U.I. 13316, *daneben von anderer Hand* l[iegt] lose bei. – *Darunter mit Bleistift Referentenentwurf des Erlasses an Oberpräsident v. Goßler, unterzeichnet* Schm[idt] 11/1. *Oben rechts Präsentatumsstempel* Ministerium d. geistl., Unterrichts- und Medic.-Ang. Praes: 14. NOV. 1891. *Darunter neben anderen Sichtvermerken Tagebucheintrag* U I 13316, *Bearbeitungsanweisung* Hr. p. Dr. Schm., Hr. p. Althoff.

Das von Ew. Excellenz befohlene Gutachten über den Plan, eine Geschichte der Provinz Westpreußen zu veranlassen, und zu diesem Zwecke einer hoffentlich geeigneten Persönlichkeit auf etwa zehn Jahre ein festes Gehalt zuzusichern, erlaube ich mir im Folgenden ehrerbietigst zu erstatten.

Im Allgemeinen bekenne ich, nach allen Erfahrungen eines langen litterarischen Lebenslaufs, kein Freund von Bestellungen schriftstellerischer Arbeiten zu sein. Ein tüchtiges Buch entsteht, wenn es aus der Initiative seines Autors hervorwächst, und durch freie Geistesarbeit und inneren Schaffensdrang ins Dasein gerufen wird. Die großen jetzt fast Mode gewordenen Sammelwerke, wo für jeden Abschnitt eines großen Thema ein besonderer Verfasser geworben wird, bestätigen meinen Satz. Wo der Geworbene nicht schon vor dem Engagement mitten in der Produktion stand, ist das Ergebniß überall mittelmäßige Fabrikwaare.

Etwas Anderes ist es um Urkundenbücher und sonstige Editionsarbeiten. Aber bei der vorliegenden Frage handelt es sich ja gerade um ein Werk, wo nicht bloß Sammelfleiß und genaue Kritik, sondern geistige Auffassung des Stoffs, Fähigkeit zu politischem Urtheil und Talent der Darstellung nöthig sind, wo durch den Geist des Autors eine starke Einwirkung auf die Gesinnung der Provinz gemacht werden soll. Ein solcher

Geist läßt sich nicht bestellen, und Proben davon hat, so viel ich weiß, Dr. Damus noch nicht abgelegt.

Sodann aber ist es nicht klar, was man sich unter einer Geschichte Westpreußens denken soll. Vor 1466 gab es keine solche Provinz. Es gab in den preußischen Landen diesseits und jenseits der Weichsel Bisthümer und Klöster, Comthureibezirke und Städte. Für den größten Theil des Mittelalters kann man von jeder dieser Einheiten Lokalgeschichte schreiben, und mit lebhaftem Eifer haben die historischen Vereine in West- und Ostpreußen in löblicher Gemeinsamkeit dies Werk in die Hand genommen, und streben zunächst durch Heraugabe von Urkundenbüchern das unentbehrliche Fundament zu lokalgeschichtlicher Kenntniß zu legen. Noch aber ist diese Aufgabe bei Weitem ungelöst; es wäre voreilig, jetzt schon eine Darstellung der Ergebnisse zu versuchen. Wird aber demnächst jene grundlegende Arbeit vollständig gefertigt sein, so wäre es unwissenschaftlich, die summierende Darstellung auf die jetzt zur Provinz Westpreußen vereinigten Landschaften und Städte zu beschränken, da in vielfacher Beziehung die Erkenntniß namentlich der Culturmomente nur durch die vereinigte Betrachtung des Ostens und Westens deutlich und sicher werden kann.

Was nun ferner die politische Geschichte betrifft, so ist hier eine Trennung der des Westens von jener des Ostens vor 1466 schlechthin undenkbar. Beide zusammen bilden die Geschichte der Herrschaft des Deutschen Ordens. Gegen Ende derselben wird die Provinz Westpreußen geboren, als sie in Folge eines großen Landesverraths an Polen abgetreten wurde. Hier bildet sie freilich eine politisch geschlossene Einheit, wird aber Schritt auf Schritt ihrer ständischen Rechte und ihrer religiösen Freiheit beraubt, nach Möglichkeit polonisiert, in ihrem Wohlstande geknickt, bis 1772 Friedrich der Große ihr Befreiung und Herstellung bringt.

Ich vermag nicht abzusehen, welche Förderung provinzialen Geistes die Geschichte einer Bewegung bringen soll, die durch Landesverrath zu einer dreihundertjährigen Fremdherrschaft geführt hat.

Soll einmal eine Geschichte Westpreußens geschrieben werden, so kann ich nur anheimgeben, sie mit dem Jahre 1772 zu beginnen, wo aus der polnischen eine preußische Provinz geworden ist, und nach einer Darstellung des elenden Zustandes, in welchen das Land unter polnischem Regiment versunken war, die Thätigkeit der preußischen Verwaltung auf allen Gebieten des öffentlichen Wesens zu schildern, Justiz, Polizei, Finanzen, Kirche, Unterricht, Handel und Verkehr, Industrie und Landwirtschaft, Verfassung und Privatrecht – wodurch die Provinz zu ihrem jetzigen Gedeihen emporgekommen ist. Für eine solche Arbeit würde selbstverständlich nur ein in Rechtswissenschaft und Nationalkökonomie gleich erfahrener Beamter unter Offenlegung des gesammten archivalischen Materials befähigt sein.

Daß ein solches Werk in erster Linie den staatlichen, und erst in zweiter den provinzialen Patriotismus anzuregen im Stande wäre, würde mir nicht als ein Nachtheil erscheinen. Schon der hier zu Tage tretende Contrast zwischen polnischer und preußischer Verwaltung wäre sehr wohl angebracht gegenüber der polnischen Gesinnung, die unverbesserlich Gdansk als von Rechtswegen dem herzustellenden polnischen Reiche gehörig in Anspruch nimmt. Aber auch davon abgesehen, gilt für die Deutschen noch immer der Satz, daß sie von Natur Partikularisten sind, und erst durch wachsende Cultur den Sinn für ein größeres Staatswesen erlangen. So trefflich nun jene partikulare Gesinnung für die Pflege der einzelnen Gemeinden und ihrer näheren Umgebung wirken kann, so bedenklich für den festen Zusammenhalt unseres Staates scheint mir eine Steigerung derselben in der Anwendung auf unsere großen, jetzt auch als Communen constituirten Provinzen zu sein.

Jedoch ich halte inne, da solche politische Reflexionen kaum zum Ressort der Archivverwaltung gehören möchten. [– Den Bericht vom 27. September cr. füge ich ganz gehorsamst wieder bei.][a]

Der Director der Staatsarchive.
Sybel

---

[a] Von anderer Hand nachgetragen, Anlagestrich auf Rand.

Abriß der Geschichte der *DANZIGER NEUESTE NACHRICHTEN* (1894-1944)

von Marek Andrzejewski

In der Geschichte der deutschen Presse nahm das Zeitungswesen in Danzig „eine Sonderstellung"[1] ein. Die alte Hansestadt hat eine alte Pressetradition, die schon 1618 mit der *Wöchentliche Zeitung aus mancherlei Orten* begann. Zu den ältesten Zeitungen Danzigs überhaupt zählten u. a. *Reichszeitung über Breslaw, Bericht aus/durch Pommern* und *Pohlnische Novellen*. Mit Recht schreibt Karl Heinz Kranhold[2]: „Danzig nimmt im östlichen Bereich des deutschen Kulturkreises auch in der Entwicklung des Pressewesens eine Stellung ein, die der allgemeinen Entwicklung in Deutschland in seiner eigenen Bedeutung als Handelsplatz, als Schnittpunkt wichtiger Verkehrswege und demzufolge als Zentrale im Nachrichtendienst entspricht." Wenden wir uns noch kurz der weiteren Entwicklung des Danziger Zeitungswesens zu: 1858 wurde die *Danziger Zeitung* gegründet. Das Blatt fand von Anfang an eine große Leseröffentlichkeit und hat sich fortdauernd als wirtschaftlich erfolgreich erwiesen. Es war die erste moderne politische Zeitung in Danzig, die bis 1894 den größten Einfluß auf die Danziger Leserschaft ausübte. Das Blatt ging aus einer Initiative der Mitgründer der *Danziger Zeitung*, Ferdinand Prowe und dann Albert Wilhelm Kafemann und Heinrich Rickert, hervor[3].

Im Verlauf des 19. Jahrhunderts entfalten die Danziger Publizisten und Verleger eine bemerkenswert rege Tätigkeit, in deren Folge sich ein verhältnismäßig breit gefächertes Pressewesen entfaltete. Kein Wunder, daß um die Wende vom 19. zum 20. Jahrhundert Danzig der stärkste Pressemittelpunkt in Westpreußen war. Auch neben Breslau und Königsberg war Danzig damals einer der wichtigsten Pressezentren in den deutschen Ostprovinzen, wo, d. h. in den großen Städten, es günstige Bedingungen

---

1 Margot L i n d e m a n n, Deutsche Presse bis 1815. Geschichte der deutschen Presse, Teil 1, Berlin 1969, S. 98; siehe auch Karl Heinz K r a n h o l d, Frühgeschichte der Danziger Presse, Münster 1967.
2 K r a n h o l d (wie Anm. 1), S. 27.
3 Elly N a d o l n y, Hundert Jahre Danziger Zeitung, in: Westpreußen-Jahrbuch 10, 1960, S. 83-85.

zur Entstehung der Massenpresse gab. Die Entwicklung des Danziger Pressewesens verlief ähnlich wie im Reich, und eine große Rolle spielte hier die verbesserte Drucktechnik. Dank dessen sanken die Produktionskosten, so daß die Blätter für mehr Leser erschwinglich wurden. Auch in Danzig veränderten sich damals die Rahmenbedingungen für den Zeitungsmarkt. In der Stadt formte sich eine breite Öffentlichkeit mit einem verstärkten Informationsbedürfnis, und die Danziger Presse erfuhr eine inhaltliche Qualitätssteigerung. Mit der Industrialisierung erweiterte sich auch in Danzig das Leserpublikum, und am Ende des 19. Jahrhunderts war dort der Weg zur modernen Zeitung geöffnet.

Eine besondere Stellung innerhalb des Danziger Zeitungswesens haben die von dem Verleger Gustav Fuchs gegründeten *Danziger Neueste Nachrichten*. Der Zeitpunkt für die Herausgabe einer neuen Tageszeitung war günstig gewählt, weil auch in Danzig das Wirtschaftsleben im Zeichen einer Aufwärtsbewegung stand. Gustav Fuchs verstand es sehr gut, seiner Zeitung eine Atmosphäre des Vertrauens und der Überparteilichkeit zu geben. Auf diese Art und Weise versuchte er, wie es sich bald zeigte, mit großem Erfolg, alle Lesergruppen für das neue Blatt zu gewinnen. Dank seinem Unternehmergeist und seinen eigenen oder anderen finanziellen Mittel war es gelungen, in Danzig ein modernes Blatt zu schaffen[4]. Mit den *DNN* ist wie nie zuvor in Danzig die Zeitungslandschaft in Bewegung geraten.

Der Gründer der DNN, Gustav Fuchs, der 1857 in Heilbronn geboren wurde, entstammte einer Kaufmannsfamilie. Er war früher Politiker in Württemberg und spielte dann auch im Danziger politischen Leben eine bedeutende Rolle. Der Schwabe, „der begeisterte Verehrer Bismarcks", huldigte den nationalliberalen Anschauungen und legte Gewicht auf „die Bewahrung der Autorität des Staates"[5]. Gustav Fuchs wurde bald eine der bekanntesten Persönlichkeiten unter den Danziger Presseleuten und übte den größten Einfluß bis zu seinem Tode am 3. August 1929 auf die Gestalt des Blattes aus[6]. Zwar ist Auflage nicht gleich Einfluß, aber in diesem Fall

---

4 Es sollte hier lediglich erwähnt sein, daß die Frage der Finanzierung des Blattes vermutlich nicht so eindeutig erscheint, wie man noch vor kurzem behauptete. Nach der Informationen von Peter Loewe wurde die DNN aller Wahrscheinlichkeit nach von einem Konsortium finanziert (siehe: Hans F u c h s, Ein Leben auf zwei Kontinenten (Manuskript), Bd. 1, Schweinfurt 2000, S. 4–5).
5 *Danziger Neueste Nachrichten (DNN)*, 15/16. IX. 1934, Nr. 216.
6 *DNN*, 15/16. XI. 1934, Nr. 216.

unterlieg es keinem Zweifel, daß Gustav Fuchs ein Mann von Einfluß war. Bis 1920 gehörte er zum Vorstand des Vereins Deutscher Zeitungsverleger. Gustav Fuchs führte auch den Vorsitz im Verein Westpreußischer Zeitungsverleger und um 1921 nahm er ein ähnliches Amt in dem Verein der Zeitungsverleger in der Freien Stadt Danzig ein. Er war Stadtverordneter und in den Jahren 1920–1924 Mitglied des Senats der Freien Stadt Danzig. In der Mottlaustadt wurde Gustav Fuchs sehr schnell heimisch und fühlte sich mit Danzig nicht nur beruflich, sondern auch emotionell verbunden.

Der Name Fuchs umschließt die Geschichte einer Danziger Verlegerfamilie, die sich um die Wende vom 19. zum 20. Jahrhundert für den Ausbau der dortigen Presse außerordentlich verdient gemacht hat. Nach dem Tode von Gustav Fuchs 1929 wurde sein Sohn Hans, geboren am 6. Februar 1892 in Heilbronn, *persönlich haftender Gesellschafter und Leiter des Gesamtunternehmens der Firma Fuchs & Cie., Verlag der "Danziger Neueste Nachrichten"*. Daß die *DNN* fast fünfzig Jahre den Höhenpunkt der Danziger Journalistik bildeten, war in großem Maße das Verdienst von Gustav und Hans Fuchs, unter denen das Blatt eine gemäßigt konservative Politik verfolgte.

Als das Blatt nach langen Vorbereitungen am 15. September 1894 das Licht der Welt erblickte, war auf dem Danziger Pressemarkt noch ein „freies Feld". Es gab damals eine Lücke, die gerade die neue Tageszeitung ausfüllte. 1894 bedeutet für die Geschichte der Danziger Presse eine wichtige Zäsur. In diesem Jahr entstand in Danzig der erste Vertreter eines neuen Zeitungstyps, des Generalanzeigers, die *Danziger Neueste Nachrichten*. Sie haben die Danziger Zeitungslandschaft bald revolutioniert. Zweifellos mit den *DNN* bekam die Presse in der alten Hansestadt ein neues Gesicht. Ihre Qualität beurteilte die Öffentlichkeit allein danach, wie vollständig, sachkundig und schnell sie politische, wirtschaftliche und kulturelle Informationen lieferten. Auch die Schreibweise der *DNN* fand keinen erwähnenswerten Widerspruch. Die Korrektheit der Sprache, die Präzision des Ausdruckes bildeten ganz besonders den Leser. Die Redaktion war, wie es scheint, bestrebt, vielen zu gefallen und keine Konflikte zu suchen.

---

7 Hans F u c h s, Ein Leben auf zwei Kontinenten (Manuskript), Bd. 2, Schweinfurt 2000, S. B-58. Hans Fuchs hat 1924 Melanie Schaper, die Tochter des Generalintendanten am Danziger Staatstheater, Rudolf Schaper, geheiratet.

Es ist den *DNN* schon in den ersten Monaten ihres Bestehens gelungen, sich zu der meistgelesenen Zeitung Danzigs zu entwickeln, zu einem Blatt, das in allen Kreisen der Bevölkerung gelesen wurde. Der Zeitung gelang es vor allem, die breite Mittelschicht der Danziger Bevölkerung als Leserschaft zu gewinnen. Die *DNN* wollte auch eine Zeitung sowohl für die Stadt als auch für die Landbevölkerung sein[8]. *Während die „Danziger Zeitung" ... nach wie vor das unentbehrliche Tagesblatt der führenden Handelskreise blieb, fanden die „Danziger Neueste Nachrichten" auch in den Häuser der Beamten- und Arbeiterschaft, sowie der großen Zahl der kaufmännischen Angestellten Eingang.*

Mit einer Startauflage von 22.000 Exemplaren wurde das Blatt die größte Danziger Tageszeitung; das erste Blatt in Danzig mit einer Massenauflage. Mit einer für die westpreußischen Verhältnisse so großen Auflage war die Zeitung die äußere Unabhängigkeit gesichert. Die meisten Danziger Blätter waren zu schwach, um mit diesem Riesen noch mithalten zu können. Fast ein Vierteljahrhundert war die *DNN* die meistgelesene Tageszeitung in der Provinz Westpreußen. Vermutlich 1919 erreichte sie ihren Gipfel mit einer Auflage von 86.000 Exemplaren. Ob die Zeitung tatsächlich die Auflageziffer von 100.000 Exemplare überschritten hat, ist mehr als fraglich[9]. Jedenfalls für die westpreußischen Verhältnisse war die *DNN* zweifellos nicht nur die größte, sondern auch die einflußreichste Tageszeitung. Noch nach Ende des Ersten Weltkrieges konnte die Zeitung blühen, aber die wirtschaftliche Stagnation und die Abwanderung Tausender und Abertausender Deutsche aus dem Gebiet Westpreußen in das Deutsche Reich verringern die Zahl potentieller Zeitungsleser. In der Zwischenkriegszeit war die Auflage des Blattes auf etwas 30.000–50.000 Exemplare gesunken.

Der schnelle Aufstieg der *DNN* war in gewissem Maße eine Überraschung für ihren Gründer. Die Zeitung hatte Erfolg. Ein derartiges Blatt war in der damaligen Zeit in Danzig überraschend und bald konkurrenz-

---

8 Erich K e y s e r, Danzigs Geschichte, Danzig 1928, S. 231.
9 Hans Fuchs, Enkel von Gustav und Sohn von Hans Fuchs, schrieb: „Die Auflage der DNN soll nach meinem Vater einmal knapp unter 100 000 gelegen haben" (Hans F u c h s, Ein Leben, Bd. 1 [wie Anm. 4], S. 14). In dem Buch von Günter Eichhorn finden wir folgenden Auflagehöhe der DNN: 1914: 62.000 Exemplare und 1918: 84.000 Exemplare (Günter E i c h h o r n, Geschichte des Zeitungswesens im deutschen Ostraum zwischen Frankfurt a. O. und Danzig, Dresden 1939, S. 102).

los. Um das Bild abzurunden, sei erwähnt, daß die *DNN* während ihrer ersten sechs Wochen des Bestehens unter der Danziger Bevölkerung kostenlos verteilt wurde. Das alles hat sich gelohnt und bald wurde die *DNN* die meistgekaufte Zeitung in Westpreußen. Zwar hat die *DNN* wie jedes andere Blatt in der ersten Zeit ihres Bestehens Zuschüße erfordert, aber wie wenige andere Tageszeitungen ist sie schon im ersten Jahre gewinnbringend gewesen. Mit einem Wort: Gustav Fuchs konnte triumphieren.

Die *DNN* informierten in einem breiten Spektrum ebenso ausführlich und kompetent über Danziger Innen- und Außenpolitik, über Erziehung, Wissenschaft, Literatur, bildende Kunst. Auch über Theateraufführungen und Musikabende wurde ausführlich berichtet. Die *DNN* zeichnete sich außerdem noch durch einen sehr ausführlichen Wirtschaftsteil aus. Der Leser war in der Lage, sich in seiner Zeitung zurecht zu finden, da bestimmte Nachrichten meistens auf bestimmten Seiten in dem Blatt gedruckt wurden. So ist die gleich bleibende Platzierung von politischen Nachrichten, Lokalteil, Kultur, Wirtschafsteil usw. festzustellen. Die ersten beiden Seiten des Blattes waren stets den deutschen und europäischen politischen Ereignissen oder Danziger Angelegenheiten der vergangenen Tage gewidmet. Alle wichtigen Ereignisse und Begebenheiten aus dem politischen, kulturellen und wirtschaftlichen Leben der Stadt werden durch die Zeitung notiert. Verhältnismäßig viel Aufmerksamkeit widmet man anderen Ländern. Allmählich wird das Blatt weiter aufgebaut: neben Berichten über politische Ereignisse gibt es einen lokalen Teil, ein Feuilleton, es folgen Kritiken und Rezensionen und schließlich immer öfter nach 1918 Sportnachrichten. Insgesamt blieb das äußere Erscheinungsbild der *DNN* während der gesamten Zeit ihres Bestehens trotz mancher Veränderungen relativ konstant.

Es liegt nicht im Rahmen einer knappen Skizze, die Inhaltsanalyse der *DNN* zu versuchen. Es unterliegt aber keinem Zweifel, daß die Zeitung eine sehr gute Quelle für Forscher, die sich mit der Danziger Geschichte, Musik, Literatur, Kunst, Alltagsleben usw. befaßen, ist. Die meisten Jahrgänge der *DNN* befinden sich in der PAN-Bibliothek, der ehemaligen Stadtbibliothek. Aus Platzmangel können wir hier die wertvollen Bestände dieser Bibliothek nicht ausführlich charakterisieren, möchten aber betonen, daß der Bestand der Danziger Zeitungen und Zeitschriften für die deutsche Presseforscher von großem Interesse ist. Die PAN-Bibliothek ist auch für die deutsche Pressegeschichte der vergangenen Jahrhunderte von unschätzbarem Wert, und das soll nicht in wissenschaftlichen Kreisen in der Bundesrepublik Deutschland in Vergessenheit geraten.

Zwar betonte oft die Redaktion, daß die *DNN* nie zu einer Partei gehörte und ein überparteiliches Blatt sei, aber das entsprach nicht ganz der Wirklichkeit. Unter Gustav Fuchs verfolgte das Blatt eine gemäßigt konservative Politik. Ziel der Zeitung wie der *DNN* war es, einerseits möglichst nahe beim Danziger und westpreußischen Geschehen zu sein, anderseits jedoch einen relativ dichten nationalen „Mantel" zu bieten. Taktische Bedürfnisse spielten sicher bei Gustav Fuchs und dann beim seinem Sohn Hans eine gewiße Rolle.

Dabei sollte nicht vergessen werden, daß die DNN kein oppositionelles Blatt sein wollten. In der Erinnerungen von Ernst Ziehm heißt es dazu[10]: *Herr Fuchs war als Verleger der weit verbreiteten „Danziger Neuesten Nachrichten" für jede Regierung von großem Wert zur Propagierung der Regierungspolitik. Er war der Begründer dieser Zeitung auf ihren Ausbau, auf die großen modernen Einrichtungen in dem gewaltigen Neubau in der Breitgasse sowie auf die reiche Ausstattung als sein eigenstes Werk mit Recht stolz. Die Zeitung bezeichnete sich zwar als keiner Partei dienstbar, und Herr Fuchs behauptete gern, dass er keinen Einfluss auf die Redaktion habe. Seine Herrennatur ließ jedoch keinen Zweifel, dass die Redaktion seinem Willen gehorsam folgte. Als geborener Schwabe, welcher die Liebe zum Schwabenländle ebenso wie seinen schwäbischen Dialekt bewahrte, war Herr Fuchs doch nicht nur durch seine geschäftlichen Interessen, sondern auch mit seinem Herzen fest mit Danzig verankert.*

Der *DNN*-Verlag gehörte zu den großen Betrieben in Danzig und stellte einen beachtlichen Wirtschaftsfaktor dar. Die DNN waren eines der größten Zeitungsunternehmen in Westpreußen und später in der Freien Stadt Danzig. Ihre Größe und ihre Entwicklung zeigt untenstehende Tabelle:

---

10 Ernst Z i e h m, Aus meiner politischen Arbeit in Danzig 1914–1939, Marburg/Lahn 1957, S. 60–61.

Der Personalstand der *DNN* in den Jahren 1894–1934

	1894	1919	1924	1934
Redakteure	4	9	9	9
Kaufm. Personal	31	46	48	59
Techn. Personal	22	61	59	89
Hilfskräfte	2	77	66	75
Trägerinnen	118	163	163	179
Gesamt	177	356	345	411

Quelle: DNN, 15/16. IX. 1934, Nr. 216.

Das Gebäude der *DNN* befand sich in der damaligen Stadtmitte, d. h. in der Breiten Gasse. Wie fast alle Danziger Tagesblätter, außer der *Danziger Zeitung*, war sie ab zwölf Uhr käuflich.

Die Leserschaft der Zeitung rekrutierte sich überwiegend aus dem Mittelstand, aber die *DNN* wird daneben auch von Angehörigen anderer Schichten gelesen. Ihr territorialer Einflußbereich war groß: vor allem die Stadt Danzig, die nächste Umgebung und fast die ganze Provinz Westpreußen. Die Tageszeitung erschien also in Danzig, aber ihr Leserkreis war nicht auf die Stadtbevölkerung beschränkt. Interessant ist, daß es den *DNN* in den ersten Jahren ihres Bestehens gelang, ihr Verbreitungsgebiet auf fast die ganze Provinz Westpreußen auszudehnen.

Ähnlich wie in den anderer Danziger Blättern sind die redaktionellen Verhältnisse in der *DNN* nicht immer durchsichtig. Oft sind Leitartikel und Kommentare nicht mit dem Namen des Autors versehen, was den Schluß erlaubt, daß alle Redakteure sich mit dem Inhalt identifizierten. Über das Gesicht und das Niveau des Blattes bestimmte naturgemäß Gustav Fuchs, der eine feine Nase für gute Journalisten hatte. Es soll noch hier hinzugefügt werden, daß mit ihrem sachlichen Können die DNN auch Kurt Hertell, Alberts Broedersdorff, Friedrich von Wilpert[11], Max Buhle, Curt von Meibom, Guido Allmendinger, Kathe Rhode, Paul Boehre, Fritz Jaenicke, Robert Sander, um nur einige zu nennen, bestimmten.

11 Aber eines ist noch zu bemerken. In seinen Erinnerungen *Einer in fünf Zeitaltern. Meilenstein an einem wechselvollen Lebenswege*, Bonn 1977, schrieb er kein Wort über seinen Vorgesetzten, Hans Fuchs.

Die Danziger Journalisten, die durch zahlreiche Beziehungen sprachlicher, ideologischer und auch kultureller Art mit einflußreichen Gruppen der deutschen Presse verbunden waren, hatten eine Berufsorganisation, den „Verband der Danziger Presse". Die Journalisten der *DNN*, wie u. a. Friedrich von Wilpert, spielten dort eine große Rolle. Schon früher, im Jahre 1905, wurde dank einem anderen Journalisten der *DNN*, Kurt Hertell, der „Danziger Journalisten- und Schriftstellerverein" gegründet[12].

Unter den Journalisten der *DNN* finden wir auch in der Freien Stadt berühmte Persönlichkeiten. Es soll hier nur der Name Fritz Jaenicke erwähnt werden, der der Schöpfer der volkstümlichen Figur „Poguttke" war. „Jaenickes Art entsprach trotz mancher Polemik, durchaus dem ‚Nec temere, nec timide' des Danziger Wappenspruchs"[13]. Bekannt war sein köstlicher Humor. Es ist unmöglich über die Danziger Pressegeschichte zu schreiben und diesen hervorragenden Feuilletonisten mit Stillschweigen zu übergehen. Ohne Fritz Jaenicke hätten die *DNN* ganz sicher viel von ihrer Attraktivität verloren.

Die größten Danziger Blätter lebten zum Teil von der Werbung, obwohl die Inserate nur einen geringeren Einfluß auf die finanzielle Lage der Zeitung hatten als es heute der Fall ist. Die *DNN* hatten schon an der Wende vom 19. zum 20. Jahrhunderts auf dem Danziger Anzeigemarkt die stärkste Position. In der Zeit zwischen den Weltkriegen änderte sich hier fast nichts. Als 1927 die fünf größten Danziger Tageszeitungen zusammen 186.251 Anzeigen veröffentlichten, entfielen auf das Blatt von Gustav Fuchs allein 118.654 Anzeigen. Davon entfielen auf Familienanzeigen 33.993, Stellenmarkt 21.589, Vermietungen 24.631 und Grundstücksmarkt 9.043[14]. Durchschnittlich nahmen die Anzeigen in den Spalten der *DNN* ca. 1/3 des Umfanges ein. Es sei noch hinzuzufügen, daß man nach dem Ersten Weltkrieg ziemlich oft in der Zeitung auf Inserate aus der Wojewodschaft Pommerellen und Ostpreußen treffen konnte.

---

12 Fritz S c h u l t z, Die politische Tagespresse Westpreußens, Phil. Diss. Heidelberg 1913, S. 72.
13 Hans Bernh. M e y e r, Fritz Jaenicke. Zu seinem 70. Geburtstag und 10. Todestag, in: Westpreußen-Jahrbuch 5, 1955, S. 153.
14 Marek A n d r z e j e w s k i, Prasa gdańskich Niemców w latach 1919–1932 [Die Danziger deutsche Presse in d. J. 1919–1932], in: Prasa gdańska na przestrzeni wieków [Die Danziger Presse im Laufe der Jahrhunderte], hg. v. d e m s., Gdańsk 1999, S. 70–73, 90.

Der Ausbruch des Ersten Weltkriegs war das Ende einer langen, aber doch guten Epoche. Die *DNN* unterstützte selbstverständlich Deutschlands militärisch-politische Haltung und seine im Westen und im Osten kämpfenden Soldaten. Die Kriegsereignisse werden ständig unter großen Schlagzeilen auf die ersten Seiten des Blattes gebracht. Die größte Danziger Tageszeitung war in dieser Hinsicht ein typisches deutsches Blatt. Auch hatten die *DNN* die für die damalige deutsche Presse kennzeichnenden Probleme. Wenn der Umfang eines Jahresbandes sich 1913 auf die Anzahl von 6.170 Seiten belief, ist ihr Umfang 1915 auf 3.908 gesunken; vor 1914 zählte die *DNN* durchschnittlich 16 bis 56 Seiten, während des Krieges nur von 10 bis 20[15].

Schon am nächsten Tag nach dem Waffenstillstand von Compiègne, am 12. November 1918, wurde die Zensur abgeschafft und die Vorschriften von 1874 wurden erneut eingeführt. Es gibt aber keinen Grund, den Krieg und seine Folgen für die *DNN* zu bagatellisieren. Wirtschaftlich schwierig für die Zeitung, wie für die meisten andere Danziger Blätter, wurde die anschließende Inflationszeit. Zur Stabilisierung der Presseverhältnisse in der Freien Stadt Danzig hatte auch die Bekämpfung der großen Inflation beigetragen und die Einführung einer eigenen Währung, des Danziger Guldens, anstelle der deutschen Mark. Wegen der Knappheit an Papier in der Nachkriegszeit intervenierte Gustav Fuchs sogar in Berlin[16].

Die *DNN* fanden sich mit der Gründung der Freien Stadt Danzig ungern ab und betonten „die Notwendigkeit der Revision des Versailler Vertrages"[17]. Ähnlich wie die ganze deutsche Danziger Presse vertrat das Blatt den Standpunkt, daß die deutschen Einflüße dort erhalten werden müssen. Um nur ein Beispiel zu geben: Am 4 Juli 1921 brachte die Zeitung auf der ersten Seite einen Artikel unter dem Titel *Amerika für Danzigs Unabhängigkeit*, in dem die Rede über das Treffen des Redakteurs der *DNN*, Fritz Jaenicke, mit dem amerikanischen Präsidenten, Thomas Woodrow Wilson, war[18]. Im Lichte dessen kann es nicht verwundern, daß die DNN bis September 1939 mit besonderer Aufmerksamkeit die politi-

---

15 Handbuch Deutscher Zeitungen 1917. Bearbeitet im Kriegspresseamt von Rittmeister a. D. Oskar M i c h e l, Berlin 1917, S. 277.
16 Bundesarchiv Koblenz, R 43 I/374, fol. 1 t., S. 163–164, An das Reichswirtschaftsministerium, 11. III. 1920.
17 Marek A n d r z e j e w s k i, Opposition und Widerstand in Danzig 1933 bis 1939, Bonn 1994, S. 26.
18 DNN, 4. VII. 1921, Nr. 153.

schen und wirtschaftlichen Absichten der polnischen Regierungskreise bezüglich der Freien Stadt Danzig verfolgten.

In den zwanziger Jahren erlebte das Zeitungswesen in Danzig einen großen Aufschwung. Die Vielfalt von Hunderten von Zeitungen und Zeitschriften, die zwischen 1918 und 1933 herausgegeben wurden, ist Teil eines historischen Prozeßes, der die Modernisierung des Danziger Lebens in einem schöpferischen Wandel umfaßt. Die Danziger Presse nahm damals nicht nur ständig an Zahl zu, sondern auch an Vielfalt der Pressetypen. Die Freie Stadt Danzig war eines der zeitungsreichsten Gebiete Europas, und die Zeitungsdichte in Danzig lag keinesfalls unter jener im Westen Deutschlands. Nicht weniger als vier der Tageszeitungen wiesen 1930 eine Auflage von je über 10.000 Exemplaren auf. Mit einer Gesamtauflage von über hunderttausend Exemplaren erreichte die Danziger Presse jeden vierten Einwohner der Freien Stadt Danzig. Ein Teil der Auflage der größten Danziger Zeitungen wurde abonniert.

Gustav Fuchs hatte keineswegs das Pressemonopol in der Freien Stadt Danzig, aber der dortige Pressemarkt war durch die auflagenstärksten Blätter gekennzeichnet. In Danzig erschienen fast alle Presseorgane der großen politischen Parteien sowie kulturelle und fachliche Zeitschriften. Die Presselandschaft wuchs dort stark an, aber das Danziger Zeitungswesen war naturgemäß gekennzeichnet durch die auflagenstarke Blätter wie *Danziger Volksstimme, Danziger Zeitung, Danziger Landeszeitung*, später *Danziger Volkszeitung* und *Danziger Allgemeine Zeitung*. Eine „Visitenkarte" des deutschen Danzigs waren auf dem Zeitungsmarkt nur die *DNN*. Auch nach der ‚Machtübernahme' blieben sie die einflußreichste Zeitung mit überregionaler Geltung. Die *DNN* waren kein typisches Provinzblatt, und auf ihre Artikel berief sich oft die ausländische Presse. Wenn bis 1918 die *DNN* und andere Danziger Zeitungen im Deutschen Reich kein Interesse erregten, hat sich das mit der Gründung der Freien Stadt Danzig teilweise geändert.

Unter den Themen in der Zeit zwischen den Weltkriegen nahm das Deutsche Reich zweifellos den ersten Rang in den *DNN* ein, was vor allem darauf zurückzuführen war, daß sie in der neuen geopolitischen Situation ihr Deutschtum betonen wollten. Die deutsche Problematik spielte für die größte Danziger Zeitung, die *DNN*, eine große Rolle. Ihre Behandlung in den DNN läßt den Eindruck aufkommen, daß Danzig nur kurzzeitig vom deutschen Mutterland getrennt war.

Es lohnt sich hier, interessante Bemerkungen von Friedrich von Wilpert anzuführen, weil der langjährige Redakteur der *DNN* nicht nur die Leitartikel schrieb, sondern auch gleichzeitig Mitarbeiter des Danziger Senats war. Nach seiner Meinung[19] *Die Freistaat-Konjunktur passte am besten für die „Danziger Neueste Nachrichten". Sie waren keiner Partei hörig, konnten also von allen Danzigern gehalten und gelesen werden und trugen diesem Umstand nun auch Rechnung durch eine gewisse Farblosigkeit, die sich erklärte aus dem Bestreben, nicht ganz gesinnungslos zu werden und doch auch nicht parteipolitischer Engstirnigkeit zu verfallen. Das Blatt* – schreibt Friedrich von Wilpert – *bemühte sich um möglichst enge Verbindungen zum Senat, ins Besonderheit zur Auswärtigen Abteilung des Senats und vertrat im Einvernehmen mit diesen stellen die Interessen der Freien Stadt nach außen hin als die größte Zeitung des Freistaates.*

In der Mitte der zwanziger Jahre hatten die *DNN* ihre ständigen Korrespondenten in neun Städten. Auch zehn Jahre später hatte die Zeitung weiterhin in Berlin, London, Paris, Rom, Warschau, Genf, Prag, Tokio und Kairo ihre Mitarbeiter[20]. Im Falle der *DNN* ist es schwer zu behaupten, daß sie in eine Isolation geriet und den Innovationen fern stand. Allmählich wurde im Blatt die Druckqualität verbessert und das Schriftbild wurde sauberer. Die wichtigste Änderung im Erscheinungsbild der *DNN* in der Zeit zwischen den Weltkriegen stellte die Photographie dar. Gegen Ende der zwanziger Jahre wurde es technisch möglich, Bilder auf den Zeitungsseiten zu reproduzieren, und das Foto gewann in der *DNN* rasch an Bedeutung. Allgemein genommen sahen die *DNN* äußerlich den durchschnittlichen deutschen Tageszeitungen recht ähnlich.

Von besonderer, über das Gebiet Danzig und der Wojewodschaft Pommerellen hinausweisender Bedeutung war das Blatt zur Zeit zwischen den Weltkriegen. In der Freien Stadt Danzig, Polen und Deutschland hatte die *DNN* 1927 nicht weniger als 152 Filialen und Abholstellen. Außerdem wurde die Zeitung täglich an ca. 1500 Postorte versandt. Es lohnt sich hier erwähnen, daß unter den Danziger Blättern in Polen die *DNN* besonders populär waren. Hervorzuheben ist die geschickte Organisation und Kolportage der Zeitung auf dem polnischen Territorium. Sie besaß in

---

19 Friedrich v. W i l p e r t, Danzig. Eine Erinnerung (Manuskript), o. J., S. 139–140.
20 Handbuch der deutschen Tagespresse, Frankfurt a. M. 1937, S. 287.

den größeren Städten der Wojewodschaft Pommerellen ihre eigenen Agenten[21]. Dabei sollte nicht vergessen werden, daß die Deutschen dort nach polnischen Zahlenangaben ca. 10% der Gesamtbevölkerung bildeten.

Wegen ihrer Verkehrsverbindungen und besonders wegen der Lesegewohnheiten fanden die *DNN* auch in der Wojewodschaft Pommerellen Abnehmer. Eine genauere Zahl der nach Polen geschickten Exemplare der Zeitung ist schwer zu ermitteln, zumal die Kolportage teilweise geheim war. Man kann jedoch vermuten, daß die einmalige Zufuhr der *DNN* nach der benachbarten Wojewodschaft Pommerellen ca. zehntausend Exemplare betrug. Es scheint zugleich, daß die Verbreitung der *DNN* wie auch der anderen Danziger Blätter in Polen eine langsame, aber ständige Abnahme zeigte. Bis zum Ausbruch des Zweiten Weltkrieges übte die *DNN* jedoch einen verhältnismäßig großen Einfluß auf die deutsche Minderheit in Polen aus. Die polnischen Behörden unternahmen auch Versuche, die selten und nicht entschlossen waren, durch Vertriebsverbot den Ton und besonders die pommerellische Beilagen der *DNN* zu beeinflußen[22].

Ein anderes spezifisch westpreußisches Problem war die Frage der Kaschuben. Im Norden überwog die kaschubische Bevölkerung, die aber vor 1918 deutscherseits vernachläßigt worden war. In den neuen politischen Verhältnissen erkannte die deutsche Seite mehr als früher die Wichtigkeit der Kaschubenfrage. Es soll nicht unerwähnt bleiben, daß auch die Presse der Danziger Deutschen ein gewisses Interesse für die Kaschubenfrage zeigte. In den *DNN* wurden z.B. eine Auswahl von kaschubischen Märchen veröffentlicht, die ins Deutsche von Friedrich Lorentz übertragen wurden[23].

---

21 Siehe Tadeusz K o w a l a k, Zagraniczna prasa niemiecka w województwie pomorskim 1920–1923 [Die ausländ. deutsche Presse in der Wojewodschaft Pommerellen 1920–1923], in: Rocznik Historii Czasopiśmiennictwa Polskiego 6, 1967, Nr. 4, S. 200–221.
22 K o w a l a k (wie Anm. 21); vgl. Friedrich v. W i l p e r t, Einer in fünf Zeitaltern. Meilensteine an einem wechselvollen Lebenswege, Bonn 1977, S. 72–73.
23 Vgl. W. P e p l i ń s k i, Czasopiśmiennictwo kaszubskie w latach zaboru pruskiego [Das kaschubische Zeitschriftenwesen in den Jahren der preußischen Herrschaft]. Aspekty programowe, publicystyczne i wydawnicze, Gdańsk 2002. Leider muß dieses Buch über das kaschubische Zeitschriftenwesen im Vergleich mit der früheren Arbeit von Pepliński über die polnische Presse in Pommerellen den Leser enttäuschen. Der Autor war offensichtlich sprachlich nicht vorbereitet, um ein solches Thema zu analysieren, so daß er keine vielschichtige Arbeit verfaßen konnte.

Um die *DNN* lesenswerter zu machen, legte man in den zwanziger und dreißiger Jahren mehr Wert auf die Beilagen. Beispielsweise 1934 erschienen u. a. folgende Beilagen: *Handel und Gewerbe, Welt und Leben, Der Artushof, Für die Frau von heute, Haus, Herd, Hof, Volkstum und Heimat, Danziger Jugend, Unser Kind, Auto und Motor, Reisen und Wandern, Der Danziger Landwirt* und *Sport-Turnen-Spiel*.

Hitlers Erfolge veränderten die Frontstellung der *DNN* gegenüber der Danziger NSDAP. Mit dem Beginn der Herrschaft der Nationalsozialisten in Deutschland wurde die Zeitung in relativ kurzer Zeitspanne der Lenkung durch die Partei unterworfen. Das Blatt schrieb seit Ende Januar 1933 allmählich immer positiver über den Nationalsozialismus und vor den Volkstagswahlen, die am 28. Mai stattfanden, war es nicht imstande, seine politische Sympathie zu verhehlen, was unmittelbar zum Verbot durch das Polizeipräsidium in Danzig führte. In der Ausgabe vom 19. Mai 1933 brachten die *DNN* einen Anruf von Hermann Rauschning an das Bauerntum, der, nach Meinung der *Danziger Landeszeitung*, eine „unerhörte Schmähung" des Senats war[24]. Deswegen wurde das größte Danziger Blatt unverzüglich für einen Monat verboten. Einige Tage danach versuchte der deutsche Generalkonsul Edmund Freiherr von Thermann in einem Gespräch mit Ernst Ziehm vergeblich sein Einverständnis für die Zulassung eines Ersatzblattes zu erlangen[25]. Diese Episode war symptomatisch für den vom Dritten Reiches auf den Danziger Senat ausgeübten Druck, der den Machtwechsel in Berlin in Betracht ziehen mußte.

Im Leben und in der Mentalität der Danziger Deutschen jener Zeit fanden Veränderungen statt. Während der letzen fünfzehn Jahre hatten die militärische Niederlage der deutschen Armee, die Abtrennung Danzig vom Deutschen Reich, die galoppierende Inflation, die große Wirtschafskrise und die hohe Arbeitslosigkeit die Widerstandsfähigkeit von vielen durchschnittlichen Menschen auf die demagogische Parolen der NS-Propaganda abgeschwächt. Die konservative *DNN*, die früher immer regierungstreu war, zeigte in diesen kritischen Monaten, daß für sie Opportunismus kein fremder Begriff war. Die Zeitung hat sich mit der Partei Albert Forster abgefunden. Einer der Führer der antinationalsozialisti-

---

[24] Danziger Landes-Zeitung, 20. V. 1933, Nr. 117; vgl. auch Danziger Volksstimme, 20. V. 1933, Nr. 117.
[25] Politisches Archiv des Auswärtigen Amtes in Berlin, Politische Abteilung IV, Pressewesen Bd. 2, o. S., Telegramm vom 23. V. 1933

schen Opposition in Danzig, Bruno Kurowski, meinte daher[26]: *Sie (d. h. die DNN M. A.) treibe immer diejenige Politik, die die Populärste ist. Sie haben seiner Zeit die Nationalsozialistische Bewegung sehr stark bekämpft, sind dann aber natürlich sehr rechtzeitig ins andere Lager gegangen.*

Der österreichische Ehrenkonsul in der Freien Stadt Danzig fügte noch hinzu, daß *Zur Zeit das Blatt wohl noch die größte Auflage hat. Es ist aber anzunehmen, daß bei der rücksichtslos geübten Konkurrenz des führenden Blattes die Danziger Neuesten Nachrichten bald an zweiter Stelle sein werden.* Die Vermutungen von Bruno Kurowski haben sich zwar später nicht bewahrheitet, aber sie sagen viel über die Presseverhältnisse nach der Machtübernahme in Danzig aus.

Nach der Machtübernahme durch die NSDAP in der Freien Stadt Danzig wurde das NS-Presseorgan am 1. Juni 1933 in ein Tagesblatt umgewandelt. Ab dieser Zeit bis Ende Januar 1941 hieß es *Der Danziger Vorposten* und danach *Danziger Vorposten*. Die Zeitung war das einzige amtliche Presseorgan der NSDAP, das außerhalb des Dritten Reiches als solches erschien. Gleichzeitig war das Blatt kein offizielles Organ des Danziger Senats. *Der Danziger Vorposten* wurde teilweise auf Kosten der *DNN* administrativ forciert und von den Nationalsozialisten aus dem Dritten Reich finanziell unterstützt[27]. Nach halboffiziellen Angaben sollte die Auflage *Der Danziger Vorposten* 1937 ca. 25 Tausend Exemplare betragen[28], was aber in Zweifel gezogen werden sollte. Trotz aller Bemühungen der Danziger Nationalsozialisten waren die *DNN* weiter unangefochten die beliebteste Tageszeitung in Danzig. Albert Forster und seine Mitarbeiter hatten schon früh bemerkt, daß sie auch die „bürgerliche" Presse benötigen und besonders die *DNN* als die einflußreichsten. So ließen sie, wie es scheint, aus rein taktischen Gründen der beliebten Danziger Zeitung eine gewisse Bewegungsfreiheit.

Die Danziger Nationalsozialisten hatten keinerlei Absicht, einen populären und scheinbar parteilosen Generalanzeiger, der von allen dortigen

---

26 Archiwum Państwowe w Gdańsku, Akten des Rechtsanwaltes Bruno Kurowski in Danzig 1921–1937, Nr. 7, S. 185, Kurowski an den österreichischen Gesandten Hoffinger in Warschau, 18. V. 1934.

27 Die Tagebücher von Joseph Goebbels, hg. v. Elke Fröhlich, Teil 1, Bd. 4, München 2000, S. 115.

28 Handbuch der Weltpresse, Leipzig und Frankfurt a. M. 1937, S. 144–145; Handbuch der deutschen Tagespresse, Leipzig und Frankfurt a. M. 1937, S. 287.

Blättern die höchste Auflage und großen Anzeigenumsatz hatte, zu liquidieren. Die *DNN*, die auf dem Danziger Pressemarkt weiterhin eine große Rolle spielten, waren gleichgeschaltet worden und unmittelbarer, aller Wahrscheinlichkeit nach 1935, Parteikontrolle unterstellt. Die Verlagsrechte der *DNN*, die 1933 in den Händen von Hans Fuchs lagen, gingen in den Besitz der Vera, also des Ammanschen NS-Pressetrust über. Hans Fuchs besaß keinen durch Eigentum oder sonstiges Recht gestützten Einfluß mehr auf das Blatt[29]. Es ist allerdings bis heute noch ungeklärt, wann und auf welche Weise es den Nationalsozialisten gelungen ist, die *DNN* unter ihre Kontrolle zu bringen.

Die Stellung Hans Fuchs' wurde allmählich schwächer, und er war in der Tat nicht mehr imstande, Einfluß auf die *DNN* auszuüben. Es lag nicht in seiner Natur, sich darum zu bemühen, unter den Nationalsozialisten eine Rolle zu spielen. Ihm fehlte, wie es scheint, die robuste Aggressivität, die nach der Machtübernahme erforderlich gewesen wäre. Wie er zur Resignation gezwungen wurde und unter welchen Umständen sein Ausscheiden aus der Zeitung erfolgte, darüber wissen wir leider noch wenig. Im politischen Sinn war Hans Fuchs deutsch-national und keinesfalls ein Hitleranhänger. Sein Abgang von der *DNN* ist unklar und war von keiner Abschiedsfeier begleitet, sondern er wurde zum Schweigen verurteilt. Noch am 24. Oktober 1939 figurierte er als Hauptschriftleiter, aber am nächsten Tag war es schon Oscar Bechte. Hans Fuchs starb 1945 und auch die Umstände seines Todes sind unklar[30].

Die dominierende Thematik der *DNN* war die Politik der Weimarer Republik und dann des Dritten Reiches. Mit besonderem Interesse registrierte die *DNN* alle Symptome einer Abkühlung der deutsch-polnischen Beziehungen. Wie auch die übrigen Zeitungen der Danziger Deutschen machte das Blatt keinen Hehl daraus, daß es mit der Gestalt der deutsch-polnischen Grenze unzufrieden sei. Nach dem Abschluß der deutsch-polnischen Nichtsangriffsdeklaration schrieb die *DNN* über Polen mehr wohlgesinnt als es noch Anfang 1933 der Fall war. Eine Änderung der gespannten Atmosphäre zwischen Berlin und Warschau übte auch einen Einfluß auf den Tenor der *DNN* aus. Das Blatt versuchte Polen und seine Einwohner vielseitiger als früher zu schildern. Es gab

---

29 Brief von Hans Fuchs (des Sohnes von Hans Fuchs) vom 29.12.2002 an den Verfasser.
30 Hans F u c h s, Ein Leben, Bd. 1 (wie Anm. 4), 2000, S. 21–23.

zum Beispiel die Möglichkeit, in der *DNN* einen Artikel *Köpfe der Weltpolitik. Joseph Piłsudski* zu bringen[31].

Auch nach Mai 1933 blieben die *DNN* das einflußreichste Blatt mit regionaler Geltung. Sie waren kein typisches Provinzblatt, und auf ihre Artikel berief sich weiterhin die ausländische Presse. Auch nach der Machtübernahme war Danzig eine verhältnismäßig wichtige Nachrichtenquelle. Die *DNN* profitierte im Ausland aus ihrer früherer Position und für die Danziger Journalisten und Politiker war sie trotz allem weiterhin eine andere Zeitung als *Der Danziger Vorposten*.

In den Jahren 1933–1937 gab es in der Freien Stadt Danzig oppositionelle Zeitungen und schon deshalb war die nationalsozialistische Eroberung der Danziger Presse zu diesem Zeitpunkt noch nicht abgeschlossen. Beschlagnahmungen waren damals an der Tagesordnung. Dem *Danziger Vorposten* und den schon gleichgeschalteten *DNN* standen noch einige oppositionelle Tagesblätter gegenüber. Wenn man den Inhalt und die Form der größten Danziger Zeitung mit dem Presseorgan der dortigen NSDAP vergleicht, sieht man aber, daß trotz Einschränkungen die *DNN* mehr „verdaulich" als *Der Danziger Vorposten* waren. Aller Wahrscheinlichkeit nach nahmen Gauleiter Albert Forster und Senatspräsident Hermann Rauschning und dann Arthur Greiser Rücksicht auf die Lesegewohnheiten, und deshalb hatten die *DNN* nach der Machtübernahme eine gewisse Äußerungsfreiheit, wenn auch „ohne Übertreibung". Auf die Frage wie das Blatt seinen sehr eingeschränkten Spielraum nutzte, ist es nach dem jetzigen Forschungstand schwer, eine verläßliche Antwort zu geben. Mit voller Sicherheit läßt sich aber sagen, daß nach der Machtübernahme in Deutschland diese für die demokratischen Journalisten der *DNN* „rosigen Zeiten" sich sehr schnell änderten.

Das Vertrauen von vielen Danziger Deutschen in die Macht des Deutschen Reiches war nach dem 30. Januar 1933 keinesfalls verschwunden. Auch die *DNN* haben wesentlich dazu beigetragen, daß sich viele ihrer Leser mit den außenpolitische Zielen des Dritten Reiches identifizierten. Um so mehr, als sich die Lage immer mehr zugunsten Deutschlands entwickelte. Alles schien sich auf dem besten Wege zu befinden, und die Sonderausgaben der Zeitung Ende August und Anfang September 1939 fanden aller Wahrscheinlichkeit nach bei dem Leser Verständnis. So

---

31 *DNN*, 15. II. 1934, Nr. 39.

bringt das Blatt am nächsten Tag nach dem Besuch Hitlers in Danzig den Artikel *Das deutsche Danzig dankt seinem Befreier. Unbeschreiblicher Jubel kündet die Liebe Danzigs zu Adolf Hitler*[32].

Nach Kriegbeginn 1939 hatten sich die Verhältnisse auf dem Danziger Zeitungsmarkt wesentlich verändert; mit der tiefgreifenden Konzentration der Danziger Presse konnte später als im Dritten Reich, d. h. erst im Herbst 1939, begonnen werden. Zwar wurden die Oppositionsblätter im Rahmen der Gleichschaltungsmaßnahmen zwei Jahre früher schon ganz aufgelöst, aber noch Ende August 1939 erschien die letzte Nummer der *Gazeta Gdańska*. Diese „Verzögerung" wurde bald durch neue Verordnungen nachgeholt.

Im Zweiten Weltkrieg wurden auch die *DNN* in den geistigen Kampf der Propaganda eingeschaltet, obgleich auch in Danzig der Rundfunk die Presse als Propagandainstrument überholte. Denn der 1926 gegründete Danziger Rundfunk gewann immer größere Bedeutung. Bis Mitte der dreißiger Jahre hat die Presse wohl ihr Monopol, aber keineswegs ihre Machtstellung eingebüßt. Dann erwuchs dem Imperium der Presse erhebliche Konkurrenz durch ein anderes Medium, das Radio. Wenn es 1929 in der Freien Stadt Danzig 16000 registrierte Radioapparate gab, waren es 1934: 30.909, Anfang 1936: 29000 und zwei Jahre später schon 36 848 Radioapparate[33].

In den ersten Kriegsmonaten, wie übrigens auch später, konnte man in den *DNN* keine Äußerungen zur Kriegsschuld finden. Im Gegenteil: die ganze Schuld wurde auf Polen, Großbritannien und Frankreich geschoben. Naturgemäß war auch in dem Blatt das Bestehen der Konzentrationslager und Judenvernichtung ein Tabu-Thema. Hitlers Erfolge wurden immer in der Zeitung an die erste Stelle gesetzt und auch die DNN konnten sich an den territorialen Eroberungen berauschen.

Wenn in der Anfangsphase des Krieges die Todesanzeigen von Familien der Gefallenen in der nationalistische Form gebracht wurden, änderte sich das mit der rapiden Zunahme der Kriegsverluste seit der Schlacht von Stalingrad, wo viele aus Danzig stammende Soldaten fielen. Zwar blieb Danzig von den alliierten Luftangriffen verschont, aber auch hier

---

32 *DNN*, 19. IX. 1939, Nr. 219.
33 Marek A n d r z e j e w s k i, Rozgłośnia radiowa w Wolnym Mieście Gdańsku [Der Rundfunksender in der Freien Stadt Danzig], in: Studia i Materiały do Dziejów Wielkopolski i Pomorza 16, 1987, H. 2.

machten sich die Kriegslasten immer deutlicher fühlbar. Der Tenor der *DNN* änderte sich und statt der anfänglichen Nachrichten über Erfolge der deutschen Truppen wurde immer öfter das Blatt auf solche Parolen wie „Totalkrieg", „Endsieg" oder „Wunderwaffe" konzentriert. Die über das Deutsche Nachrichtenbüro verbreiteten Berichte des Oberkommandos der Wehrmacht mußten auch von der Redaktion der *DNN* gebracht werden. Die Leser sollten nur das erfahren, was der NS- Propaganda paßte.

Am 15. September 1944 hätten die *DNN* ihr fünfzigjähriges Bestehen feiern können, aber zwei Wochen früher mußte die Zeitung ihr Erscheinen einstellen. Es scheint, daß das vor allem aus kriegswirtschaftlichen Gründen erfolgte; denn schon nach der Invasion in der Normandie wurde auch Umfang der Danziger Zeitungen drastisch eingeschränkt. Jedenfalls schon früher wurde die Position des Blattes abgeschwächt und es spielte während des Krieges nicht mehr eine so große Rolle auf dem Danziger Presse- und Medienmarkt wie in den zwanziger und dreißiger Jahren.

Als das Dritte Reich zusammengebrochen war, galt dies auch für die deutsche Presse in Danzig. Zwar blieb bei den relativ seltenen Bombenangriffen auf Danzig die Zeitungsdruckerei der *DNN* lange verschont, aber 1945 brannten die Gebäude aus und die Maschinen wurden aller Wahrscheinlichkeit nach damals ganz zerstört. Anfang 1945 gab es in Danzig nur eine Tageszeitung, den *Danziger Vorposten*. Ende März wurde Danzig durch Einheiten der Roten Armee erobert und das bedeutete auch in der Tat das Ende des deutschen Pressewesens in Danzig nach über dreihundert Jahren.

Danzig, heute Gdańsk, kann sich mit einer Vielzahl von Attributen schmücken. Eines von ihnen ist die beachtlich lange Tradition des Danziger Pressewesens. Daß es sich hier vor allem um deutsche Zeitungen und Zeitschriften handelt, kann niemand bestreiten. Es scheint aber, daß wir zum Glück so weit sind, daß ein deutsch-polnisches Forschungsteam in den nächsten Jahren imstande sein könnte, in Deutsch einen Abriß der Geschichte der Presse in Danzig zu verfassen; von einer großen Synthese sind wir noch leider weit entfernt. Ein wichtiger Schritt in diese Richtung wurde schon von einigen Danziger Presseforschern unternommen. 1999 wurde in polnischer Sprache eine Arbeit über die Geschichte der Presse in Danzig von den Anfängen bis in die Gegenwart veröffentlicht. Natürlich haben wir es hier nur mit einem Abriß zu tun, aber es ist zu hoffen, daß sich sowohl deutsche als auch polnische Presseforscher weiterhin mit dem erwähnten Thema befassen werden.

Im Danziger Blätterwald spielten die *DNN* fast fünfzig Jahre lang eine bedeutende Rolle, und schon deshalb ist eine ausführliche Bearbeitung ihrer Geschichte keine leichte Aufgabe. Trotz einzelner Aufsätze liegt ihre Geschichte noch im Dunkeln, vor allem, was die in diesem Zusammenhang wichtige politische und kulturelle Funktion der *DNN* betrifft[34]. Aber auch noch viele andere Aspekte sind zu bedenken, wie z. B. das wenig bekannte Verbot des Blattes 1936 in der Tschechoslowakei[35]. Eine große Schwierigkeit bei der Presseforschung bildet auch das Fehlen des Redaktionsarchivs des Blattes, und schon deshalb nimmt der vorliegende Aufsatz für sich nicht in Anspruch, das Thema der *DNN* vollständig behandelt zu haben. Die uns interessierende Zeitung war zweifellos ein liebenswertes und lehrreiches Stück Danzig und ihre ein halbes Jahrhundert alte Geschichte soll man in engem Zusammenhang mit der allgemeinpolitischen Geschichte Danzigs sehen. Zu Recht könnte sie daher Gegenstand einer wissenschaftlichen Monographie sein, weil ein Buch über die wechselvolle Geschichte der *DNN* und über die Tätigkeit von Gustav und Hans Fuchs, die zu den großen Verlegern der Danziger Pressegeschichte gehören, erst geschrieben muß.

---

34 Marek A n d r z e j e w s k i, Szkic największej gazety w Wolnym Mieście Gdańsku „Danziger Neueste Nachrichten" [Abriß der größten Zeitung in der Freien Stadt Danzig „Danziger Neueste Nachrichten"], in: Gdańskie Zeszyty Humanistyczne Nr. 25, 1980, S. 79–88.

35 Siehe Archiwum Państwowe w Gdańsku, Senat der Freien Stadt Danzig, Nr. 963, S. 35, Vermerk, 11. VIII. 1936.

Danzig und seine Entwicklung vor dem Ersten Weltkrieg

von Lutz Oberdörfer

Mit der Bildung der Provinz Westpreußen im Jahre 1878 erlangte Danzig den Status einer Provinzhauptstadt. Zu den damit verbundenen Vorteilen gehörten auch verbesserte Chancen, die Interessen der alten, in ihrer Bedeutung jedoch zurückgefallenen Hansestadt in Berlin stärker zur Geltung zu bringen, wie überhaupt die Entwicklung des Zentralortes an Weichsel, Mottlau und Radaune zu befördern. Nicht zuletzt galt das Bestreben der Zurückdrängung seiner wichtigsten Konkurrenten an der Ostsee, Königsberg und Stettin. Besonders die pommersche Metropole erlebte als Hafen Berlins und in hohem Maße auch Mitteldeutschlands und Schlesiens einen stürmischen Aufschwung. Anders als Danzig und Königsberg gehörte Stettin zu den am dynamischsten wachsenden deutschen Städten und konnte seine Bevölkerungszahl zwischen 1871 und 1912 mehr als verdreifachen[1]. Der zügig ausgebaute Hafen wuchs zum wichtigsten an der Ostseeküste und schlug vor dem Weltkrieg schon mehr Güter um als Lübeck, Danzig und Königsberg zusammen und lag bloß noch knapp hinter Bremen[2]. Seine Rolle als bedeutender Umschlagplatz und die geografische Lage der Oderstadt zogen in erheblichem Umfang privates Kapital an und begünstigten somit die Ansiedlung wichtiger Industrien nicht nur der Konsumgüterproduktion, sondern auch der Produktionsmittel. Als Beispiel soll hier nur das mit privatem oberschlesischem Kapital errichtete Stahlwerk in Stettin Kratzwieck erwähnt werden. Der staatlich massiv geförderte Ausbau des Eisenbahnnetzes begünstigte objektiv Danzig relativ weniger als Stettin, das bald auch über den besseren Anschluss an das schlesische Industrierevier sowie nach Lodz, Warschau und damit ebenfalls nach St. Petersburg verfügte.

Der besonders im Rhein-Ruhrgebiet, im Königreich Sachsen sowie in Berlin sehr dynamisch verlaufende Doppelprozess von Industrialisierung

---

1 Schon 1900 hatte Stettin mit gut 210.000 mehr Einwohner als Königsberg und Danzig.
2 Pommern und seine Wirtschaft. Sonderbeilage des Berliner Tageblatt vom 3. 12. 1939.

und Urbanisierung[3] wurde in Westpreußen und Danzig durch eine Reihe von Faktoren erheblich behindert, bzw. gebremst. Noch spürbarer wurde jetzt die Randlage Danzigs im Kaiserreich wie in Europa, seine Ferne zu den deutschen und europäischen Boomregionen. Schwer trafen die Handelsstadt die Schwerpunktverlagerungen der großen Handelsströme und damit einhergehend die wachsende Dominanz der Nordseehäfen. Gleiches gilt für den Bedeutungsverlust Mittelost- und Osteuropas in der expandierenden Weltwirtschaft. Auch fehlten die Schlüsselrohstoffe für die Industrialisierung, Eisen und Kohle. Nicht so günstig waren die äußeren Gegebenheiten. Der überwiegende Teil des natürlichen Hinterlandes, das große Weichsel-Dniepr-Gebiet, lag im Zarenreich, dessen Interessenlagen und Politik für Danzig zahlreiche Schwierigkeiten brachten[4]. Wie für Königsberg wirkten sich besonders die deutsch-russischen Zollauseinandersetzungen negativ aus. Ähnliches gilt für den vorwiegend aus Kostengründen stark vernachlässigten Ausbau der Weichsel auf russischem Hoheitsgebiet. Die damit verbundenen Einschränkungen konnten durch die Regulierung der Stromweichsel auf preußischem Gebiet nur etwas gelindert werden[5]. Für sie hatte Preußen zusätzlich zum Eisenbahn-, Straßen- und Kanalbau die gewaltige Summe von 114 Millionen Mark verbaut[6]. Viele Fachleute verwiesen in ihren Expertisen auf die ökonomische Rückständigkeit und Armut Polens, die anders als in Danzigs „goldener Zeit" auch unter günstigeren politischen Voraussetzungen keine höher gesteckten Erwartungen für einen Aufschwung Danzigs in absehbarer Zeit rechtfertige. Das Land an der Weichsel war dünn besiedelt, der einstige Waldreichtum nicht mehr so vorhanden, die früheren großen Getreideüberschüsse gab es nicht mehr. Überhaupt war die polnische Landwirtschaft im russischen Teilungsgebiet stark unterentwickelt, die vorhandene Industrie international wenig wettbewerbsfähig und die allgemeine Kaufkraft gering. Hinzu traten die Exportschwäche und die Ausrichtung der sich entwickelnden Zentren von Warschau und Lodz auf den russischen

---

3 Stephan B l e e k, Mobilität und Sesshaftigkeit in deutschen Großstädten während der Urbanisierung, in: Geschichte und Gesellschaft, Jg. 15, H. 1, 1989, S. 6.
4 Denkschrift zum fünfzigjährigen Bestehen der Danziger Privat-Actien-Bank 1857–1907, Danzig 1907.
5 Um 1900 war die Stromweichsel von der russischen Grenze bis Schiewenhorst reguliert.
6 Martin F u n k (Hrsg.), Wirtschaftspolitische Stellung und weltwirtschaftliche Bedeutung der Freien Stadt Danzig, Danzig 1923, S. 25 f.

Binnenmarkt. Nur einige Optimisten verwiesen auf große Potenzen der Weichselregion, deren Gesamteinwohnerzahl (Westpreußen, Polen, Galizien) 1913 bei starker Wachstumstendenz ca. 18 Millionen erreichte.[7]

Alles in allem erschwerten auch die überkommenen Wirtschaftsstrukturen Westpreußens und seiner zu einseitig auf den Handel ausgerichteten Hauptstadt[8] eine Industrialisierung. Wie in den Nachbarprovinzen und auch anderen Regionen des Kaiserreiches dominierte weiterhin überproportional der Agrarsektor. Wachsende Konkurrenz in Deutschland, lange Transportwege zu den großen Verbraucherzentren, relativ ungünstige klimatische und in weiten Teilen auch Bodenverhältnisse sowie besonders nachhaltig der zunehmend schärfere Konkurrenzdruck überseeischer und hier speziell amerikanischer Produkte, verbunden mit sinkenden Frachtraten, hatten negative Auswirkungen auf Rentabilität wie Gewinnaussichten landwirtschaftlicher Betriebe. Ihre beachtlichen Produktivitätssteigerungen reichten nicht, um den neuen Herausforderungen hinreichend gewachsen zu sein. Die unvermeidlichen Auswirkungen auf die regionale Kaufkraft bremsten die Nachfrage nach gewerblichen Erzeugnissen und Dienstleistungen. Die negativen Folgen für das Steueraufkommen setzten wiederum dem Handlungsspielraum der königlichen Regierung wie der Danziger städtischen Behörden enge Grenzen. Bereits stark unter der amerikanischen Konkurrenz und manchmal auch den Folgen eigener Misswirtschaft leidend, verschärfte der ostdeutsche Großgrundbesitz aus politischem wie ökonomischem Kalkül seinen Widerstand gegen durchgreifende Industrialisierungsvorhaben. Dieser galt aber zumeist nicht solchen Betrieben, die vorrangig westpreußische Agrarerzeugnisse verarbeiteten: Zuckerfabriken, Brennereien, Stärkefabriken oder holzverarbeitende Betriebe. Als wichtigste Interessenvertretung der Agrarlobby fungierte der 1893 gebildete mächtige Bund der Landwirte, der eng mit den Altkonservativen kooperierte. Vor allem fürchteten die Vertreter der großen Güter den Verlust von Privilegien und untrennbar damit verbunden den Machtverlust der Konservativen in Preußen[9] durch die Entstehung eines starken

---

7 Hermann S t e i n e r t, Die Weichselfrage, Danzig 1919, S. 12.
8 Einflussreiche Handelskreise fürchteten negative Folgen für ihre Geschäfte durch eine ostdeutsche Rohstoffe verarbeitende Industrie. – Friedrich R i c h t e r, Preußische Wirtschaftspolitik in den Ostprovinzen, Königsberg u. Berlin 1938, S. 138 f.
9 Die dominierende Stellung der Konservativen beruhte vor allem auf dem Dreiklassenwahlrecht, das für die Wahlen bis zum preußischen Abgeordnetenhaus galt. Bei den freien und geheimen Wahlen zum Reichstag stimmte auch eine Mehrheit

gewerblichen Mittelstandes und einer großen Industriearbeiterschaft. Sie sahen ihre Zukunft am besten in einer, wie sie argumentierten, Arbeitsteilung zwischen industrialisiertem Westen und dem von großen Gütern dominiertem agrarischen Osten. In ihrer Argumentation suchten sie massiv die in den besitzenden Klassen und Schichten tief verwurzelte Furcht vor der sogenannten roten Umsturzpartei zu instrumentalisieren. So warnte das wichtigste Sprachrohr der Großagrarier, die „Kreuzzeitung" beispielsweise am 9. Oktober 1898, dass jede neue Industrieanlage den Sozialdemokraten dauerhaften Rückhalt und Möglichkeiten für ihre Wühlerei bieten und die SPD im Ergebnis auch im Osten zu einer realen Gefahr für die bestehende Ordnung würde. Argumentiert wurde auch, dass die Gegebenheiten Ostdeutschlands gegen eine von außen initiierte Industrialisierung sprächen. In der „Deutschen Tageszeitung" hieß es dazu: „Unseres Erachtens hat es nur selten gut getan, künstliche Industrien hervorzurufen. Die Aufgabe der Staatsregierung in Westpreußen sollte vielmehr sein, mit allem Nachdruck und mit aller Kraft die Landwirtschaft zu schützen. Durch Einführung, insbesondere durch künstliche Einführung von Industrien wird zwar der Markt für die Erzeugnisse der Landwirtschaft etwas näher gerückt und erweitert, aber es werden ihr die ohnehin spärlichen Arbeitskräfte[10] noch mehr entzogen." Und die „Kölnische Volkszeitung" schlussfolgerte am 22. Oktober 1898 „Wozu die jetzt bestehende Arbeitsteilung zwischen Osten und Westen verschieben?"[11]. Die staatlich geförderte Industrialisierung Ostdeutschlands wurde auch von der Wirtschaft der entwickelteren Regionen skeptisch betrachtet. Dabei flossen Konkurrenzgründe, Auseinandersetzungen um staatliche Fördergelder und nüchtern kalkulierte Erwägungen über die finanzielle Zweckmäßigkeit von Investitionen, speziell in Produktionsmittel erzeugende Industrien ineinander. Die Position der mächtigen oberschlesischen Montanindustrie wiedergebend schrieb Graf von Henkell-Donnersmarck an den preußischen Finanzminister von Rheinbaben, der wie Wilhelm II.

---

der Landbevölkerung konservativ. Ohnehin in schwierigen Verhältnissen lebend, fürchten viele bei Rückbau bzw. Fortfall der agrarischen Schutzzölle um ihre materielle Existenz.

10 Auf dem Lande wurde deutlich schlechter verdient als in Danzig, Elbing; Graudenz oder Thorn. Auch bedingt durch die Massenemigration in die Städte und Richtung Westen traten saisonale Engpässe in der Landwirtschaft auf, die durch billige Wanderarbeiter, vor allem aus Russisch-Polen, überbrückt wurden.

11 R i c h t e r (wie Anm. 8), S. 49f.

aus allgemeinen politischen Überlegungen die Förderung einer Danziger Schwerindustrie befürwortete, dass an der Weichselmündung die Vorbedingungen dafür fehlten. Eine „künstlich installierte Industrie", besonders „wenn es sich um Massenproduktion handelt" könne ohnehin nur „bei einer ungewöhnlich günstigen Marktlage" leidlich bestehen, „welche nie dauerhaft sein kann"[12]. Zur Unterstützung ihrer Position bemühte die Agrarlobby auch nationalpolitische Argumente, wenn sie erklärte, dass sich der Stamm der Industriearbeiterschaft aus Polen rekrutieren werde, die in der Folge die deutsche Position in den Städten bedrohen würde. Es wirkt da schon etwas kurios, wenn die staatlichen Befürworter genau das Gegenteil betonten und dabei selbst vor dem Argument nicht zurückschreckten, die Polen eigneten sich sowieso nicht zum Industriearbeiter. Diese Behauptung ist dermaßen dämlich, dass dahinter primär taktische Erwägungen zur Beeinflussung nationaler Kräfte vermutet werden müssen. Im Übrigen begründete auch Bülow in seiner Ostrede 1902 vor dem preußischen Landtag die Notwendigkeit einer Industrialisierung des Ostens nicht zuletzt mit dem Erfordernis „der Gefahr der Polonisierung einen Damm entgegenzusetzen"; der „stark genug ist, den Städten ihren deutschen Charakter zu wahren, oder wo derselbe bereits verlorengegangen ist, wieder zu erobern"[13]. Quasi Schützenhilfe erhielt der Bund der Landwirte hingegen von nationalpolnischer Seite. Der „Dziennik Kujawski" mutmaßte am 22. Oktober 1898: „Sobald bei uns große Fabriken entstehen, wird ein großer Einfluß von deutschen Beamten, Werkmeistern und teilweise auch Arbeitern nach den östlichen Landesteilen stattfinden[14] und im Gefolge hiervon ein Zustrom von Kaufleuten und kleinen Industriellen, welche für die deutschen Handlungen gute Abnehmer sein werden. Ohne einheimische (polnische) Arbeiter werden" die Fabriken auch nicht auskommen können, „und hierdurch werden hunderte, ja tausende polnische Arbeiter in diesen Erwerb finden, und hierdurch werden sie von ihnen materiell und moralisch abhängig werden."[15] Dabei spielte sicher auch die Sorge eine Rolle, dass die Sozialdemokratie als erklärte

---

12 Zit. nach ebenda, S. 43.
13 Zit. nach ebenda, S. 46.
14 Die Befürworter der Industrialisierung hofften auf diese Weise, den viel beklagten Wegzug junger deutschsprachiger Bewohner nach Westen bremsen und schließlich stoppen und vielleicht umkehren zu können.
15 R i c h t e r (wie Anm. 8). Angestrebt wurde eine eigene größere polnische Industrie parallel zur deutschen. Zur Problematik weiterführend Rudolf J a w o r s k i; Han-

Interessenvertreterin aller Arbeiter unabhängig von ihrer Nationalität wachsende Anziehungskraft auf ein polnisches Industrieproletariat in Posen und Westpreußen ausüben würde. Wie tief diese Ängste in nationalpolnischen Kreisen Westpreußens schon saßen, zeigt der heftige und äußerst polemisch geführte Schlagabtausch, den sich die größte, vom ehemaligen Reichstagsabgeordneten Victor Kulerski herausgegebene Tageszeitung der Provinz, die unter dem Slogan „Im Namen Gottes! Für Glauben und Vaterland! Gelobt sei Jesus Christus" erscheinende „Gazeta Grudziadzka" und die Danziger „Volkswacht" lieferten. Das sozialdemokratische Blatt kritisierte heftig die betont christlich nationale Position der polnischen Presse und warf ihr vor, im Interesse der Besitzenden, egal ob Deutsche oder Polen, nur von den eigentlichen Problemen der großen Mehrheit ablenken zu wollen. Deshalb trachte die „Gazeta Grudziadzka" danach, die Unterprivilegierten „deutscher und polnischer Zunge" aufeinander zu hetzen, um so besser ihr eigenes Süppchen kochen zu können[16]. Für das Kulerski–Blatt waren die heftig attackierten Sozialdemokraten nur vaterlandslose „rote Heiden" und ein „verlogener Haufen", den sie als „Vater sämtlicher Lügen und Nichtswürdigkeit" geißelte. Wie die Konservativen „gleiche Brüder, gleiche Kappen"[17] polemisierte die „Gazeta Grudziadzka" gern und heftig gleichzeitig gegen Linksliberale und Sozialdemokratie als Sammelbecken „jüdischer, freimaurerischer und roter Heiden"[18]. Zwar waren die Erfolge der SPD im Ringen um polnische Wähler in Westpreußen zumindest in den Hauptwahlgängen noch äußerst begrenzt[19]. Gleichwohl hielt die Partei an ihrem Ziel fest, die polnischen Arbeiter zum Abfall von „den nationalen Phrasendreschern" zu bewegen und für die „Partei des werktätigen Volkes" gewinnen zu kön-

---

del und Gewerbe im Nationalitätenkampf. Studien zur Wirtschaftsgesinnung der Polen in der Provinz Posen (1871–1914), Göttingen 1986.
16 „Volkswacht" vom 20.1.1912.
17 „Danziger Allgemeine Zeitung" vom 21.5.1913.
18 „Danziger Volkswacht" vom 27.1.1912 und 14.9.1912
19 Wahlforschung im heutigen Sinn und mit heutiger Präzision gab es noch nicht. Es dürfte besonders in der Großstadt Danzig schwierig gewesen sein nach geheimen Reichstagswahlen festzustellen, inwieweit etwa Sozialdemokraten oder Zentrum polnische oder kaschubische Stimmen erhalten hatten. Die SPD-Führung in der Weichselmetropole rechnete jedenfalls damit, in der Stichwahl Anfang 1912 auch das Gros der 498 Wähler für Hans Marckwald gewinnen zu können, die im Hauptwahlgang dem polnischen Kandidaten Pfarrer von Kupczynski die Stimme gegeben hatten.

nen[20]. Die „Gazeta Grudziadzka" sah sich am Vortag der Reichstagswahlen zu einen Aufruf veranlasst, der das westpreußische Zentrum und vor allem die Sozialdemokratie heftig angriff. So hieß es: „In letzter Stunde rufen wir noch jeden Polen zur Pflicht. Die ganze Hölle des Satans rückte aus, um das Polenvolk zum Verrat zu bewegen. Bedenkt, daß jeder von Euch ein Polenkatholik ist und wer dem Polenkandidaten seine Stimme nicht gibt, dem folgt die Strafe Gottes auf den Fersen." Die sozialdemokratischen „Wölfe im Schafspelz" sind „die Gegner des Polenvolkes und der Religion". Im Unterschied zu den gottlosen Sozialdemokraten „haben Polen aber ein Vaterland": „Höchstens ein Säufer, Durchbrenner oder ein unmoralischer Mensch kann anders denken": ... „Fort mit diesen Judassen! Bedenkt, jeder, der Sozialisten folgt, ist ein Verräter der heiligen katholischen Kirche ..."[21]. Im Übrigen war sicher allen Protagonisten klar, dass profitorientierte Privatunternehmer, und ganz besonders die Leitungen größerer Betriebe, ihre Beschäftigten nicht primär nach der Nationalität, sondern nach Leistungskriterien auswählten bzw. auswählen würden. Das galt sicher für Danzig noch weit stärker als etwa für Stuhm, Berent oder Städte im größten Teil der Provinz Posen. Gleichwohl zogen die heftigen Auseinandersetzung zwischen mächtigen gesellschaftlichen Kräften und die damit einher gehenden Unsicherheiten wie unklaren Perspektiven potenzielle Investoren nicht gerade an. Auf diese war der kapitalschwache Osten aber in hohem Maße angewiesen, wenn er sich modernisieren wollte. Hinderlich für die Entwicklung Danzigs zu einer leistungsfähigen Großstadt waren ferner der schwache Urbanisierungsgrad und die relativ dünne Besiedlung Westpreußens wie das weitgehende Fehlen eines vorindustriellen Gewerbes und damit entsprechend vorgebildeter Arbeitkräfte wie etwa im Königreich Sachsen. Die vor allem aus ländlichen Regionen stammenden Zuwanderer mussten sich überhaupt erst an städtische Lebensweisen und den ganz anderen Rhythmus industrieller Arbeit und die strengen Fabrikregimes gewöhnen. Die relativ häufig erwähnten Probleme mit Alkohol dürften darin eine wesentliche Ursache gehabt haben. Im Vergleich mit den großen Wachstumsregionen mangelte es an breiten Initiativen für private Unternehmensgründungen wie auch an Innovationskraft und gewerblich-tech-

---

20 „Volkswacht" vom 12. 1. 1912.
21 Nach „Volkswacht" vom 24. 1. 1912.

nischem ‚know how'. Noch gering ausgeprägt war die Bereitschaft der Banken, Risiken bei der Vergabe von Kapital für gewerbliche Unternehmungen in Danzig und Westpreußen einzugehen. Auch die vielfach beklagte große Westwanderung so vieler junger und dynamischer Westpreußen rief Sorgen bei jenen hervor, die auf eine zügige Industrialisierung drängten. Oft genug waren es auch noch die fachlich besten Personen, die es auf der Suche nach einem materiell besseren Leben aus der Heimat fortzogen. Gar nicht so wenige von ihnen schafften im schließlichen Niederlassungsgebiet den sozialen Aufstieg und manch einer gelangte bis in führende Positionen[22].

Zu den bereits kurz angerissenen Spezifika der Provinz Westpreußen zählte die nationale Zusammensetzung der Bevölkerung, in der Deutsche, Polen und Kaschuben[23] (1910 gut 10%) dominierten. Wenn sich auch der Anteil der Deutschen durch höhere Geburtenraten der Polen und noch mehr der Kaschuben sowie durch Zuzüge aus Russisch Polen und eine relativ stärkere Emigration von 1831 70% auf 1910 gut 65% verringerte, so kann im Ganzen doch von relativ stabilen Größenverhältnissen gesprochen werden. Weder waren die Nationalitäten gleichmäßig über die Provinz verteilt, noch gab es eindeutige Nationalitätengrenzen[24]. Wenn auch immer mehr Polen und Kaschuben in den Jahrzehnten vor dem Krieg in der Hoffnung auf bessere Lebensperspektiven in die Städte zogen, so blieb doch der Anteil der Deutschen hier im Allgemeinen dominant. Das lag zum Teil auch an der Assimilationskraft gewerblich-industriell geprägter städtischer Agglomerationen. In Westpreußen galt dies in Sonderheit für die Großstadt Danzig. Dort gaben bei der Volkszählung

---

22 Otto M ü n s t e r b e r g, Die wirtschaftlichen Verhältnisse des Ostens, Berlin 1912, S. 36 u. 49.
23 Die Kaschuben wurden in der amtlichen Statistik erst seit 1910 gesondert erfasst, obwohl sie schon rein zahlenmäßig, besonders in der Kaschubei, eine wichtige Rolle spielen und zahlreiche Zuwanderer nach Danzig ebenfalls Kaschuben waren. Auch in der Presse wurden zumeist nicht zwischen Polen und Kaschuben unterschieden. Zu ihrer Geschichte Friedrich L o r e n t z, Geschichte der Kaschuben, Berlin 1926 sowie die zahlreichen Arbeiten von Gerard L a b u d a und Jozef B o r z y s z k o w s k i, von denen ein kleinerer Teil auch in deutscher Sprache vorliegt.
24 Dazu Stefan H a r t m a n n, Bevölkerungsgruppen und Nationalitäten, in: Handbuch der Geschichte Ost- und Westpreußens, Teil 3, hrsg. von Ernst O p g e n o o r t h, Lüneburg 1998, S. 134 ff.; D e r s., Zu den Nationalitätenverhältnissen in Westpreußen vor Ausbruch des Ersten Weltkrieges, in: Zeitschrift für Ostforschung 42, 1993, S. 391–405; Bernhart J ä h n i g, Die Bevölkerung Westpreußens um 1900, in: Westpreußen-Jahrbuch 42, 1992, S. 5–22.

von 1910[25] knapp 97 % Deutsch, 2 % Polnisch und 0,9 % Kaschubisch als Muttersprache an[26]. Gleichwohl wuchs der Anteil der Polen[27] von 1905 2.896 auf 1910 3.443 prozentual gesehen schneller als jener der Deutschen[28]. Da deren Zahl in der gleichen Zeitspanne absolut um 9.714 Personen anstieg, hatte dies in der Praxis aber keine Bedeutung[29]. 64,7 % der Danziger waren 1910 evangelisch und 32,6 % römisch-katholisch. Letztere hatten ihren Anteil seit 1861 (23,2) deutlich erhöhen können[30]. Die 1910 1,4 % der Bevölkerung stellenden Juden[31] spielten in der Stadt eine sehr bedeutsame wirtschaftliche und politische Rolle.

In der Gesamtprovinz stellten die Katholiken vor dem Krieg bereits eine knappe Mehrheit. Noch 1817 war Westpreußen vorwiegend evangelisch gewesen[32].

In der Jahrzehnten vor der europäischen Katastrophe von 1914 verschärfte sich in Westpreußen der Nationalitätenkonflikt zunehmend, wenn auch weniger dramatisch als in Posen. Dabei schaukelten sich deutscher und polnischer Nationalismus bis zum Teil extremer Polarisierung gegenseitig hoch[33]. Die damit einher gehende politische Destabilisierung wie die wirtschaftlich ohnehin zweischneidigen Boykottbestrebungen hatte wiederum negative Folgen für die ökonomische Entwicklung. Nicht zuletzt schreckten sie, wie bereits angedeutet, potenzielle Investoren ab.

Beide Seiten argumentierten aus einer subjektiv so empfundenen Defensivposition heraus. Jede Seite fühlte sich durch die andere in ihrer Rolle und zukünftigen Position bedroht. Besonders militant gebärdeten sich der 1894 in Posen gegründete Ostmarkenverein und die als Antwort darauf 1905 ins Leben gerufene polnische Straz (die Wache). Schnell wurde

---

25 1910 wurden die Kaschuben erstmals getrennt von den Polen gezählt.
26 Arthur G r ü n s p a n (Hrsg.), Bericht des Statistischen Amtes der Stadt Danzig für das Jahr 1911, Danzig 1912, S. 4.
27 1905 wurde bei der Zählung noch nicht zwischen Kaschuben und Polen unterschieden.
28 Die Zahl jener, die polnisch als Muttersprache angaben, erhöhte sich zwischen 1905 und 1910 um 6,3 %. Die Vergleichszahl für die Danziger deutscher Muttersprache liegt bei 5,3 %.
29 Ebenda, S. 3.
30 Walter G e i s l e r, Die Großstadtsiedlung Danzig, Danzig 1916, S. 30.
31 G r ü n s p a n, Bericht Statistisches Amt (wie Anm. 26), S. 4.
32 „Westpreußisches Volksblatt" vom 17.12.1913.
33 Sabine G r a b o w s k i, Deutscher und polnischer Nationalismus. Der deutsche Ostmarkenverein und die polnische Straz 1894–1914, Marburg/Lahn 1998, hier besonders S. 4.

die Losung „Ein Jeder zu den Seinen" bzw. „Swoj do swego" zur unbedingten Aufforderung. Sich ihr zu entziehen war besonders auf dem Lande und in den kleinen Städten schwierig. Denn hier wirkte ein ausgeklügeltes System der Beeinflussung, Überwachung und gegebenenfalls auch Nötigung weit effizienter als in großen Städten. Typisch für beide Seiten war die Hintanstellung wirtschaftlicher und sozialer Probleme und die herausgestellte Betonung nationaler Pflichterfüllung. So wurden die deutschen Wähler dazu aufgefordert, im „Abwehrkampf des Deutschtums" an „Ehre und Ansehen des Vaterlandes" zu denken, geschlossen an die Wahlurnen zu treten und „Wacht an der Weichsel zu halten" „wie einst die Väter am Rhein Wacht gehalten hätten". Und auch für den Arbeiter dürfe es nur die Parole geben: „Hie deutsch – hie polnisch!"[34] Eine zunehmend wichtige Rolle spielte hierbei die lokale und regionale Presse. Insgesamt gesehen waren die meisterhaft organisierten Polen erfolgreicher als ihre deutschen Gegenspieler. Während sie grundsätzlich in allen Wahlkreisen mit nur einem nationalen Kandidaten antraten, gelang das der deutschen Seite selbst in jenen Wahlkreisen nicht immer, wo nur wenige Stimmen den Ausgang bestimmten. Allein die Sozialdemokraten stellten grundsätzlich stets eigene Kandidaten auf, während in den sogenannten sicheren deutschen Kreisen[35] im ersten Wahlgang Konservative, Liberale, Zentrum und in Danzig auch die Mittelständler gegeneinander antraten. Sofern die Sozialdemokraten in die Stichwahl kamen[36], stellte

---

34 Zit. nach „Ostdeutsche Presse" Bromberg vom 5. 1., 8. 1. u. 15. 1. 1907 u. „Die Presse. Ostmärkische Tageszeitung (Thorner Presse)" vom 12. 1. 1912.
35 Das waren Danzig Land und Stadt sowie Elbing-Marienburg. Als polnische Hochburgen erwiesen sich stets mit deutlichen Vorsprüngen Neustadt-Karthaus, Berent-Pr. Stargard sowie Konitz-Tuchel. Hier fällt die starke Konzentration kaschubischer Bevölkerung ins Auge. In Konitz-Tuchel konnte der deutsche Kandidat maximal 50 % der Stimmen erreichen, die auf den polnischen Kandidaten empfiehlen. Besonders umkämpft waren die Kreise Stuhm-Marienwerder, Rosenberg-Löbau, Graudenz-Strasburg Schwetz und Thorn-Kulm-Briesen, wo oft nur wenige Stimmen den Ausschlag gaben. In Westpreußen siegten 1903 polnische Kandidaten in 3 von 13 Wahlbezirken. In der Provinz Posen, wo Polen fast zwei Drittel der Gesamtbevölkerung stellten, war die Situation genau umgekehrt. Dort setzte sich in 11 Wahlkreisen (darunter Posen) der polnische und in 4 Wahlkreisen (darunter die zweitgrößte Stadt der Provinz Bromberg) der deutsche Kandidat durch – „Ostdeutsche Presse" Bromberg vom 19. 1. 1907. Diese Relationen bleiben bis zum Weltkrieg weitgehend stabil bestehen.
36 Dazu waren sie in beiden Danziger Wahlkreisen in der Lage sowie im Wahlkreis Elbing-Marienburg. In der Industriestadt Elbing holten sie vor dem Weltkrieg bereits die absolute Mehrheit.

sich ihnen zumeist der geschlossene „Angstblock" von beiden konservativen Parteien, Zentrum und National- wie Linksliberalen entgegen. Die zum Teil äußerst heftigen Auseinandersetzungen zwischen ihnen traten, wenn auch nur für den Augenblick, zurück. Noch zögerliche, vorsichtige und in sich widersprüchliche Annäherungen zwischen Linksliberalen und Sozialdemokraten waren gleichzeitig in Danzig und Elbing nicht zu übersehen. Sie verband 1912 das Bestreben, die Macht des „schwarzblauen Blocks" aus Konservativen und Zentrum zu brechen[37]. Keine gesicherten Informationen liegen zum Wahlverhalten der Polen und Kaschuben für die Fälle vor, in denen der polnische Kandidat nicht in Stichwahl stand. Es ist anzunehmen, dass in stärker ländlichen Regionen Wahlenthaltung geübt bzw. der Zentrumsmann bevorzugt wurde, sofern er in die entscheidende Runde gelangte. Die vom polnischen Zentralkomitee in Posen herausgegebenen Stichwahlparolen empfahlen dessen Unterstützung, sofern dieser mit einem bürgerlichen oder sozialdemokratischen Kandidaten in die Entscheidung kommen sollte. Wo der Kandidat der Sozialdemokratie gegen einen deutschen bürgerlichen Kandidaten (außer Zentrum) stand, sollte dieser gewählt werden. Für den Fall einer Stichwahl zwischen einem Linksliberalen und einem anderen bürgerlichen Vertreter, wurde Stimmabgabe für den Fortschrittler empfohlen, „falls er nicht der hakatistischen Richtung angehört". Stimmenthaltung war bei der Auseinandersetzung zwischen Nationalliberalen und Konservativen oder Antisemiten zu üben[38]. In Danzig dürften zahlreiche polnische und kaschubische Stimmen bei den im Stadtkreis schon traditionellen Stichwahlen an den Sozialdemokraten gefallen sein. Folgt man den auch in der offiziösen „Norddeutschen Allgemeinen Zeitung" geäußerten Vermutungen, dann haben nicht wenige Zentrums- und auch SPD-Wähler in Stichwahlen einen polnischen Kandidaten unterstützt; dieses, so die Annahme, manche bereits in der Hauptwahl, so beispielsweise im posenschen Wahlkreis Birnbaum–Schrimm–Samter–Obornik. Als heikel galt die Lage im Wahlkreis Bromberg, wo dem deutsche Kompromisskandidaten nur über einen Sieg in der Hauptwahl das dortige Reichstagsmandat sicher schien,

---

37 Zum Reichstagswahlkampf in Danzig und Westpreußen siehe Lutz O b e r d ö r f e r, Die Danziger Presse vor dem Ersten Weltkrieg. Das Jahr 1912, in: Das Preußenland als Forschungsaufgabe. Festschrift Udo Arnold, hrsg. v. Bernhart J ä h n i g u. Georg M i c h e l s, Lüneburg 2000, speziell S. 595–606.
38 „Ostdeutsche Presse" Bromberg vom 31.1.1907.

weil in einer Stichwahl die in der Stadt Bromberg starke Sozialdemokratie und die Polenpartei zumindest numerisch in der Mehrheit sein würden[39]. Allgemein wuchs vor allem in der Provinz Posen vor dem Weltkrieg die Entfremdung zwischen Polen auf der einen und Deutschen und Juden auf der anderen Seite.

Die Situation in der Stadt Posen beschrieb 1908 ein Zeitgenosse wohl zutreffend so: „In der Tat gehen Deutsche und Polen im engen Raume des heutigen Posen wie Fremde aneinander vorüber ... Wer die gesellschaftlichen Zirkel der Stadt oder ihre öffentlichen Vergnügungen besucht, wer an ... Versammlungen ... teilnimmt, der findet überall die Nationalitäten gesondert ... In den Straßen der Stadt klingen beide Sprachen durcheinander, aber daß ein Deutscher polnisch redet, geschieht fast nie, und daß ein Pole deutsch spricht, nur selten."[40]

Ähnliches kann für Danzig, wo die Situation eine andere war, nicht festgestellt werden. Der Unterschied zwischen Posen und Danzig, die beide konfessionell gemischt waren, zeigt sich auch an der Zahl der Eheschließungen zwischen Evangelischen und Katholiken. In Posen waren es bei noch weiter sinkender Tendenz 1910 nur 2,9 pro tausend Einwohner. Die Vergleichszahlen für Berlin 22,8, Breslau 40,8, Gelsenkirchen 11,2, Köln 24,0, Danzig 20,6 und für Gesamtpreußen 10,8 machen den Unterschied deutlich[41]. In den großen Zeitungen, der linksliberalen „Danziger Zeitung", der nationalliberalen „Danziger Neueste Nachrichten", der konservativen „Danziger Allgemeinen", der sozialdemokratischen „Danziger Volkswacht" wie in dem Zentrumsorgan „Westpreußisches Volksblatt" ging man von der selbstverständlichen Normalität einer deutschen Großstadt aus. Die 1891 begründete und dreimal in der Woche mit den Titelzusätzen „Mit Wahrheit und Gott" und „Gelobt sei Jesus Christus" erscheinende „Gazeta Gdanska" verkaufte nur wenige Exemplare in Danzig. Ihre Leserschaft fand sie vor allem in der Kaschubei[42]. Das deutsch-

---

39 Ebenda vom 1.1., 3.1., 8.1. u. 19.1.1907.
40 Zit. nach Jaworski, Handel und Gewerbe im Nationalitätenkampf (wie Anm. 15), S. 85.
41 Horst Matzerath, Urbanisierung in Preußen 1871–1914, Stuttgart 1985, 239.
42 1913 erreichte die Gesamtauflage etwa 15.700 Exemplare, von denen jedoch nur 120 bis 140 in Danzig verkauft wurden. – Andrzej Romanow, Gdanska prasa polska 1891–1920 [Die Danziger polnische Presse 1891–1920], Warszawa 1994, S. 47 u. 131; Peter Oliver Loew, Die Danziger Presse im 19. und 20. Jahrhundert, in: Beiträge zur Geschichte Westpreußens 18, 2002, S. 111 f.

polnische Problem, welches Danzig nur indirekt zu betreffen schien, spielte in den Spalten der großen deutschsprachigen Blätter deshalb auch keine größere Rolle. Im hanseatisch-liberal geprägten Danzig war es für radikal nationale Stimmen zumal schwieriger als anderswo. Immer wieder waren Klagen über eine schlechte Resonanz bei Veranstaltungen solcher Organisationen wie des Flottenvereins oder der Alldeutschen zu vernehmen. Der Ostmarkenverein, der 1912 Mitgliederverluste in Westpreußen beklagte, war mit gut 700 Mitgliedern, darunter besonders viele aus dem öffentlichen Dienst, nicht stärker als etwa in Hamburg. Es wäre unrichtig zu behaupten, dass seine schrillen Parolen in Danzig eine Mehrheit erreichten. Weit einflussreicher war der linksliberale Hansabund. In der Zahl der Mitglieder doppelt so stark wie der Ostmarkenverein, besaß er in Danzig eine der stärksten Ortsgruppen in Deutschland[43].

Selbst in den kurzen, dennoch heftigen und äußerst polemisch geführten Wahlkämpfen, dominierten klar andere Fragen und Themen. Im Grunde kam die deutsch-polnische Problematik in Danzig kaum zur Sprache, sieht man einmal von kurzen Aufrufen an die deutschen Wähler auf einer der Innenseiten ab, in national umkämpften Wahlkreisen wie Schwetz zur Wahl zu gehen und dort dem deutschen Kompromisskandidaten die Stimme zu geben. Andererseits kritisierte nur die westpreußische Sozialdemokratie konsequent die Überbetonung nationaler Argumente und betonte die Gemeinsamkeit der Interessen aller Arbeiter unabhängig von ihrem nationalen Bekenntnis. Dafür stand sie besonders in national umkämpften Gebieten als Partei ohne Vaterland unter heftigem Beschuss der deutschen und polnischen Medien.

Bis zum Weltkrieg blieb Danzig eine politische Hochburg der Liberalen, deren deutliche Mehrheit hier dem Freisinn zuneigte. Auch bei den letzten Reichstagswahlen vor dem Krieg 1912 siegte der Fortschrittler Schriftsteller Friedrich Weinhausen klar in der Stichwahl. In der Hauptwahl ergab sich folgende Stimmenverteilung: Weinhausen 8.418, Marckwald (SPD) 8.038, der gemeinsame Kandidat der Rechten (Konservative, Zentrum, Mittelstandspartei) Dentler 7.121 und der Vertreter der Polenpartei von Kupczynski 498. In Danzig Land wurde in der Hauptwahl die SPD erstmals stärkste Partei. Für ihren Kandidaten Julius Gehl entschieden sich 5.072 Wähler. Es folgten der Stichwahlsieger Dörksen (Reichs-

---

43 „Danziger Zeitung" vom 7. 11. 1912 u. „Westpreußisches Volksblatt" vom 25. 2. 1913.

partei) mit 4.709, Schümmer (Zentrum) mit 4.377 und von Kupczynski mit 1.012 Wählern[44]. Auch bei den Abgeordnetenhauswahlen von 1913 siegten in Danzig die Liberalen klar. Als ihre Hochburgen erwiesen sich schon traditionell die bürgerlichen Wohngebiete.

Bemerkenswert war nicht nur der erstmalige Einzug der SPD in die Stichwahl von Danzig Land. Erneut hatte sie auch im Stadtkreis deutlich zulegen können[45]. So manchem an der Weichselmündung erschien der stetige Aufstieg der von allen Seiten bekämpften Sozialdemokratie, die bereits Stettin und Königsberg gewonnen hatte, unheimlich, beängstigend und dennoch vielleicht nicht mehr zu stoppen. Gleichzeitig zeigten sich im Reichstagswahlkampf von 1912 und danach unverkennbare, wenn auch keineswegs widerspruchsfreie Signale der Annäherung zwischen den Danziger Linksliberalen und der dortigen Sozialdemokratie. Vor allem ging es um eine engere, gleichwohl bedingte Zusammenarbeit bei der Bekämpfung des „fortschrittsfeindlichen" sogenannten schwarz-blauen Schnapsblocks oder des polemisch so bezeichneten „Bundes der Ritter und der Heiligen". Dort begünstigte man solche Tendenzen insofern, als das Zentrumsblatt gleichzeitig gegen die „blutroten" Sozialdemokraten wie den „rosaroten Fortschritt" wetterte[46]. Die mehrheitlich rechts stehenden Danziger Konservativen forderten zum Kampf „gegen die Fluten der Demokratie" und ihre beiden Seiten: Fortschrittspartei und Sozialdemokratie. Jeder patriotische Staatsbürger, dem der „Schutz ehrlicher deutscher Arbeit", „der schaffenden Arbeit" und der weitere Aufschwung des Vaterlandes am Herzen liege, dürfe keineswegs die großkapitalistischen Vertreter des „Börsenfreisinns" bzw. der „goldenen" oder jene der „vaterlandslosen" „roten" Internationale wählen[47]. Zu den sicher in Westpreußen nicht wirkungslosen Wahlslogans der deutschen Rechten, zu der sich das Danziger Zentrum unter ihrem Vorsitzenden Sawatzki ausdrücklich zählte, gehörte, dass eine Abschaffung des Dreiklassenwahlrechtes allein der „roten" und der „gelben Internationale, die sich in der Sozialdemokratie und im Freisinn verkörpere", nützen, aber dem Osten nur

---

44 Ergebnisse nach „Danziger Allgemeine Zeitung" vom 13. 1. 1912.
45 1878, als sich die SPD erstmals an Reichstagswahlen in Danzig beteiligte, erhielt sie lediglich 114 Stimmen.
46 „Westpreußisches Volksblatt" vom 1. 5. 1913.
47 Zum Beispiel „Danziger Allgemeine Zeitung" vom 3. 1., 9. 1., 11. 1., 12. 1., 13. 1., 16. 1., 20. 1., 23. 1. und 16. 10. 1912.

Nachteile bringen würde. Ihre Einflussmöglichkeiten in Berlin müssten stark zurückgehen und die Grundlagen Preußens großen Schaden erleiden. Direkt an die Danziger gewandt, forderte die in einem Bündnis zu den Abgeordnetenhauswahlen von 1913 vereinte Rechte (beide konservative Parteien, Mittelstandsvereinigung und Zentrum) am 6. Mai dazu auf, der „Liebe und Treue zu König und Vaterland, zu Thron und Altar" machtvollen Nachdruck zu verleihen. Allein eine starke Rechte sei in der Lage, den gefährlichen Ansturm des gemeinsamen Hauptfeindes, von Sozialdemokratie und Linksliberalismus (der „blutroten und rosaroten Bundesgenossen"[48]) auf den „monarchischen und christlichen Gedanken" abzuwehren[49]. Gleichzeitig betonte der Block der Danziger „rechtsgerichteten Parteien" soziales Engagement wie Verantwortung und versprach als wahrer Beschützer und Förderer „aller Erwerbsstände" besonders den wirtschaftlich Schwachen zu helfen[50]. Soziale Verantwortung und staatliche Hilfe für die Schwachen in der Gesellschaft schrieben sich vor dem Weltkrieg alle Parteien im Kampf um Danziger Wählerstimmen auf ihre Fahnen[51].

So sehr sich westpreußischer und das hieß vor allem Danziger Fortschritt und westpreußische Sozialdemokratie auch in wichtigen Fragen schon angenähert hatten und in der Hauptstoßrichtung gegen „Junker- und Pfaffenherrschaft"[52] einig sein mochten, so blieben doch große Differenzen. Die stetigen Erfolge in Danzig stärkten den Glauben der an der Mottlau eher linken SPD, dass auch in der alten liberalen Hochburg die Zukunft ihnen und ihren Visionen gehören würde und sie den „immer

48 „Westpreußisches Volksblatt" vom 24. 2. 1913.
49 Ebenda vom 25. 4., 6. 5. u. 7. 5. 1913. Ähnlich argumentierten die Redakteure der „Danziger Allgemeinen". Die nationalliberal ausgerichteten „Danziger Neueste Nachrichten" [sie war nach der „Gazeta Grudziadzka" die am meisten verkaufte westpreußische Zeitung] fuhren beständig schweres Geschütz gegen die Sozialdemokratie auf, hielten sich jedoch aus pragmatischen wie taktischen Gründen gegenüber dem an der Mottlau politisch weit gewichtigerem Freisinn meist zurück, jedenfalls mit direkten Angriffen.
50 „Westpreußisches Volksblatt" vom 25. 4. 1913.
51 Darauf hat die linksliberale „Danziger Zeitung" zum Beispiel in der Abendausgabe des 12. 1. 1912 berechtigt hingewiesen.
52 Die Wahlkämpfe vor dem Weltkrieg wurden in Danzig und Westpreußen kurz aber scharf geführt und hochpolemisch. Die für sich reklamierten Ergebnisse wie die programmatischen Zielstellungen spielten zumeist eine deutlich größere Rolle als Eignung oder behauptete Nichteignung der Kandidaten. Vor Anschlägen, Flugblättern und Wahlversammlungen spielte die Presse im Wahlkampf inzwischen die erste Rolle.

wieder" aus Furcht vor dem „anstürmenden Proletariat" entstehenden „großen Angstblock" von den Konservativen bis zu den Freisinnigen an den Wahlurnen besiegen würden. Die Hoffnungen auf den baldigen großen Erfolg nährten nicht nur die Zugewinne wie die Verkürzung des liberalen Vorsprungs. Immer noch kamen die allermeisten Nichtwähler in Danzig aus der Arbeiterschaft[53], der potenziellen Klientel der Sozialdemokratie. Wieder hatten sich zahlreiche katholische Arbeiter, „übel beraten durch ihre Führer ... gegen ihre Brüder gewandt". Die SPD der Weichselmetropole bemühte sich speziell um sie und darüber hinaus um eine verbreiterte Wählerbasis bis in Angestellten-, Beamten-[54] und Handwerkerkreise hinein[55] und rechnete bei geheimen Reichstagsstichwahlen fest mit der Mehrheit der polnischen Wähler. Stolz verkündete die „Volkswacht" in Auswertung der Wahlen zum Reichstag am 24. Januar 1912: „Gegen vier Parteien schlugen wir uns, Konservative, Zentrumsmannen, Liberale aller Farbennuancen und auch den Heerbann der Polen". Dennoch sei die Partei erneut stärker geworden. Euphorisch endete der Beitrag mit der Erwartung: „Der Tag ist unvermeidlich, an welchem wir auch in Danzig Stadt und Land die rote Fahne hissen." Unaufhaltsam rücke die Stunde heran, „an dem ... das Deutsche Reich, das immer noch das Reich der Reichen ist, erst wahrhaft zum Reiche des deutschen Volkes werden wird"[56]. Zum wichtigsten Nahziel auf diesem Weg hatte die „Volkswacht" in einem programmatischen Beitrag am 20. Januar 1912 die Befreiung des werktätigen Volkes vom „Alp der konservativen Schreckensherrschaft, von dem Druck der antisemitisch durchseuchten junkerlichen Reaktion" erklärt.

Gespalten war die Danziger Öffentlichkeit in ihrer Haltung zum auch im konservativen Lager umstrittenen Gesetz von 1908, welches es der preußischen Regierung unter bestimmten Voraussetzungen gegen materielle Entschädigung erlaubte, polnischen Grundbesitz „zur Stärkung des

---

53 Das lag auch daran, dass die Arbeiterschaft in Danzig besonders mobil war und für nicht wenige die Mottlaustadt bloß eine Art Durchgangsstation darstellte.
54 Dazu gehörte auch die mehrfache Betonung, dass die Wahlen in Danzig wirklich geheim seien und deshalb niemand Angst vor beruflichen Konsequenzen zu haben brauche.
55 Aus den Spalten der „Volkswacht", der einzigen sozialdemokratischen Zeitung Westpreußens, wird das verstärkte Bemühen deutlich, dem verbreiteten und vom bürgerlichen Lager in den Vordergrund gerückten Image als gesamtstaatlich verantwortungslose Partei wirksam entgegenzutreten.
56 „Volkswacht" vom 27. 1. 1912.

Deutschtums" in Posen und Westpreußen zu enteignen[57]. In der Praxis zeigte das sehr zögerlich angewandte Gesetz zwar wenig Wirkung, dafür um so mehr im psychologischen Bereich, wo es vor allem zur gesteigerten Verbitterung der sich herausgefordert und ungerecht behandelt fühlenden Polen beitrug. Es lieferte Wasser auf die Mühlen jener polnischen Kräfte, die eine gesellschaftliche Absonderung der polnisch sprechenden Bürger wie eine Verschärfung der nationalen Gegensätze betrieben.

Betrachtet man die politischen Gegebenheiten und die Stimmenanteile bei den freien und geheimen Reichstagswahlen, so drängt sich geradezu die Schlussfolgerung auf, dass eine Mehrheit im zuständigen preußischen Abgeordnetenhaus ohne das Dreiklassenwahlrecht nicht zustande gekommen wäre. Nehmen wir zur Illustration nur das Beispiel Danzig[58]. Hier wählten 17 Wähler der I. Klasse, 161 der II. und 1.132 Wähler der III. Klasse einen Abgeordneten. Dazu waren die Wahlen zum preußischen Abgeordnetenhaus wie jene in den Kommunen auch noch offen. In der Praxis führte das dazu, wie die „Danziger Zeitung"[59] zu Recht beklagte, dass die Konservativen, die bei den Reichstagswahlen von 1912 nur 15,6 % der Stimmen erhalten hatten, dennoch fast die Hälfte aller Sitze im Abgeordnetenhaus einnahmen. „Ein Dutzend Zentrums-Agrarier" reichten hier demnach schon für die Mehrheit. So war es kein Wunder, dass das Gesetz über die bedingte Enteignung polnischen Grundbesitzes relativ problemlos die Berliner Kammer passierte. Im allerdings nicht zuständigen Reichstag sah das Bild ganz anders aus. Hier stimmten 213 Deputierte dem polnischen Antrag auf Nichtbilligung zu und 43 enthielten sich. Unterstützung erfuhr das Enteignungsgesetz nur von 97 Abgeordneten[60].

Blicken wir auf Danzig. Zustimmend äußerten sich die an der Mottlau relativ schwachen Konservativen und eindringlich die Nationalliberalen[61], für die das Gesetz längst überfällig war, seine Bestimmungen und die Um-

---

57 Hartmut Boockmann, Deutsche Geschichte im Osten Europas. Ostpreußen und Westpreußen, Berlin 2000, S. 387; Hans-Ulrich Wehler, Die Polenpolitik im Deutschen Kaiserreich 1871–1918, in: Politische Ideologien und nationalstaatliche Ordnung. Festschrift Theodor Schieder, München u. Wien 1968, S. 309.
58 In der Handelsmetropole Danzig profitierten die Liberalen am stärksten vom Dreiklassenwahlrecht.
59 Morgenausgabe vom 8. 1. 1913.
60 „Westpreußisches Volksblatt" vom 13. 1. 1913.
61 Ihr Sprachrohr, die „Danziger Neueste Nachrichten", teilte die Auffassung des Ostmarkenvereins, dass alle Erfahrungen gegen eine Versöhnungspolitik sprächen (Ausgabe vom 7. 11. 1912).

setzung gleichwohl aber nicht weit genug gingen. Dagegen argumentierten neben den Polen und Kaschuben das Zentrum, die SPD und die Linksliberalen, mithin jene beiden politischen Gruppierungen, die bei den Reichstagswahlen die meisten Stimmen erhalten hatten. Zur Argumentation der Danziger Gegner zwei Beispiele: Das Zentrumsblatt schrieb am 14. Januar 1913 rückschauend, „daß die bislang verfolgte Polenpolitik nie zu dem erhofften Ziele (gemeint ist die Integration der Polen in den Staat – L. O.) führen wird", müsste inzwischen „auch dem Blödesten klar geworden sein". Nachdrücklich unterstützte das „Westpreußische Volksblatt"[62] die abgedruckte Auffassung des früheren Landrates im Kreis Mogilno, Karl von Puttkammer. In seinem Buch „Die Misserfolge in der Polenpolitik" hatte der Kammerherr resümierend gefordert: „Fort mit der Ansiedlung, die nur unnütze Kosten macht, fort mit allen Ausnahmegesetzen, inclusive der Sprachengesetze, und fort mit der Unterdrückung von Staatsbürgern, die sich nichts gegen die Staatsgesetze haben zuschulden kommen lassen." Wie Puttkammer glaubten auch die Danziger Zentrumsleute, genau dieses läge im besten Interesse Preußens und des Deutschen Reiches. Die auf Sachlichkeit und Seriosität bedachte „Danziger Zeitung", neben der „Königsberger Hartungschen Zeitung" das zweite große Blatt des Ostens, nannte die Verabschiedung einen folgenschweren Schritt wie einen schweren Fehler und zitierte den linksliberalen Abgeordneten Pachnicke, der namens seiner Fraktion im Abgeordnetenhaus das Gesetz als verfassungswidrig wie töricht bewertet hatte. „In einer ohnehin an Kämpfen überreichen Zeit" würde es „nur die Gemüter verbittern und den Radikalismus fördern."[63]

Ungeachtet dessen, sonderliche Aufmerksamkeit widmeten die Danziger Zeitungen mit Ausnahme der „Gazeta Gdańska" dem Problem nicht. Andere Fragen erschienen am Unterlauf der Weichsel einfach wichtiger bzw. fanden mehr Interesse. Schnell zu merken ist der Unterschied bei einem Vergleich etwa mit Bromberger Zeitungen.

In dem hier schlaglichtartig abgesteckten Rahmen, der kurz skizzierten Strukturen, politischen Machtverhältnisse, Gegebenheiten und Umstände, hatte jede Politik in Danzig zu agieren, deren Ziele sich auf den Nenner zügige oder möglichst verzögerte Modernisierung Danzigs und West-

---

62 Beispielsweise am 12. 5. 1913.
63 „Danziger Zeitung" vom 14. 10. 1912.

preußens bringen lassen. Dabei stand objektiv betrachtet im ausgehenden 19. Jahrhundert zumindest in Danzig nicht mehr die Frage des Ob, sondern nur noch des Wie. So unangenehm für viele Menschen die damit einher gehenden Veränderungen und Begleitumstände wie die verbreiteten Ängste gerade auf dem platten Land auch sein mochten, reale Alternativen dazu gab es nicht[64]. Denn Stillstand musste Rückschritt bedeuten. Und klar war allen nüchternen Analysten, dass allein durch eine erfolgreiche Teilnahme an der Industrialisierung jene dringend benötigten Mittel erwirtschaftet werden konnten, die nötig waren, um der rasch wachsenden Bevölkerung Perspektiven in der Heimatregion geben zu können, den tiefen wie einschneidenden Umstrukturierungsprozess sozial etwas abzufedern und es Danzig und Westpreußen mit allen damit verbundenen Konsequenzen zu ersparen, eines der Armenhäuser Deutschlands zu werden. Nur so bestand Aussicht, die vielfach beklagte Abwanderung junger und dynamischer Menschen zu verringern und schließlich aufzuhalten, schweren sozialen Verwerfungen und mit ihnen politischer Instabilität vorzubeugen. Aus der Sicht preußisch-deutscher Staatsräson, die nicht nur die Sirenen des Bundes der Landwirte und des Ostmarkenvereins aus Dummheit, Verblendung oder schierem Eigeninteresse nicht akzeptieren wollten, boten Industrialisierung und Urbanisierung auch das einzig probate Mittel, um viele Polen und Kaschuben – gerade aus den benachteiligten Unterschichten – durch Teilhabe an den verbesserten Aufstiegsmöglichkeiten, über einen höheren Lebensstandard und verbesserte Lebensperspektiven für sich und ihre Familien mit dem Staat auszusöhnen und schließlich in diesen zu integrieren. Dabei setzte man auch auf die integrativen und assimilatorischen Kräfte der Großstadt, in deren Anonymität sich überkommene Bindungen weit rascher lockerten und auflösten, wo gemeinsame soziale Interessen nationale Unterschiedlichkeiten schneller in den Hintergrund treten ließen. Das gemeinsame Erlebnis etwa eines Streiks für höhere Löhne und bessere Arbeitsbedingungen wie die verführerischen Kräfte echter Karrierechancen mussten die

---

64 So lange die allermeisten Lebensmittel noch auf offenen Märkten und nicht in Supermärkten verkauft wurden, half eine wachsende städtische Kaufkraft auch zahlreichen mittleren und kleineren regionalen Produzenten. Gleichwohl war klar, dass die Verlierer der neuen Zeiten vor allem aus den Reihen der Landbevölkerung kommen würden. Und das ganz unabhängig von ihrer Nationalität oder ihrem religiösen Bekenntnis.

Integration ebenfalls begünstigen. In Großstädten wie Berlin, Dortmund oder Danzig gab es auch nicht jene Mechanismen nationaler Disziplinierung[65], wie sie besonders in Posen aber auch in Westpreußen bestanden; wie öffentliche Denunziation „verräterischer" Landsleute bis hin zur Aufstellung von Boykottposten vor Geschäften oder Gaststätten deutscher Inhaber, die polnische Kunden am Betreten behinderten oder beim Verlassen laut beschimpften. Möglichst sollten die Deutschen auch im gesellschaftlichen Umgang (Eheschließungen, Krieger- und andere Vereine etc.) gemieden werden[66].

Wichtig musste es vor dem Hintergrund einer für nötig wie unverzichtbar erachteten Modernisierung der östlichen Provinzen zunächst sein, das ökonomische Auseinanderdriften zwischen diesen und den Aufstiegsregionen des Westens zu verlangsamen und gleichzeitig die Voraussetzungen dafür zu schaffen, um diesen Trend zu stoppen. Der bestehende Vorsprung gegenüber den östlichen und südlichen Nachbarn musste gehalten und möglichst ausgebaut werden. Gleichzeitig galt es für Danzig, sich der Konkurrenz Königsbergs und Stettins zu erwehren, der schärfsten Wettbewerber der Weichselmetropole in Ostdeutschland. Von nicht zu unterschätzender Wichtigkeit war der Abbau von im Westen weit verbreiteten wie gepflegten Vorurteilen über den Osten des Landes wie eigener Minderwertigkeitskomplexe. Vor allem das Erste erschwerte nachhaltig die Ansiedlung kapitalkräftiger Investoren. Deshalb beklagte z. B. am 22. Januar 1913 die „Danziger Zeitung", dass obwohl der Osten potenziell viel zu bieten habe, er im Westen immer noch verbreitet „als reizloses, entsetzliches Land, noch immer als deutsches Sibirien" angesehen werde. Gerade deshalb bemühte sich Danzig – und dies mit rasch wachsendem Erfolg – nationale Kongresse, wie den der Chemiker, der Apotheker oder der Germanisten in die Stadt zu holen. Was dann den angereisten Gästen vor allem im Rahmenprogramm geboten wurde, kann ich nur als attraktiv bezeichnen.

Die Notwendigkeit einer Einbeziehung Danzigs und Westpreußens in den sich beschleunigenden Prozess der Industrialisierung wurde nicht nur in lokalen wie regionalen Wirtschafts- und Politikkreisen, sondern auch zunehmend in Berlin erkannt. Allerdings standen einer großzügigen

---

65 Zumindest nicht in dem Umfang wie in weitesten Teilen der Provinz Posen.
66 J a w o r s k i (wie Anm. 15), S. 85.

staatlichen Unterstützung erhebliche Hindernisse im Weg. Zum einen hielt sich der Staat, nicht zuletzt ein Ergebnis des Kompromisses zwischen Bismarck und den Nationalliberalen nach 1866, auf industriepolitischem Feld relativ stark zurück und überließ das Feld weitgehend den Kräften des Marktes. Diese Haltung änderte sich erst seit den 90er Jahren, speziell nach der Jahrhundertwende. Darüber hinaus war eine aktive Interventionspolitik sehr teuer und es gab um die verfügbaren Mittel heftige Auseinandersetzungen zwischen Bewerbern aus ganz Deutschland bzw. ganz Preußen. Von ganz wesentlichem Gewicht war, wie bereits erwähnt, die staatliche Agrarpolitik, die vor allem den in immer neuen Schwierigkeiten steckenden großen Gütern des Ostens zu gute kam. Wohl berechtigt meinte Karl Lamprecht 1911, sie sei einer der „größten Schwämme gewesen, welche die Flut der nationalen Ersparnisse aufsogen"[67]. Die damit eng verknüpfte Schutzzollpolitik lag ebenso im Interesse der kleinen und mittleren Bauern. Heftig bekämpft von der SPD und den Freihändlern stritten die Konservativen zäh um jede Subventionsmark für ihre Klientel. Nicht zuletzt diese Rolle sicherte ihnen ihre starke Position im ländlichen Preußen und erklärt zu einem guten Teil die offenkundig tiefen Unterschiede im Wahlverhalten zwischen Danzig, Stettin oder Königsberg auf der einen und Braunsberg/Heilsberg, Thorn/Kulm/Briesen bzw. Anklam/Demmin auf der anderen Seite.

Trotz der genannten enormen Probleme und Schwierigkeiten wie des komplizierten Geflechts divergierender Interessen machte Danzig (und das weit stärker als die Provinz) in den letzten beiden Jahrzehnten vor dem großen Krieg beachtliche Fortschritte auf dem Weg zur modernen und leistungsfähigen Großstadt[68]. Diese Entwicklung erhielt zusätzliche Impulse, als die Heeresführung endlich ihre Widerstände aufgab und die innere Umwallung zwischen 1895 und 1897 niedergelegt werden konnte. Dadurch wurde nicht nur dringend benötigter Platz, sondern auch wertvolles Bauland gewonnen, dessen Erschließung weit einfacher war als die des alluvialen Schwemmlandes im flussnahen Bereich. In kurzer Zeit entstand auf dem alten Wallgelände ein großstädtisch gebauter Stadtteil, der Alt-Danzig mit seinen westlichen Vorstädten (Petershagen, Neugarten u. a.) verband. Lebendig blieb der alte Festungsgürtel aber in den Namen

---

67 B o o c k m a n n (wie Anm. 57), S. 373.
68 Eine eigenständige Wirtschaftspolitik Danzigs setzte in den siebziger Jahren des 19. Jahrhunderts ein – F u n k, Wirtschaftspolitische Stellung (wie Anm. 6), S. 20.

der neuen, breiten Straßen wie Dominikswall, Elisabethwall oder Stadtgraben[69]. Zügig erweitert wurde das Stadtgebiet, besonders nach der Jahrhundertwende, durch weitere Eingemeindungen[70]. Im Ergebnis wuchs die Gemarkungsfläche zwischen 1871 und 1910 um 244 %. Das war schneller als in Frankfurt am Main oder in Hamburg, aber langsamer als die Ausdehnung Hannovers oder Posens. Absolut entwickelte sich die Gemarkungsfläche Danzigs wie folgt: 1871 1.500, 1900 1.977 und 1910 3.667 Hektar. Nachdem die Gemarkungsfläche Danzigs 1900 noch bei 1.997 ha gelegen hatte, waren es 1910 bereits 3.667 ha[71].

Wie in anderen Großstädten beschleunigte sich die Citybildung, also die Umwandlung der inneren Stadtteile aus Wohnvierteln zu Geschäftsvierteln. Zur Einkaufsmeile der Danziger entwickelte sich rasch das Gebiet zwischen Hundegasse und Breitgasse einerseits sowie Kl.- und Gr. Wollwebergasse sowie der Mottlau (Lange Brücke) andererseits[72]. Hier gab es vor dem Weltkrieg alles, was eine moderne Großstadt des beginnenden 20. Jahrhunderts bieten konnte[73]; von original Pariser Modellen über feinste englische Tuche bis hin zu einer Riesenauswahl an den damals so ungemein populären wie kaum verzichtbaren Korsetts. Das bekannte Kaufhaus von Nathan Steinfeld in der Altstadt wie in Langfuhr bot fertige Ausführungen in „allen Preislagen"; von den Modellen „Ida" über „Lola" bis „Herkules" mit 14 Spiralfedern. Die Preise pro Stück schwankten zwischen 1,25 und 3,75 Mark. Das meiste Geld musste dabei für ein Frackkorsett aus geblümten feinfarbigen Stoffen mit 14 Spiralfedern auf den Tisch gelegt werden. Spitzenhemden ließen sich für 3,50 bis 4 Mark erwerben. Günstiger war es selbstverständlich in Sonderverkäu-

---

69 Alfred Hirsch, Die geographische Lage und Entwicklung Danzigs, Danzig 1912, S. 50.
70 Zu Details und Vergleichen mit anderen deutschen Großstädten Sigmund Schott, Die großstädtischen Agglomerationen des Deutschen Reiches 1871–1910, in: Schriften des Verbandes deutscher Städtehistoriker, H. 1, Breslau 1912, (130 S.). Danach betrug der Einwohnergewinn durch Eingemeindungen 1871–1900 3.118 und zwischen 1900 und 1910 15.196. – Ebenda, S. 99.
71 Ebenda, S. 91.
72 Arthur Grünspan (Hrsg.), 2. Bericht des Statistischen Amtes der Stadt Danzig für das Jahr 1912, Danzig 1913, S. 5. Im genannten Stadtbereich verringerte sich die Wohnbevölkerung besonders zügig seit 1905. Die größten Abnahmen verzeichneten in dieser Reihenfolge Breitgasse, Langgasse und Hundegasse. – Ebenda.
73 Die folgenden Angaben beruhen in erster Linie auf einer Auswertung der Annoncen in den Danziger Zeitungen „Danziger Zeitung", „Danziger Neueste Nachrichten", „Volkswacht", „Westpreußisches Volksblatt" u. „Danziger Allgemeine".

fen, für die umfangreich Werbung gemacht wurde. Manchmal wurde für diesen Zweck eine ganze Zeitungsseite gekauft, wobei die Reklamezeile immerhin bis zu 80 Pfennig kosten konnte. Selbstredend gab es auch „Kinder- und Backfischkorsetts" bzw. Knaben- und Backfischkonfektion in verschiedensten Qualitäten und Preisen und es wurden der werten Kundschaft zügige Maßanfertigungen besonderer Weiten und „Fassons" offeriert[74]. Qualitativ hochwertige, jedoch zumeist teurere Produkte offerierte in breiter Auswahl das Warenhaus von Walter Edelstein, das ebenfalls in Langfuhr und Zoppot vertreten war. In einer ähnlichen Preislage verkaufte auch das Warenhaus von Rudolph Herzog und das Konfektionshaus von L. Murzynski. Für den kleinen Geldbeutel offerierte in regelmäßigen Annoncen „Die Goldene Zehn" ein breites Angebot. Andere Geschäfte warben mit „Arbeiter-Confection" in „bester Qualität und billigsten Preisen"[75]. Eine umfangreiche und schnell zunehmende, zumeist illustrierte Berichterstattung über neueste Moden und ihre Trends befriedigte Leseinteressen, vor allem der Damenwelt, und verführte zum Geldausgeben. Auch Anbieter moderner häuslicher Dienstleistungen ließen besonders seit der Jahrhundertwende in der Einkaufsmeile nieder. So warben beispielsweise die in der Hundegasse 102 eröffnete „Erste Danziger Teppichklopferei und Reinigungs-Anstalt" sowie die in der Langgasse 5 ansässige Wäschemangel von Otto Dubke um Kunden. Diese Serviceeinrichtungen schien wie Plätt- oder Waschanstalten und ähnliche neue Dienstleister gut zu laufen, jedenfalls wenn die Suche nach tüchtigen Plätterinnen und Wäscherinnen als aussagekräftiges Indiz genommen wird. Ihr zunehmender geschäftlicher Erfolg war sicher in hohem Maße der schnell zunehmenden Erwerbstätigkeit von Frauen geschuldet. Gleichwohl wandte sich die Werbung weiter ausdrücklich an die Hausfrauen, so wenn die oben erwähnte Danziger Teppichklopferei und Reinigungsanstalt am 15. Juni 1900 in den „Danziger Neueste Nachrichten" damit Reklame machte, dass jede von ihnen, „die diesen Service" nicht in Anspruch nähme, „sich selbst in die Finger" schneiden würde. Auch Reiselustige wurden im Zentrum schnell fündig. In Reisebüros wie dem von Rudolf Kreisel in der Brotbänkengasse konnte der betuchte Danziger u.a. vierwöchige Italienreisen zu 850 Mark, 26 Tage Großbritannien für

---

74 Z.B. „Danziger Zeitung" vom 23. 5. 1907, Morgenausgabe.
75 „Danziger Neueste Nachrichten" vom 2. 6. 1900.

1250 Mark, 14-tägige Mittelmeerkreuzfahrten ab Hamburg ab 500 Mark oder eine 8-monatige Weltreise im Preis von 11.000 Reichsmark kaufen[76]. Solchen Luxus konnten sich aber wohl nur jene knapp 0,2 % der Danziger Privathaushalte leisten, deren Jahreseinkommen zwischen 30.500 und über 100.000 Mark lag[77]. Preiswerter war es in der Umgebung. Im Kurhaus von Putzig erhielt man schon für 100 Mark vier Wochen Übernachtung mit Vollpension[78]. Aber auch das war noch eine Summe, die den monatlichen Verdienst vieler Danziger und noch markanter den zahlreicher Bewohner des ländlich-kleinstädtischen Raumes überstieg.

Beachtlich waren die Leistungen bei der Entwicklung des Eisenbahnfernverkehrs, die der Entwicklung Danzigs und Westpreußens einen Schub gaben und Wachstumsperspektiven eröffneten. Nachteilig war allerdings für Danzig, dass die große Ostbahn, die Köln, Berlin, und Königsberg miteinander verband, die Handelsstadt an der Mottlau nicht direkt bediente und diese nur über eine Abzweigung von Dirschau, wo die Ostbahn die Weichsel überquerte, mit dieser wichtigsten West-Ost-Trasse verbunden wurde. Erst 1870 erhielt Danzig mit der Linie nach Köslin Eisenbahnzugang nach Pommern und damit auch durchgehend nach Stettin. Die Fertigstellung der Trasse Stettin–Bromberg–Thorn–Lowicz 1862 brachte der pommerschen Wachstumsmetropole sogar trotz des Schienenstranges Danzig–Thorn die bessere Bahnverbindung mit Warschau und St. Petersburg. Gerade deshalb war die von Danzig nachhaltig geforderte Linie Danzig–Marienburg–Mlawa–Warschau für die Mottlaustadt so überaus wichtig. Die Einweihung erfolgte 1877. Damit erhielt Danzig Anschluss an die russische Weichselbahn und das große Einzugsgebiet der Südwestbahnen. Weitere zäh verfolgte Interessenpolitik Danzigs trug dazu bei, dass sich seine verkehrspolitische Lage bis zum Weltkrieg weiter verbesserte[79]. Zu den Dimensionen und der Dynamik nur ein

---

76 „Danziger Neueste Nachrichten" vom 7.4.1900 u. „Danziger Zeitung" vom 4.4.1907, Abendausgabe.
77 Statistisches Jahrbuch für den preußischen Staat, Jg. 11, Berlin 1914, S. 291 f. Gut 40 % der Haushalte versteuerten ein Einkommen von unter 900 Mark und weitere knapp 50 % ein Einkommen zwischen 900 und 3.000 Mark.
78 „Danziger Neueste Nachrichten" vom 15.6.1900.
79 Hans-Jürgen T e b a r t h, Technischer Fortschritt und sozialer Wandel in deutschen Ostprovinzen. Ostpreußen, Westpreußen und Schlesien im Zeitalter der Industrialisierung, Berlin 1991, S. 83 ff.; Otto M ü n s t e r b e r g, Der Handel Danzigs: ein Versuch zur Darstellung der Entwicklung einer deutschen Seestadt des Ostens, Berlin 1906, S. 27 ff.; F u n k, Wirtschaftspolitische Stellung (wie Anm. 6), S. 16 u. 23 f.

Beispiel. Bei seiner Bildung 1895 verfügte der Eisenbahnbezirk Danzig über ein Streckennetz von 1.700 km. Im Oktober 1911 waren es bereits 2.600 km[80]. Schon im Winter 1906 fuhren täglich drei bis sechs durchgehende Schnellzüge von Berlin über Stettin nach Danzig. Weitere sieben bis zehn verbanden Königsberg via Schneidemühl mit der Reichshauptstadt. Reisende nach Danzig, die diese Verbindung nutzten, hatten hier in Dirschau umzusteigen[81]. Dort mussten sie in der Regel aber nicht lange auf einen Anschlusszug warten.

Sehr zügig verlief der Auf- und Ausbau des Danziger Nahverkehrs[82]. Dank Eisenbahn, elektrischer Straßenbahn und örtlicher Schiffahrt wurden Arbeitsplätze, Einkaufszentren und Erholungsgebiete schnell erreichbar. So dauerte die Fahrt zwischen Zoppot oder Neufahrwasser nach Danzig Hbf. nur 20 Minuten. Bahn und S-Bahn fuhren bei guter Pünktlichkeit häufig, z. B. für 20 Pf. (seit 1904) alle 5 Minuten zwischen Langfuhr und Danzig Hauptbahnhof. Durch die Einführung von Arbeiterwochenkarten und eine Abo-Karte der Straßenbahn für Studenten à 4 Mark zwischen Langfuhr und dem Langen Markt[83] gewannen die Nahverkehrsmittel zusätzliche Attraktivität. Enorm war die Zunahme der Fahrgäste vor dem Ersten Weltkrieg. Allein die Zahl der auf Bahnhöfen verkauften Tickets stieg von 1.566.364 1907 auf 2.309.827 1912 an. Das war eine Steigerung um 47,5 %. Noch zügiger verlief die Entwicklung bei der S-Bahn. Von den rund 8 Millionen 1913 verkauften Fahrkarten betrafen allein fast 44 % die am meisten genutzte Linie zwischen Oliva – Langfuhr und Danzig[84].

Diese zügige und funktionale Entwicklung eines dichten und zuverlässigen Verkehrsnetzes begünstigte nachhaltig Mobilität und Flexibilität und damit innerhalb Danzigs auch die Trennung von Arbeits- und Wohnbereich wie die Entstehung der „Speckgürtel" für die Besserverdienenden sowie der Arbeitervororte. In beiden nahm die Wohnbevölkerung noch rascher zu als in den sich um den Kern entwickelnden Vororten. Während die Bevölkerung von Danzig Stadt zwischen 1905 und 1910 um

---

80 Hirsch, Die geographische Lage (wie Anm. 68), S. 51.
81 Frank Muscate, Die Industrialisierung des deutschen Ostens (Phil. Diss. Heidelberg), Graudenz 1914, S. 8 f.
82 Geisler, Die Großstadtsiedlung Danzig (wie Anm. 30), S. 35 ff.
83 Archiwum Panstwowe w Gdansku [Staatsarchiv Danzig] (APGd), 7/760, S. 91.
84 Geisler, Die Großstadtsiedlung Danzig (wie Anm. 30), S. 34–37.

2,5 % wuchs, waren es in Langfuhr 27,3 % und in den Nachbargemeinden Oliva 22,5 sowie Zoppot 27,3 %. Relativ am stärksten aber stieg wegen der Entwicklung der Arbeiterkolonie Lauental mit 74,2 % (von 1808 auf 3149) die Einwohnerzahl Saspes[85]. Zur Veränderung der Mobilität trug auch der seit den 90er Jahren in Danzig festzustellende Siegeszug des Fahrrades bei. In zahlreichen Annoncen wurden Räder verschiedenster Firmen, Qualitäten und Preise angeboten. Auch in der Fahrradwerbung verdeutlicht sich eine wachsende Rolle des Versandhandels zur Weckung und Erfüllung der Einkaufsbedürfnisse der Danziger. Wie manches Neue brachte die schnell zunehmende Nutzung des Rades nicht nur Vorschriften, sondern auch Probleme praktischer Art. So taten sich viele Fußgänger, denen damals noch allein der Bürgersteig gehören sollte, sehr schwer daran, die Fahrraddämme als Domäne der Radfahrer zu akzeptieren[86].

Am deutlichsten wird die durch die Entwicklung erzwungene Ruhelosigkeit durch die großen Wanderungsströme vor allem nach Berlin, in die Ballungen des Westens wie nach Amerika, aber auch in dem Umstand, dass z. B. in Danzig im Jahresdurchschnitt jede 4. Wohnung den Mieter wechselte und jeder 3. Danziger im Jahr um-, weg- bzw. zuzog. Die größte Fluktuation wies der Arbeitervorort Schidlitz mit über 35 % Wohnungswechseln auf. Nicht viel anders sah es in den Arbeitersiedlungen Altschottland oder Ohra aus. Nur etwa halb so viele Umzüge verzeichnete Langfuhr, das rasch zum beliebtesten Wohngebiet der wohlhabenderen Danziger, einem feinen Villenvorort innerhalb der Stadtgrenzen wurde[87]. Noch etwas niedriger sind die Zahlen für die Vororte an der Weichsel, Kneipab, Althof, Strohdeich etc.[88] Wie in anderen deutschen Großstädten lag der Anteil der Ortsgeborenen bei weiter sinkender Tendenz mit 1907 nur noch 44,2 % unter der Hälfte der Einwohnerschaft. Zum Vergleich die Zahlen für Berlin (1905), Königsberg, Stettin, Posen, Breslau, Dortmund (1905) und Frankfurt a. M. (1905): 40,3; 40,8; 35,7; 39,7; 45,2; 43,8 und 44,8 %[89]. Am niedrigsten lag der Anteil der Ortsgeborenen bzw. Sesshaften im deutschen Vergleich in den Mittelstädten des Ostens. In

---

85 Grünspan, 2. Bericht Statistisches Amt (wie Anm. 71), S. 4, 7 f.
86 „Danziger Neueste Nachrichten" vom 14. 5. 1900.
87 APGd, 7/670, S. 16.
88 Arthur Grünspan (Hrsg.), 3. Jahresbericht des Statistischen Amtes der Stadt Danzig für das Jahr 1913, Danzig 1914, S. 37–40.
89 Matzerath, Urbanisierung in Preußen (wie Anm. 41), S. 308; Tebarth, Technischer Fortschritt (wie Anm. 79), S. 112.

Bromberg betrug ihr Anteil 1900 29,8 % und in Graudenz und Thorn 28,8 bzw. 31,8 %. Hier dürfte es sich in hohem Maße um gleichzeitig zügig wachsende Durchgangszentren mit ausgeprägter sozialer Instabilität gehandelt haben. Nur zum geringeren Teil war für die geringe Ortsgebürtigkeit die Rolle des Militärs in den Garnisonsstädten verantwortlich.

Zwischen 1871 und 1910 wuchs die Wohnbevölkerung Danzigs trotz umfänglicher Abwanderungen durch Zuzüge[90] und einen deutlichen Geburtenüberschuss netto um 83,5 % (auf der Gemarkungsfläche von 1871 betrug der Zuwachs 70,8 %) auf 170337 Personen an und stieg in den Folgejahren weiter. Trotz dieser Zuwächse bestand vor dem Weltkrieg in Danzig ein funktionsfähiger Wohnungsmarkt insofern, als 2,5 bis 3,5 % der beziehbaren Wohnungen durchschnittlich leer standen. Das waren beispielsweise am 15. 12. 1912 1030 Wohnungen[91]. Schnell verbesserten sich die sanitären Voraussetzungen wie die technische Ausstattung[92]. Schon 1907 hatte die Zentralheizung in bürgerlichen Wohngegenden und hier ganz besonders in Langfuhr „recht weite" Verbreitung gefunden. Die Heizkosten betrugen pro Jahr und Wohnung zwischen 43 und 51 Mark. Gasbeleuchtung und Gaskochvorrichtungen erreichten jetzt auch die Arbeiterwohngebiete[93]. In Langfuhr war die Neubautätigkeit besonders stark. Überzogene Gewinnerwartungen führten allerdings dazu, dass zum Teil an den tatsächlichen Bedürfnissen vorbei gebaut wurde und namentlich in Langfuhr deshalb viele neue Wohnungen länger als drei Monate leer standen[94]. Während größere Wohnungen mit mehr als vier Räumen relativ leicht zu bekommen waren, blieb das Angebot an den besonders nachgefragten Kleinwohnungen (bis zu 2 Zimmer mit Küche) „äußerst gering". Das lag nicht zuletzt daran, dass z. B. 1910 bis 1912 zwar 2567 Wohnun-

---

90 1907 waren 35,1 % der Danziger Bevölkerung Zugezogene aus dem Umland. 19,8 % zählten zur Kategorie Fernwanderer. Damit lag die Mottlaustadt nur knapp unter dem Durchschnitt deutscher Großstädte und deutlich vor Königsberg (7,4 %), Stettin (18,1 %), Posen (15,5 %) und Breslau 8,5 %. – Tebarth, Technischer Fortschritt (wie Anm. 79), S. 112.
91 Grünspan, 2. Bericht Statistisches Amt (wie Anm. 71), S. 55.
92 Dennoch bestanden weiterhin große Probleme. Besonders in den schnell wachsenden Siedlungen ließen die hygienischen Bedingungen trotz Fortschritten sehr zu wünschen übrig. Im Ergebnis war der allgemeine Gesundheitszustand vieler Danziger zumeist noch schlechter als im Umland. Gleichzeitig lag die Sterblichkeitsrate in Danzig (wie auch in anderen Großstädten) höher.
93 „Danziger Zeitung" vom 26. 5. 1907, Abendausgabe.
94 Grünspan, 2. Bericht Statistisches Amt (wie Anm. 71), 58 f.

gen gebaut wurden, von denen aber nur 1110 in die Kategorie Kleinwohnung fielen[95]. Während die Zahl der bezugsfähigen Wohnungen in Altstadt, Niederstadt, Rechtstadt und Langfuhr generell relativ hoch lag, war es für die knapp 47 % Arbeiterhaushaltungen[96] Danzigs sehr schwierig, adäquaten Wohnraum und noch dazu preiswerten Wohnraum zu finden. Besonders für neugebaute Arbeiterwohnungen wurden um die Jahrhundertwende bis zu 20 Mark im Monat verlangt[97]. Im übrigen galt es noch als normal, wenn in einer 25 m² großen Einraumwohnung bis zu 5 Personen lebten. Die Problematik konnte auch durch die gemeinnützige Bautätigkeit der sieben Danziger Baugenossenschaften nicht durchgreifend gelöst werden[98].

Nur am Rande sei erwähnt, dass der starke Wegzug Danziger Bürger nach Oliva und Zoppot durch den Verlust von Steuereinnahmen erhebliche negative Auswirkungen auf den Stadthaushalt hatte. 1912 lagen die dadurch verursachten Nettoeinkommensteuerverluste in etwa in der Größenordnung, die durch die zahlenmäßig ungleich größere Abwanderung nach Westdeutschland entstand[99]. Auf Westdeutschland und Berlin entfiel der Löwenanteil der jahresdurchschnittlich bei steigender Tendenz zwischen 1906 und 1913 fortziehenden 27.480 Personen[100]. Dem standen allerdings fast gleich hohe Zuzüge gegenüber[101]. Für die fast ausschließlich auf Kosten Danzigs rasch wachsenden Zuzugsgemeinden ergab sich zusätzlicher finanzieller Spielraum. Dieser ermöglichte beispielsweise Zoppot (1910 rund 15.000 Einwohner), zusammen mit den Einnahmen aus dem Fremdenverkehr, große Investitionen zu tätigen und dennoch – anders als die Provinzhauptstadt – einen ausgeglichenen Haushalt vorzulegen[102]. Für Danzig war dies umso ärgerlicher, als die al-

---

95 Ebenda, S. 54.
96 In Gelsenkirchen betrug ihr Anteil 85,5 % – „Danziger Zeitung" 7.1.1912, Abendausgabe.
97 Albrecht W i e n, Die preußische Verwaltung des Regierungsbezirks Danzig (1870 – 1920), Köln/Berlin 1974, S. 99.
98 G r ü n s p a n, Bericht Statistisches Amt, 2 (wie Anm. 71), S. 55.
99 Ebenda, S. 41–49.
100 Berechnet nach Angaben G r ü n s p a n, Bericht Statistisches Amt, 3 (wie Anm. 88), S. 41.
101 Der durchschnittliche jährliche Wanderungsverlust betrug zwischen 1906 und 1913 748 Personen.
102 „Danziger Zeitung" vom 1.7.1907, Abendausgabe. Zur enormen Bautätigkeit vor dem Weltkrieg in Zoppot, dessen Einwohnerzahl bis 1914 auf rund 18.000 hochschnellte, eindrucksvolle Details bei Hans H ü b n e r, Kurze Geschichte der Stadt

lermeisten Neuzoppoter ihr Geld weiterhin in der Weichselmetropole verdienten.

Die wachsende Bevölkerung und steigende Ansprüche erforderten neben der Schaffung von Arbeitsplätzen eine entsprechende Infrastruktur. Über das bereits erwähnte Verkehrsnetz ging es u. a. um Aufgaben in den Bereichen Wasserversorgung, Abwasserbeseitigung und Energieversorgung bis hin zum Gesundheitswesen, wo 1911 ein modernes städtisches Krankenhaus mit einer Belegungskapazität von 900 bis 1.000 Betten dem katholischen Marienkrankenhaus (seit 1852) mit 250 Betten und dem evangelischen Diakonissenhaus (seit 1857) mit 200 zur Seite trat. Über 230 Betten verfügte die staatliche Frauenklinik[103]. Überall gab es im Infrastruktur- und öffentlichen Dienstleistungsbereich vor dem Weltkrieg Fortschritte. Bei allen Unterschieden und fortdauernden Problemen, insgesamt gesehen wuchsen die durchschnittlichen Reallöhne und damit die Konsumkraft erheblich an. Während der Lebensstandard im statistischen Mittel deutlich anstieg, verringerte sich die Sterblichkeit zwischen 1890 und 1910 in Danzig um rund 30 %[104]. Allerdings war die Tuberkulose mit 10,7 % nach der sogenannten Altersschwäche immer noch die häufigste Todesursache. Es folgten Magen-Darm-Erkrankungen (10,3 %), Krebs (6,8 %) sowie Lungenentzündung (6,1 %)[105]. Stärkere Bedeutung wurde der Vorsorge beigemessen, weshalb 1900 eine kostenlose Vorsorgeuntersuchung zur Bekämpfung der TBC eingeführt wurde[106]. Bei der Senkung der aber immer noch relativ häufigen Säuglingssterblichkeit zeitigte die Danziger Säuglingsfürsorge vor dem Weltkrieg erhebliche Erfolge. Die Anzahl der Totgeborenen sank langsam, aber stetig. Das lag auch an der zunehmenden Nutzung der Danziger „Gebäranstalten" auch schon vor dem Geburtstermin. Im Hebammenlehrinstitut und im städtischen Lazarett Sandgrube war der Anteil der unehelich geborenen Kinder besonders hoch, der bei leicht steigender Tendenz in Danzig knapp 15 % erreichte[107].

Bei langsam sinkender Arbeitszeit auf inzwischen durchschnittlich 10 Stunden täglich von Montag bis Sonnabend gewann auch die Freizeit-

---

Zoppot, Danzig 1930, S. 23–26. 1904 wurde in Zoppot auch das erste Familienbad Deutschlands errichtet. – Ebenda, S. 25.
103 F u n k, Wirtschaftspolitische Stellung (wie Anm. 6), S. 8 u. 167 f.
104 G r ü n s p a n, 1. Bericht Statistisches Amt (wie Anm. 26), S. 12 f.
105 Derselbe, 3. Bericht Statistisches Amt (wie Anm. 88), S. 18.
106 „Danziger Zeitung" vom 13. 4. 1907, Morgenausgabe.
107 G r ü n s p a n, 1. Bericht Statistisches Amt (wie Anm. 26), S. 10–15.

gestaltung und deren Vermarktung an Gewicht. Dabei war das Angebot vielfältig und im Grunde gab es für jeden Geschmack etwas. Es reichte von anspruchsvollen Vorträgen z. B. der Danziger Naturforschenden Gesellschaft und Ausstellungen über Diavorträge verschiedener Vereine, Zirkusgastspiele, Aufführungen im Stadt- oder Wilhelm-Theater bzw. in der Zoppoter Waldbühne bis hin zu den sehr beliebten Auftritten von Militärkapellen.

Der Sport spielte noch nicht jene Rolle wie heute. In der Presse erhielt er weit weniger Raum als das Feuilleton. In Grunde gab es nur sehr knappe Berichte über zumeist nur nationale oder internationale Ruder-, Tennis-, Radsport- und Reiterereignisse. Fußball war als organisierter Wettkampfsport noch wenig entwickelt, wurde in der Freizeit aber viel gespielt, wie viel auf Vereinsbasis geturnt wurde. Besonders großer Popularität erfreuten sich in Danzig die stets entsprechend gut besuchten Ringkämpfe, die in nur drei Gewichtsklassen ausgetragen wurden. Sehr beliebt waren an der Mottlau die einheimischen Vereine „Gigantea" und „Zentnerklub Danzig"[108].

Nicht allein durch den zügigen Ausbau der Seebäderkette um Danzig und ihren Anschluss an das Nahverkehrsnetz wuchsen die Erholungsmöglichkeiten wie die Chancen mit Tourismus Geld zu verdienen. Dabei war das mondäne und speziell im Bereich der Seestraße prächtig herausgeputzte Zoppot nichts für Jedermann. Seine Position als siebtgrößtes preußisches Seebad (Zahl der Kurgäste) nach Swinemünde, Westerland auf Sylt, Norderney, Borkum, Saßnitz und Ahlbeck[109] verdankte der Nobelkurort besonders seiner Beliebtheit bei besser betuchten Erholung und Zerstreuung Suchenden, unter denen regelmäßig zahlreiche russische Bürger waren. Im Grunde waren es Reiche, Vertreter des begüterten Mittelstandes sowie finanziell entsprechend ausgestattete Pensionäre und Rentner, die Geld in Zoppot ließen. Doch nicht nur preisgünstigere Badeorte wie Brösen, Glettkau oder Heubude ließen sich rasch mit öffentlichen Verkehrsmitteln von Danzig aus erreichen. Dank ermäßigter Tarife für Ferienreisesonderzüge (25 % Ermäßigung beim Kauf einer Hin- und Rückfahrkarte) innerhalb Ost- und Westpreußens in die dortigen Seebäder sowie von Berlin und Breslau nach Danzig und Königsberg, bzw. von

---

108 „Danziger Zeitung" vom 10.6.1907, Abendausgabe.
109 Statistisches Jahrbuch für den preußischen Staat (wie Anm. 77), S. 380.

dort via Breslau in die schlesischen Gebirge, trug auch die Bahn zur Förderung des Tourismus bei[110].

In Danzig hatten rührige Unternehmer und weitsichtige Beamte früh die Bedeutung des Fremdenverkehrs[111] für die Stadt und ihr Umland erkannt. Im Jahrzehnt vor dem Weltkrieg stellte die Danziger Verkehrszentrale bereits eine Reihe zumeist kostenloser interessanter Schriften, Führer und Prospekte[112] bereit und bot an festen Standorten oder telefonisch Möglichkeiten zur kostenlosen Information. Geöffnet waren die entsprechenden Büros am Stadtgraben 5 und 8 sowie in Langfuhr in der Hauptstraße 120 Montag bis Sonnabend „von 8–1 und 3–7" sowie an Sonntagen von 9.00 bis 10.00 Uhr. Vermittelt wurden Tickets verschiedener Art und Stadtführungen. In den Werbematerialen wurde besonders auf die vielen Sehenswürdigkeiten der Stadt und ihre herrliche Umgebung mit den Seebädern hingewiesen. Hilfreich für die touristische Anziehungskraft Danzigs war die enge Verbindung der kaiserlichen Familie mit Danzig und damit verknüpft zahlreiche Besuche über die zumeist deutschlandweit berichtet wurde. Dass im Zuge der Industrialisierung die Denkmalschützer nur Teilerfolge erreichten und manch Altes wie viele der noch erhaltenen mittelalterlichen Bürgerhäuser den Erfordernissen der neuen Zeit wie den Interessen von Investoren weichen mussten, war ohne Zweifel ein Ärgernis nicht bloß für jene, die viel Hoffnung in den Tourismus steckten. Immerhin kamen in den letzten Vorkriegsjahren schon gut 70.000 amtlich gemeldete Gäste, darunter ca. 5% Ausländer, nach Danzig[113]. Für diese standen 1912 1.048 Betten in Hotels, Gaststätten, Pensionen und Herbergen bereit[114].

Zu den wichtigsten Höhepunkten der Danziger Entwicklung vor dem Weltkrieg zählt zweifellos die nach zähem Ringen am 6. Oktober 1904 in Langfuhr eröffnete Königliche Technische Hochschule[115]. Die Bedeutung

---

110 „Danziger Zeitung" vom 2.5.1907, Morgenausgabe.
111 Eine Fremdenverkehrsstatistik wurde seit 1909 aufgebaut.
112 Herausgegeben von der Danziger Verkehrszentrale waren das. „Danzig als Hochschulstadt", „Danzig als Kongreßstadt", ein „Führer durch Danzig" , ein Führer durch die Konzerte und Vorträge (hrsg. vom Magistrat) u.a.
113 G r ü n s p a n, 3. Bericht Statistisches Amt (wie Anm. 88), S. 54f.
114 D e r s e l b e, 2. Bericht Statistisches Amt (wie Anm. 71), S. 41.
115 Zur Technischen Hochschule Erich K e y s e r, Die Technische Hochschule Danzig, in: Walther H u b a t s c h u.a. (Hrsg.), Deutsche Hochschulen und Universitäten im Osten, Köln/Opladen 1964, S. 113–126; Rüdiger R u h n a u, Technische Hochschule Danzig 1904–1984 (Danziger Berichte, H. 4), Stuttgart 1984; Albert W a n -

die ihr in der preußischen Führung beigemessen wurde, geht u. a. daraus hervor, dass Wilhelm II. wie der preußische Kultusminister der feierlichen Eröffnung wie dem festlichen Vorabend im Artushof beiwohnten. In die Uniform des 1. Leibhusarenregiments gekleidet, beendete der Kaiser seine Eröffnungsrede in der für ihn typischen Art mit den Worten: „Möge die neue Hochschule wachsen und Gedeihen zum Ruhme der deutschen Wissenschaft, zum Segen dieser altpreußischen Provinzen und zur Ehre des deutschen Namens: Das walte Gott!"[116] Ausführlich und begeistert berichtete die Presse über das prachtvoll inszenierte Ereignis. Und so erlebte Danzig noch einmal den Glanz der alten Epoche, die wenig später im Feuer des großen Krieges untergehen sollte. Die ansonsten eher betuliche und auf nüchterne Seriosität bedachte „Danziger Zeitung" kam am 5. Oktober mit diesem Aufruf:

> *Deutscher Jüngling! Hier im Norden ragt nun eine Hochburg auf.*
> *Ernsten Wissens hehre Warte, längst ersehnt im Zeitenlauf.*
> *Tauche dieses Geistes Flügel tief in diese Werdequelle.*
> *Daß des Könnens freiem Fluge nie die rechte Schwungkraft fehle!*

Die von Professor von Mangoldt geleitete Hochschule war nach damaligen Maßstäben sehr modern und großzügig eingerichtet und verfügte auch von Anfang an über einen „Restaurationsbetrieb"[117]. Gut vorbereitet hatten sich die Danziger Hauseigentümer, die für die zukünftigen Studenten beim Danziger Haus- und Grundbesitzerverein „weit über 500 möblierte Zimmer" angemeldet hatten. Die Preise pro Monat lagen ab 8 Mark. Begonnen wurde das erste Semester mit einem 29 Personen starken Lehrkörper sowie 400 Studenten. Die Unterrichtsfächer waren in sechs Abteilungen untergliedert, Architektur, Maschinenbau, Schiffs- und Schiffsmaschinenbau, Chemie und Allgemeine Wissenschaften. Die Einschreibgebühr betrug 10 Mark, eine Vorlesungsstunde kostete 4 Mark, eine Übungsstunde 3 Mark und das Große Physikalische Praktikum 50 Mark[118]. Solch hohe Kosten waren allerdings für viele Eltern nicht zu schultern, wenn man bedenkt, dass über 40 % der Danziger ein Jahreseinkommen von unter 900 Mark versteuerten. Knapp 49 % versteuerten eine

---

gerin, Technische Hochschule Danzig, in: Westpreußen-Jahrbuch 34, 1984, S. 17–37; APGd, 7/665 – 7/699.
116 APGd 7/670, S. 267.
117 Die folgenden Angaben nach Ebenda, S. 16 ff.
118 Die wichtigsten Praktikumbetriebe waren Schichau und die Kaiserliche Werft.

Summe zwischen über 900 bis 3.000 Mark. In die Kategorie über 9.500 bis 30.500 Mark fielen rund 10 % und in jene über 100.000 0,2 %[119]. Für besonders talentierte Studenten aus ärmeren Familien gab es Möglichkeiten der Unterstützung, die namentlich von der v. Gossler und der Henrietta Stiftung eröffnet wurden[120]. Die wunderschön an der v. Gossler Allee gelegene neue Hochschule verlieh der Entwicklung Danzigs wie Westpreußens zusätzliche Impulse. Vor allem sollte sie wissenschaftlich-technischen Nachwuchs für die Industrie bereitstellen und Firmenansiedlungen begünstigen. Ihre Entwicklung verlief recht zügig. Im Wintersemester 1912/13 hatte sie bereits 625 Studierende, 61 Hörer und 731 Gastteilnehmer. Den Lehrkörper bildeten inzwischen 31 etatmäßige Professoren, 1 Honorarprofessor, 26 remunerierte Dozenten, 12 Privatdozenten, 4 Lektoren und 44 Assistenten. Aachen besaß damit zwar noch den deutlich größeren Lehrkörper, lag aber in der Nutzerzahl schon deutlich hinter Danzig[121]. Natürlich berichteten die Zeitungen weiterhin eingehend über die Entwicklung des westpreußischen Wissenschaftszentrums.

Ungeachtet der unbestreitbaren Fortschritte der alten Handelsstadt blieben zahlreiche Probleme akut, deren potenzielle Sprengkraft zwar mehr oder weniger erkannt wurde, für deren hinlängliche Lösung bzw. Abmilderung aber das Geld fehlte, bzw. der Wille es auf Kosten anderer Bereiche dafür zu verwenden. Eine wesentliche Rolle kam dabei auch dem labilen Gleichgewicht der Kräfte und Interessen zu. Gleichwohl verdeutlichen die enormen Ausgaben- wie Einnahmensteigerungen die große Dynamik der Entwicklung. Das eigentliche Problem bestand in ihrer Disparität. Zwar wuchs der Haushalt von 1870 1,8 Millionen, 1895 5,4 Millionen auf 1913 17 Millionen Mark gewaltig an[122]. Gleichzeitig aber nahm die Verschuldung rasant zu. 1900 erreichte sie schon 828,482 Millionen Mark, um 1910 schon bei 1.973.000 Reichsmark zu liegen[123]. Sparen war angesagt und damit auch eine Verschärfung der Frage, ob Ausgaben für Investitionen oder soziale Belange Vorrang haben sollten. Schließlich stiegen die Ausgaben für Bedürftige, zu denen die Stadt gesetzlich ver-

---

119 Statistisches Jahrbuch Preußen (wie Anm. 77), S. 290 f.
120 APGd, 7/688 u. 89.
121 Statistisches Jahrbuch Preußen (wie Anm. 77), S. 440.
122 Erich K e y s e r, Danzigs Geschichte, Danzig 1928, S. 248.
123 Max F o l z, Geschichte des Danziger Stadthaushalts, Danzig 1912, S. 344.

pflichtet war, absolut nicht wenig. Gleichzeitig fiel aber ihr Anteil an den Gesamtausgaben deutlich[124], was bestenfalls zum Teil durch verbesserte Lebensumstände erklärt werden kann.

Im übrigen waren die Unterstützungsbeträge für die bürokratisch nach strengen Regeln auf Bedürftigkeit geprüften Menschen alles andere als üppig bemessen. Gleichzeitig war das Prozedere oftmals – wenn nicht schon als solches überhaupt – demütigend. Selbst die wirtschaftliberale „Danziger Zeitung" wollte die Augen nicht davor verschließen und betonte die Notwendigkeit für die Armenpfleger, immer den richtigen Ton zu finden und „auch in dem Hilfsbedürftigen stets das berechtigte Empfinden und den menschlichen Stolz" zu achten[125]. Trotz mancher statistischer Fortschritte, wer im Danziger Winter vor Kälte nicht in den Schlaf kommen konnte, der teilte aus bitterer eigener Erfahrung die Auffassung der „Volkswacht", nach der das in Wahlkämpfen betonte Interesse am Wohl der Schwachen vor allem populistische Rhetorik sei und es im übrigen eine Schande wäre, dass im Januar 1912 die versprochene Wärmehalle im „nordischen Venedig der freisinnigen Millionäre" noch immer fehle[126]. Dennoch war die Situation im Bereich der Bedürftigen günstiger als in manchen der großen Boomstädte, die neben zahlreichen Gewinnern auch viele Verlierer der großen Zuwanderung wie der radikalen Veränderungen im Zuge der Industrialisierung in ihren Mauern beherbergten. Deutlich ablesen kann man dies an den pro Kopf Ausgaben für die Armenpflege, wobei Unterschiede in den Einnahmesituationen (etwa die Rolle von Stiftungen) hier unberücksichtigt bleiben können, handelte es sich doch im wesentlichen um Pflichtleistungen der Kommunen. So betrugen die pro Kopf Ausgaben in der offenen Armenpflege (v. a. Barunterstützungen, Naturalunterstützungen und offene Krankenpflege) jahresdurchschnittlich 1901 bis 1905 in Berlin 4,64, Hamburg 3,09, Breslau 2,01, Posen 1,92, Düsseldorf 1,92, Essen 1,97, Magdeburg 1,53 und Danzig 1,84 Mark. Davon entfielen in Danzig 1,45 Mark auf Barleistungen[127]. In kleineren Orten waren die Ausgaben zumeist geringer. Sie lagen z. B. in Elbing bei 1,48, in

---

124 Ebenda, S. 337.
125 „Danziger Zeitung" vom 13. 4. 1907, Morgenausgabe.
126 „Volkswacht" vom 20. 1. 1912.
127 Heinrich Silbergleit, Finanzstatistik der Armenverwaltungen von 130 deutschen Städten 1901 bis 1905 (Schriften des Vereins für Armenpflege und Wohltätigkeit, H. 78), Leipzig 1908, S. 46–48.

Greifswald bei 1,54, in Bromberg bei 1,66, in Halberstadt bei 1,99, in Worms bei 1,55 und in Heilbronn bei 0,86 Mark.

Wer über mehr Geld verfügen konnte, der hatte es auch im Krankenhaus besser; natürlich nicht nur in Danzig. In der Mottlaustadt zahlten einheimische Patienten in der ersten Klasse pro Tag 8 und in der zweiten Klasse 5 Mark. In der dritten Klasse lagen die Kassenpatienten. Selbstzahler hatten hier 3 Mark pro Tag zu berappen. „Fremde" mussten jeweils noch zwei Mark drauflegen. Das waren erhebliche Kosten zu einer Zeit, in der ein Fachverkäufer im Monatsschnitt knapp 110 Mark in Danzig verdiente. Ein Maurer brachte es auf maximal 150 Mark, ein Tiefbautechniker hatte knapp 200 Mark und ein Hilfsschullehrer bekam als Höchstgehalt nach entsprechenden Dienstjahren 250 Reichsmark[128]. Noch klarer wird die Problematik bei einer Einbeziehung der Pro-Kopfeinkommen. Bei einer sich weiter ausdehnenden Stadt-Land-Schere erreichten sie 1913 in Westpreußen 390 Mark[129] und lagen damit 13 Mark höher als 1900. Die Vergleichswerte für die Rheinprovinz betrugen 1900 610 und 1913 657 Mark[130].

Auch die weit über der niedrigen allgemeinen Inflationsmarke liegende Fleischteuerung vor dem Weltkrieg traf besonders die Mittel- und Kleinverdiener und natürlich die Empfänger sozialer Unterstützung, wobei der noch besser dran war, der im Rahmen der Armenpflege ein Stück Land zur Nutzung bekommen hatte. Der Kern des Problems lag darin, dass viele Familien in Deutschland damals ca. 50% des verfügbaren Einkommens für Lebensmittel ausgaben. Bei Lehrern und mittleren Beamten waren es auch noch rund 40%[131]. Wenn z.B. in Danzig die Preise für 1 kg Rind- bzw. Schweinefleisch zwischen 1911 und 1912 von 1,60 auf 1,85 Mark respektive von 1,47 auf 1,83 Mark stiegen, so war dieses für viele Einwohner schon gravierend. Im übrigen zogen auch die Preise anderer Veredlungsprodukte wie die zumeist im Schock verkauften Eier oder Milch in Wellen an. 1911 kostete ein Ei in Danzig im Schnitt 9,2 Pfennig und 1912

---

128 Folz, Geschichte des Danziger Stadthaushalts (wie Anm. 123), S. 339.
129 Hierbei muss beachtet werden, dass das Gefälle zwischen Stadt und Land in den östlichen Provinzen besonders groß war und mithin auch zwischen Danzig oder Elbing und ihrem Umland.
130 Jürgen Bergmann, Regionen im historischen Vergleich. Studien zu Deutschland im 19. und 20. Jahrhundert, Opladen 1989, S. 150.
131 Gerhard A. Ritter/Klaus Tenfelde, Arbeiter im Deutschen Kaiserreich 1871–1914, Bonn 1992, S. 508.

9,72 Pfennig. Ein Liter Milch ließ sich 1909 mit 19,2 Pfennig und 1912 mit 21,1 Pfennig bezahlen[132]. Dabei war das Argument für die Betroffenen ganz unerheblich, dass der Konsum dieser Produkte inzwischen das Mehrfache der Werte von vor 100 Jahren betrug[133]. Ihre Vergleichsebene war eine andere.

Die Fleischteuerung und die damit einhergehende Unzufriedenheit wie Aufmerksamkeit entwickelten eine derartige Brisanz, dass das Problem schnell zum Dauerthema der Politik wie der Presse wurde und zeitweise die erste Stelle in der Berichterstattung der Zeitungen einnahm Dabei spielten in der vorherrschenden politischen Tendenzpresse parteitaktische Überlegungen eine wichtige Rolle, ging es nicht nur um die richtige Agrarpolitik, sondern auch die Zurückdrängung bzw. Wahrung konservativer Macht. Mit Sorge beobachtet wurden die Auswirkungen auf den Einzelhandel. Viele Branchen (u. a. Schuhe, Textilien, Möbel, Kurzwaren, Eisenwaren etc.) beklagten heftig Einnahmeverluste durch das Wegbleiben der Arbeiterkundschaft, die sich gezwungen sah, bei eher entbehrlich scheinenden Produkten zu sparen[134].

Zur Entschärfung der Probleme setzten die lokalen Behörden gegen heftige Widerstände der Agrarlobby begrenzte wie befristete Einfuhrerleichterungen vor allem russischen Fleisches durch, welches zu günstigen Preisen auf den Markt kam. Allerdings war des nicht viel mehr als der berühmte Tropfen auf den heißen Stein. Behördlich angeregt und gefördert wurde die in den Städten noch gebräuchliche Kleintierhaltung. Dabei fand die fast überall relativ leicht mögliche Kaninchenzucht, die Teilnehmer des deutsch-französischen Krieges von 1870/71 nach Deutschland mitgebracht hatten, im Osten noch kaum Resonanz. Hier waren die Vorurteile gegen die Verwendung des Fleisches immer noch groß[135]. Anders sah es bei Schweinen aus, von denen allein in Danzig 1911 3.234 Tiere privat gemästet und oft selbst geschlachtet und verarbeitet wurden. Die meisten Schweine hielten ungelernte Arbeiter und regional besaß Schid-

---

132 „Danziger Zeitung" vom 5. 1. 1913, Morgenausgabe. Dabei darf nicht vergessen werden, dass gerade tierische Veredlungsprodukte im Verhältnis zur Kaufkraft der Mehrheit ohnehin sehr teuer waren. Brot oder Kartoffeln kosteten relativ weniger. So bekam man vor dem Weltkrieg in Danzig ein Kilo Roggenbrot für rund 30 Pfennig oder ein Kilo Speisekartoffeln für 8 Pfennig.
133 Zu Einzelheiten „Graudenzer Zeitung" („Der Gesellige") vom 5. 10. 1912.
134 „Danziger Zeitung" vom 3. 1. 1913, Morgenausgabe.
135 Ebenda vom 25. 11. 1912, Abendausgabe.

litz die größte Schweinedichte (26,3 % aller in Danzig gehaltenen Schweine). Durchschnittlich hielt hier praktisch jeder Haushalt ein Schwein. Nur (oder immerhin noch) sieben Borstentiere lebten im Areal der Alt- und Rechtsstadt. Durchaus lohnend war der Verkauf, gab es doch für 120 kg Lebendgewicht 1909 bis 1912 zwischen 42 und 55 Mark. Überhaupt lohnte sich der Verkauf bzw. die Haltung von Lebendvieh. So gab es im Frühjahr 1907 in Danzig für Suppenhühner 1,50 bis 2,00 Mark oder für eine Ente 2 bis 2,50, was dem Preis von einem kg Aal entsprach. Zum Vergleich kosteten zwei Zentner Kartoffeln 7 bis 8 und ein preisgünstiges Roggenbrot in der Markthalle 10 Pfennig pro Kilo[136].

Als beachtens- wie bemerkenswert bezeichnete der Leiter des Statistischen Amtes, den Umstand, dass trotz einer überaus engen Bebauung und hohen Besiedlungsdichte in der inneren Stadt und in den Außenwerken über 4.000 Stück Federvieh gehalten wurden und sich alle „Stände und Berufe" daran beteiligten. Etwas überrascht konstatierte Arthur Grünspan den überproportionalen Anteil von Fabrikanten, Fuhr- und Bauunternehmern sowie Angestellten und Beamten (einschließlich Lehrer) an den knapp 3.000 Federvieh haltenden Haushalten. Auch 19 höhere Militärs frönten der Geflügelzucht[137]. Da im städtischen Bereich die meisten Bestände zehn Hühner (Enten, Gänse und Puten waren dort weniger vertreten) nicht überstiegen, kann als eine wesentliche Ursache der Erhalt von Frischeiern für den eigenen Haushalt wie der damals so ungeheuer populären Trinkeier angenommen werden. Eine wesentliche Rolle dürfte im Bestreben zu suchen sein, quasi als Hobby traditionelle Lebensformen auch in der großen Stadt weiter zu pflegen. Nur so lässt sich die hohe Zahl der in Danzig, Königsberg, Stettin oder den neuen Ballungen an Rhein und Ruhr gehaltenen Tauben erklären. Heute erinnern noch immer populäre Rassen wie Danziger Hochflieger, Königsberger Reinaugen, Stettiner Tümmler oder Elbinger Farbenköpfe an jene Zeit.

Die Wirkungen der Fleischverteuerung wurden durch die allgemein günstige Konjunkturlage und damit einher gehend steigende Reallöhne abgemildert. Auch die Arbeitslosigkeit stellte in Danzig vor dem Weltkrieg kein gesamtgesellschaftlich gravierendes Problem dar. Wenigstens aus heutiger Sicht war sie selbst im Rekordmonat vor dem Krieg, dem

---

136 „Danziger Zeitung" vom 17.4.1907, Abendausgabe.
137 G r ü n s p a n, 2. Bericht Statistisches Amt (wie Anm. 71), S. 76–78.

Februar 1902 mit 3.561[138] Arbeitslosen noch niedrig. An Fachkräften herrschte sogar teilweiser Mangel. Bei hoher Fluktuation und ziemlich vielen befristeten Gelegenheitsarbeiten lag die Zahl der offenen Stellen zumeist nur geringfügig unter jener der Menschen, die beim städtischen Arbeitsnachweis vorsprachen. Saisonale Arbeitslosigkeit, besonders am Bau, suchten die Behörden durch Arbeitsbeschaffungsmaßnahmen abzufedern. Im Winter 1901/02 wurden dafür beispielsweise 159.219 Mark ausgegeben[139]. Zur Illustration der Lage auf dem Danziger Arbeitsmarkt ein Beispiel, das als einigermaßen typisch für diese Jahreszeit anzusehen ist[140].

Im März 1907 suchten in Danzig 250 männliche und 13 weibliche Personen bezahlte Beschäftigung. Dem standen 184 offene Stellen für Männer und 11 für Frauen gegenüber. In Arbeit vermittelt wurden im März 103 Männer und 4 Frauen. Auf einzelne Gewerbe aufgeteilt ergibt sich dieses Bild:

Gewerbezweig	Suchende	Offene Stellen	Besetzte Stellen
Metallindustrie	26	8	5
Holzindustrie	13	19	6
Bekleidung und Reinigung	4	6	
Bau	24	10	7
Verschiedene Arbeiten	145	81	56
Verkehr	5	7	5
Beherbergung	7	13	4
Häusliche Dienste	38	45	21
Landwirtschaft		4	1
Versicherungsgewerbe		1	1

Widersprüchlichkeiten zwischen Profitstreben, Schlampereien und wachsender Käuferstärke machten auch vor Danzig nicht halt, wie folgendes,

---

138 W i e n, Die preußische Verwaltung (wie Anm. 97), S. 98.
139 F o l z, Geschichte des Danziger Stadthaushalts (wie Anm. 123), S. 38.
140 Die amtlichen Zahlen sind der „Danziger Zeitung" v. 10. 4. 1907, Abendausgabe, entnommen.

besonders markantes Beispiel zeigt, das ein Beitrag in der Nr. 37/1907 der „Deutschen Bäcker- und Konditorenzeitung" deutlich macht[141]. Diese hatte sich das Ziel gesetzt, für die Beseitigung „der von Krautern systematisch betriebenen Schweinereien in den Backstuben" zu kämpfen. Als ein besonders krasses Beispiel berichtete sie über Zustände in der der Danziger Bäckerinnung angehörenden „Germania-Brotfabrik", wobei sie sich auf Informationen dort beschäftigter Gewerkschaftsmitglieder stützte. Demnach hielt Direktor Henning Hühner in einem für Backzwecke benutzten Raum, wo sie das zur Brotherstellung erforderliche Handwerkszeug mit Kot beschmutzten, an Teig- und Backwaren pickten und wo „als sicher anzunehmen" war, dass auch Hühnerkot mit verbacken wurde. Darüber hinaus verwendete der Betrieb von Maden wimmelnde Rosinen zum backen und die Passhölzer, die beim Backen zwischen das Brot gestellt werden, um eine zu starke Kruste zu verhindern, „hatten ihren Platz dort, wo das Pissoir seinen Abfluß hat". Weitere fünf Verstöße gegen grundlegende Hygienevorschriften folgten. Die Vorwürfe beschäftigten den Oberpräsidenten, der die königliche Gewerbeaufsicht einschaltete. Diese konnte jedoch keine Verstöße im „behaupteten Umfang" feststellen. Zu den heftig kritisierten Zustände an den Sanitäranlagen hieß es, sie seien in einem „gebrauchsfähigen Zustande". Inwieweit für die Verfahrenseinstellung von Bedeutung war, dass die Anschuldigungen von sozialdemokratischer Gewerkschaftsseite gekommen war, lässt sich aus den Akten nicht ermitteln. Interessant ist zumindest, dass auch das auf Antrag von Direktor Henning gegen die bei ihm beschäftigten Bäckergesellen Gryngo und Trinks eingeleitete Verfahren etwas später eingestellt wurde. Als Begründung führte der königliche Polizeipräsident in einem Schreiben an den Oberpräsidenten an, dass „eine Verurteilung ... nicht zu erwarten gewesen sei wegen einiger tatsächlich im Jahre 1905 im Betrieb der Germania-Brotfabrik bestandener Missstände".

Danzig als Stadt der Industriegesellschaft hieß auch Gegensatz zwischen Kapital und Arbeit. Die im Durchschnitt knapp zehn Tage dauernden, manchmal aber wochen- ja monatelangen Arbeitskämpfe legen Zeugnis davon ab. Zum Beispiel streikten vom 10. April bis 23. August 1911 rund 1.600 Arbeiter bei Schichau[142]. Sie konnten ihre Forderungen den-

---

141 Die folgenden Ausführungen beruhen auf Informationen aus dem APGd 7/446, 264 bis 285.
142 G r ü n s p a n, 1. Bericht Statistisches Amt (wie Anm. 26) S. 20.

noch nicht durchsetzen, auch weil ein Großteil der Arbeiter nicht mitmachte und die Schichauer in Elbing sich überhaupt nicht beteiligten[143]. Die meisten Streiks wurden für Lohnerhöhungen geführt, welche die Gewerkschaften als längst überfällig wie notwendig bezeichneten, während die Arbeitgeber zumeist argumentierten, sie seien überzogen, passten nicht in die konjunkturelle Landschaft und gefährdeten deshalb den Betrieb und Arbeitsplätze[144]. Beide Seiten erhöhten vor dem Weltkrieg ihren Organisationsgrad. Die Arbeitgeber schlossen sich zunehmend im 1898 gegründeten Verband ostdeutscher Industrieller mit Sitz in Danzig zusammen. Darin wirkten Unternehmen aus Ost- und Westpreußen, Posen und (weniger) aus Pommern. Königsberger Firmen fehlten und setzten damit ein Signal für den heftigen Konkurrenzkampf zwischen beiden Zentren. Stärkste Interessenvertretung der Beschäftigten war das Kartell der SPD nahen Freien Gewerkschaften[145].

Von annähernder Waffengleichheit konnte allerdings keine Rede sein, wie die vielen erfolglos geführten Arbeitskämpfe zeigen. Beispielsweise hatten 1912 von 30 Streiks in Danzig fünf einen vollen, neun teilweisen und 16 überhaupt keinen Erfolg[146]. Dabei blieb kaum verborgen, dass die Erfolgsaussichten mit dem Organisationsgrad wie der Mobilisationsbereitschaft der Beschäftigten stiegen. Z.B. erreichten die schon gut organisierten Holzarbeiter nach langem Ausstand schließlich vor dem als Einigungsamt wirkenden Gewerbegericht – also in der Schlichtung – neben einer leichten Erhöhung der Bezüge die Reduzierung der täglichen Arbeitszeit auf 9 Stunden bei vollem Lohnausgleich. Gearbeitet wurde fortan, extra zu bezahlende Überstunden ausgenommen, „von 6 bis 6". Dazwischen lagen 2 Stunden Mittagspause und je eine freie halbe Stunde für Frühstück und Vesper. Zukünftig endete an Sonnabenden und vor hohen Festtagen die Arbeitszeit bei Kürzung der Mittagspause auf eine Stunde bereits 4 Uhr nachmittags. Sehr wichtig für die Gewerkschaft war der Verzicht der Arbeitgeber auf „Maßregeln" gegen am Streik beteiligte Arbeiter[147].

---

143 Conrad M a t s c h o ß/Adolf B i h l, 100 Jahre Schichau 1837 – 1937, Ebing 1937, 84.
144 „Danziger Zeitung" vom 4.4.1907, Abendausgabe.
145 Zur Arbeiterbewegung in Westpreußen Wilhelm M a t u l l, Ostdeutschlands Arbeiterbewegung, Würzburg 1973, bes. S. 378–92.
146 Statistisches Jahrbuch Preußen (wie Anm. 77), S. 200 f.
147 „Danziger Neueste Nachrichten" vom 2.4.1900.

Woher kam nun die Masse des Geldes, welches die Danziger ausgaben bzw. Mitte Mai 1912 in der beachtlichen Summe von 2.260 Mark pro Kopf angespart hatten[148]? Zunächst profitierte Danzig von seinem Charakter als Behörden- und Militärstadt wie als überregionalem Dienstleistungszentrum. Hier befand sich der Stab des XVII. Armeekorps und in der Stadt lag die 36. Division[149]. Insgesamt lebten in Danzig knapp 9.000 Aktive[150], was die Geschäftsleute und Lokalinhaber besonders freute, jedoch für den Fiskus Nachteile wegen der Steuerprivilegien für Beamte und Offiziere hatte. Otto Münsterberg, einer der besten zeitgenössischen Kenner der Materie, spricht sogar von erheblichen negativen Auswirkungen auf das Danziger Steueraufkommen[151]. Die verfügbaren Zahlen zum Grad der Erwerbstätigkeit schwanken leicht um 50 %, wobei ein schnell wachsender Frauenanteil zu registrieren ist[152]. Im gesamten Stadtgebiet waren 1907 bloß noch 1,8 % aller Beschäftigten im Agrarbereich tätig; und das trotz aller Erweiterungen der Gemeindefläche. Obwohl in der Weichsel noch alle Edelfische wie Aal, Neunaugen oder Lachs häufig vorkamen, arbeiteten bloß noch 28 Personen im Fischereigewerbe. Die stärkste Gruppe bildeten mit 35,7 % die in Handwerk und Industrie arbeitenden Danziger. Es folgten Handel, Verkehr und Gastronomie (19,4 %), der öffentliche Dienst einschließlich Militär (15,5 %), und die häuslichen Dienstboten (11,4 %). Knapp 11 % waren Selbständige[153]. Friedrich-Wilhelm Henning kommt für 1907 unter Berücksichtigung aller hauptberuflich Erwerbstätigen überschlägig zu folgendem Resultat: „2 % arbeiteten im primären, 46 % im sekundären, 25 % im erwerbswirtschaftlichen tertiären Sektor und die verbleibenden ca. 27 % im öffentlichen Dienst, freien Berufen, Versicherungen und Dienstbotenbereich"[154]. An diesen Zahlen wird deutlich, dass die mit der Industrialisierung einhergehenden Strukturveränderungen in Danzig bereits tiefe Spuren hinterlas-

---

148 Damit lag Danzig in Ost- und Westpreußen knapp hinter Königsberg an zweiter Stelle. – „Thorner Presse" vom 5. 8. 1912.
149 Die ebenfalls zum Armeekorps gehörende 35. Division war in Thorn stationiert.
150 G r ü n s p a n , 1. Bericht Statistisches Amt (wie Anm. 26), S. 3.
151 M ü n s t e r b e r g , Der Handel Danzigs (wie Anm. 79), S. 55.
152 G e i s l e r , 1916, S. 30; „Danziger Zeitung" vom 7. 11. 1912 auf der Grundlage amtlicher Zahlen.
153 G e i s l e r , Die Großstadtsiedlung Danzig (wie Anm. 30), S. 30 f.; „Danziger Zeitung" vom 7. 11. 12.
154 Friedrich-Wilhelm H e n n i n g , Danzigs Weg zur Industrialisierung, in: Westpreußen-Jahrbuch 31, 1981, S. 84 f.

sen hatten. Durchaus beachtlichen Erfolge zeitigten Bemühungen, den unvermeidlichen Bedeutungsverlust von Hafen und Handel durch eine verstärkte Industrialisierung zu kompensieren. Allerdings verdeutlichte sich am Danziger Beispiel ebenfalls, wie schwierig es ist, quasi künstlichen Industrieansiedlungen Dauerhaftigkeit, also Rentabilität zu verleihen. Dafür zwei stark beachtete Beispiele: 1906 mussten die staatlich massiv geförderten Nordische Elektrizitäts- und Stahlwerke nach mehrfachen Sanierungsversuchen schließlich doch Konkurs anmelden[155]. Ähnlich ging es 1912 den Danziger Papierfabriken in Boelkau. Hier endeten alle Anstrengungen zum Erhalt des Betriebes, als es letztlich doch nicht gelang, den nötigen Überbrückungskredit in Höhe von 300.000 Reichsmark „unter annehmbaren Bedingungen zu erhalten"[156]. Wie sehr den Zeitgenossen die Schwierigkeit der Etablierung einer wettbewerbsfähigen überregionalen Produktion bewusst war, zeigt die Reaktion des „Westpreußische Volksblattes". Einer verbreiteten Stimmung Ausdruck gebend stellte die Zeitung ihren Bericht am 23. Dezember 1912 unter die Überschrift „Wieder ein Stück ostdeutscher Industrie weniger".

Auffällig ist für Danzig vor dem Weltkrieg die herausragende Rolle weniger Großbetriebe, die ihre Existenz in hohem Maße politischen Erwägungen verdankten. Hauptarbeitgeber in Danzig war die Firma Schichau, für die durchschnittlich in Danzig 4.000 Mitarbeiter tätig waren, von denen viele in Werkswohnungen nahe der zum Betriebsgelände führenden Weichseluferbahn lebten. Die 1837 von Ferdinand Schichau in Elbing begründete Werft, die sich zügig zur Großfirma entwickelte, errichtete 1890 in Danzig auf schwierigem Sumpfland eine Werft für Schiffe jeder Größe, da die Tiefe von Elbing-Fluß und Frischem Haff dafür nicht ausreichten. Die hochmoderne Werft an der Toten Weichsel besaß bald 8 Hellinge, darunter solche bis zu 270 m Länge und 30 m Breite. Diese ermöglichten ihr den Bau international wettbewerbsfähiger großer Handels- und Kriegsschiffe. Schon am 21. April lief mit der „Kaiser Barbarossa" das erste Linienschiff vom Stapel, dem weitere wie die „Schlesien" oder „Oldenburg" folgten. 1900 wurde als damals weltweit schnellster Kreuzer, die „Nowik", an die russische Kriegsmarine ausgeliefert[157]. Der sehr lei-

---

155 Danziger Privat-Actien Bank (wie Anm. 4), S. 12.
156 APGd, 7/446, S. 289–97.
157 Die Schichau-Werke in Elbing, Danzig und Pillau 1837–1912, o. O. 1913, S. 9 u. 74–80.

stungsfähige Betrieb hing dennoch zum beträchtlichen Teil an Staatsaufträgen. An zweiter Stelle folgte die gleichfalls moderne Kaiserliche Werft[158] mit rund 3.000 Arbeitern. In erster Linie produzierte sie kleine Kreuzer und Korvetten für die Marine. Von 1906 an wurde der Bau von U-Booten ihre Hauptaufgabe. Bis zu 350 Beschäftigte arbeiteten im ältesten Danziger Schiffbauunternehmen, der Klawitter-Werft. Zwischen 1885 und dem Weltkrieg lieferte sie 276 Schiffe aus, wobei ihre auf geringen Tiefgang gebauten Raddampfer speziell auf den unregulierten Flüssen des Russischen Reiches gefragt waren[159]. Durchschnittlich 1.000 Menschen verdienten ihr Geld in der staatlichen Gewehrfabrik, 600 in der Artillerie-Werkstatt sowie 650 in der auf dem Troyl errichteten hochmodernen Eisenbahnwerkstätte. Weitere etwa 500 bzw. 300 Mitarbeiter arbeiteten in der Waggonfabrik sowie der Schrauben-, Muttern-, und Nietenfabrik[160]. Als ein Paradebeispiel für eigenen raschen unternehmerischen Erfolg galt an der Mottlau die Danziger Zigarrenfabrik, die als Familienunternehmen 1890 mit vier Leuten begonnen hatte und 1910 bereits 350 Mitarbeiter beschäftigte[161].

Die genannten Großbetriebe waren vorrangig dafür verantwortlich, dass die Zahl der gewerblichen Arbeiter zur Einwohnerschaft 1910 schon fast den Wert von Berlin erreichte. In absoluten Zahlen ergab sich für Danzig zwischen 1905 und 1913 eine Erhöhung von 14.272 auf 20.274 Personen[162]. Darüber hinaus bestanden in Danzig zahlreiche kleine und mittelständische Betriebe der verschiedenen Zweige, die zum Teil zügig expandierten und vor allem den lokalen und regionalen Markt belieferten. Teilweise produzierten sie auch über die Bedürfnisse von Stadt und Region hinaus. Beispielsweise liefen die Geschäfte der wegen ihrer Alt-Danziger Möbel bekannten Kunsttischlerei Schönicke so gut, dass sie 1899 in

---

158 Dazu Günter S t a v o r i n u s. Die Geschichte der Könglichen/Kaiserlichen Werft Danzig 1844–1918, Köln u. Wien 1990, S. 213 ff.
159 Rüdiger R u h n a u, Der Schiffbau in Danzig und die Entwicklung der Werft-Industrie (Danziger Berichte, H. 3), Stuttgart 1983, S. 25–37; Günter M a r t i n i, Die Familie Klawitter und der Danziger Schiffbau, in: Beiträge zur Geschichte des Schiffbaus, des Hafens und der Schiffahrt in Danzig, Danzig 1926, S. 13–17.
160 F u n k (Hrsg.) (wie Anm. 6), S. 25; A. K r o e k e r, Zur industriellen Entwicklung Danzigs, in: Schriften der Stadt Danzig, H. 2, Danzig 1916, S. 25–36; Danziger Verkehrszentrale (Hrsg.), Danzigs Handel und Industrie, Danzig 1912, S. 30–36.
161 M ü n s t e r b e r g, Die wirtschaftlichen Verhältnisse des Ostens (wie Anm. 22), S. 56.
162 K r o e k e r, Zur industriellen Entwicklung Danzigs (wie Anm. 160), S. 27.

Schellmühl neben dem Bahngleis auf 40.000 m² Fläche eine moderne Parkettfabrik mit ca. 200 Arbeitern eröffnen konnte, deren Produkte vor allem nach Berlin und in beachtlichem Umfang nach England gingen[163]. Das Geschäft mit Süßwaren entwickelte sich offenkundig so einträglich, dass sich die Firma Schneider aus der Hundegasse entschloss, auf 5000 m² in Langfuhr eine neue und moderne Produktionsstätte für Schokolade, Marzipan und Zuckerwaren zu errichten[164]. Daneben kam es immer wieder zu Firmenpleiten, deren Zahl in Zusammenhang mit der konjunkturellen Entwicklung schwankte. Wie andernorts auch gab es viele Klagen des Danziger Handwerks[165] an die Adresse der zumeist staatlich eher geförderten Großbetriebe. Diese bildeten zwar im Unterschied zum Handwerk selbst kaum aus, warben aber viele Fachkräfte mit höheren Löhnen ab. Wie im ganzen Nordosten arbeitete die beschäftigungsintensive Textil- und Bekleidungsbranche noch auf handwerklicher Basis. Allerdings geriet sie in Westpreußen speziell seit der Jahrhundertwende unter einen ständig zunehmenden Druck billiger Fabrikprodukte[166]. Gleichzeitig bauten sich noch bestehende Vorbehalte gegen Kleider von der Stange oder Schuhe aus dem Regal ab[167].

Wenn auch in seiner Bedeutung rückläufig und in seinem Wachstumspotenzial gegenüber Stettin und den Nordseehäfen klar benachteiligt und schnell zurückfallend, so blieben Hafen und Handel doch ein unverzichtbares Standbein der Danziger Wirtschaft. Ihr Niedergang war ein relativer und kein absoluter. Der gesamte seewärtige Ex- und Import 1870/1879 betrug 787.000 Tonnen. Danach stieg er bis zum Weltkrieg stetig an und lag 1900/1904 bei fast 1,5 Millionen Tonnen[168]. 1911/1913 waren es jahresdurchschnittlich 2.269.603 Tonnen[169]. Einschließlich des Personenverkehrs zwischen Danzig und den Seebädern liefen 1912 2.992 Schiffe ein

---

163 APGd, 7/446, S. 254.
164 Ebenda, S. 259.
165 Im Danziger Handwerk dominierten Kleinbetriebe. An erster Stelle stand das Bekleidungsgewerbe, gefolgt von „Gastronomie und Beköstigungsgewerbe", Wagenbau und Bau. – F u n k (wie Anm. 6), S. 70.
166 Ute C a u m a n n s, Technischer Fortschritt und sozialer Wandel in deutschen Ostprovinzen. Ein Vergleich mit ausgewählten Mittel- und Ostprovinzen, Bonn 1994, S. 119.
167 Zahlreiche Belege dazu speziell im Annoncenteil der Zeitungen.
168 M ü n s t e r b e r g, Der Handel Danzigs (wie Anm. 79), S. 10.
169 Kurt P e i s e r, Strukturwandlungen des Danziger Außenhandels (Danziger Schriften für Politik und Wirtschaft, H. 1), Danzig 1929, S. 15.

und 2.974 aus[170]. Gleichzeitig erfuhren der Danziger Hafen, dessen Kern sich rasch aus dem Stadtkern hinaus verlagerte, und seine Infrastruktur eine durchgreifende Modernisierung, die nicht zuletzt den Warenumschlag stark beschleunigten. Mit dem Wandel veränderte sich das Beschäftigungsprofil der noch immer überdurchschnittlich gut bezahlten Hafenarbeiter und Angestellten. Die einst für Danzig so typische Zunft der „Sackträger" hatte ihre Bedeutung verloren.

In der Ausfuhr dominierten wie schon seit Jahrhunderten Getreide[171] und Holz. Seit den achtziger Jahren des 19. Jahrhundert hatte der Export von Zucker[172] aus Polen und relativ noch schneller aus Westpreußen und Posen zunehmend an Bedeutung gewonnen. 1911 bis 1913 entfielen jahresdurchschnittlich 35,6 % der Exporttonnage auf Getreide, 33,1 % auf Zucker und 22,9 % auf Holz- und Holzwaren. Die seewärtige Einfuhr zeigte sich differenzierter. Im selben Zeitraum entfielen hier 18,4 % auf Brennstoffe (vor allem Kohle und Koks aus Großbritannien), 13,3 % auf zumeist für den Weitertransport nach Oberschlesien bestimmte schwedische Eisenerze, 11,0 % auf Kunstdünger, 5,8 % auf unedle Metalle und Waren daraus sowie neben weiteren Gütern 4,4 % auf Baustoffe[173]. Zugenommen hatte der Import von Gütern des täglichen Bedarfs, wobei die Steigerungen bei Reis und Kaffee besonders groß waren. Wurden im Durchschnitt der Jahre 1853/1859 noch 21.500 Zentner Kaffee eingeführt, so waren es 1900/1904 schon 71.500. Auch dies ein Indiz für steigenden Lebensstandard in Danzig und Westpreußen[174]. Betrachtet man die Gesamteinfuhr, so herrschten vor dem Weltkrieg Kohle und Koks (über zwei Drittel kamen mit der Bahn aus Schlesien) sowie Eisen, Stahl und Erzeugnisse daraus vor. Zum nicht geringen Teil gingen sie im Transit nach Polen und Russland[175]. Bemerkenswert erscheinen die Positionsgewinne der Eisenbahn gegenüber der Handelsschifffahrt, deren große Tage

---

170 Ebenda, S. 8.
171 Der lange dominierende Anteil des Getreides aus dem Zarenreich ging in den beiden Jahrzehnten vor dem Weltkrieg deutlich auf ein Viertel des Gesamtumschlages zurück.
172 Der kleinere Teil wurde in Danziger Raffinerien verarbeitet, während der größte Teil des Rohzuckers nach Westdeutschland und in geringerem Umfang nach Übersee exportiert wurde.
173 P e i s e r, Strukturwandlungen (wie Anm. 169), S. 17.
174 M ü n s t e r b e r g, Der Handel Danzigs (wie Anm. 79), S. 45.
175 F u n k, Wirtschaftspolitische Stellung (wie Anm. 6), S. 74–81; Danziger Verkehrszentrale (wie Anm. 160), S. 14–27; P e i s e r, Strukturwandlungen (wie Anm. 169).

an der Weichselmündung unwiederbringlich der Vergangenheit angehörten.
Im Einzelnen entwickelten sich die Verhältnisse wie folgt:

Jahresdurchschnittlicher Warenverkehr Danzigs in Tonnen[176]

Einfuhr	1900/1905	1906/1910
Seewärts	848.000	1.053.000
Flusswärts	197.000	201.000
Bahnwärts	875.000	1.154.000

Ausfuhr	1900/1905	1906/1910
Seewärts	325.000	796.000
Flusswärts	241.000	272.000
Bahnwärts	670.000	987.000

Bemerkenswert waren die Anstrengungen, die zur Eisenbahn-, Hafen- und Umschlagsoptimierung sowie zur Erweiterung bzw. Schaffung eines zukunftsfähigen großen Gewerbegebietes im Bereich der Toten Weichsel und des neuen Kaiserhafens, um die Insel Holm und auf dieser, den Troyl sowie bis nahe Neufahrwasser mit hohem Kostenaufwand auf weitgehend sumpfigem Untergrund geleistet wurden. Dass die Investitionen viel Geld verschlangen, versteht sich fast von selbst. Allein für den Bau der 1912 eingeweihten großen Weichselbrücke zur besseren Anbindung des Industriegeländes an die Kernstadt wurden 1,8 Millionen Reichsmark ausgegeben[177]. Der mit staatlicher Hilfe 1903 von Wilhelm II. eingeweihte Kaiserhafen hatte rund 3,5 Millionen Mark gekostet. Er stellte eine wichtige Erweiterung der Hafenanlagen dar. Er begradigte und verkürzte die Entfernung nach Neufahrwasser und bot beste Bedingungen zur Abfertigung großer Schiffe wie zur weiteren Erschließung des bisher dem Seeverkehr unzugänglichen Weichselufers. U.a. sollen noch die auf Rechnung der Kaufmannschaft 1884 fertiggestellte Speicherbahn sowie die mit öffentlichen Mitteln erbaute und 1905 übergebene Holmbahn erwähnt

---

176 M ü n s t e r b e r g, Die wirtschaftlichen Verhältnisse des Ostens (wie Anm. 22), S. 30.
177 Danziger Verkehrszentrale (Hrsg.), S. 29.

werden. Mit ihr sollten die östlichen Stadtgebiete sowie die umliegenden Ortschaften der Eisenbahn erschlossen und der Verkehr mit dem Kaiserhafen und den Industrieanlagen auf dem Holm vermittelt werden[178].

Alles in allem und dies besonders vor dem Hintergrund der realen Gegebenheiten und Probleme und trotz fortbestehender Schwierigkeiten und Defizite gerade in den letzten 15 bis 20 Jahren vor dem Weltkrieg hat Danzig beachtliche wie unübersehbare Fortschritte auf dem Weg zur modernen Großstadt gemacht. Vieles war getan worden, um diese Entwicklung zu festigen und auszubauen und dabei den allgemeinen Lebensstandard zu heben. Und insofern teile ich die Einschätzung britischer Experten, die in einer Studie für das Foreign Office eine insgesamt positive Bilanz der auch staatlich intensiv geförderten Wirtschafts- und Strukturentwicklung Danzigs, einschließlich der Schaffung von Arbeitsplätzen, vor dem Ersten Weltkrieg ziehen[179].

---

178 Münsterberg, Der Handel Danzigs (wie Anm. 79), S. 21–27; Keyser, Danzigs Geschichte (wie Anm. 122), S. 241.
179 Public Record Office London, Foreign Office 371, C 716/1534/55.

Divide et impera – Die Katholische Kirche in Danzig unter nationalsozialistischer Herrschaft

von Stefan Samerski

In seiner kirchenpolitisch angelegten Diözesangeschichte *in nuce* arbeitet der Polen- und Danzigkenner Manfred Clauss prononciert zwei historiographische Grundkategorien kirchlichen Agierens heraus: 1) Die „Geschichte der Diözese Danzig ist weitgehend die Geschichte ihres ersten Bischofs"[1] Eduard Graf O'Rourke[2]; 2) Die Danziger Diözesangeschichte verlief weitgehend parallel zu der Entwicklung im Reich[3]. Die relativ wenigen Quellen, die bisher für die Aufarbeitung des Verhältnisses von Kirche und Staat herangezogen wurden, geben diesen Thesen vordergründig Recht[4]. Eine intensive Nutzung der Archivquellen und ein posopographi-

---

1 Manfred C l a u s s, Das Bistum Danzig zwischen den Weltkriegen, in: Zwischen den Weltkriegen, hg. von Udo A r n o l d, Teil 2: Kultur im Preußenland der Jahre 1918 bis 1939, Lüneburg 1987, S. 31–54, hier S. 48.
2 O'Rourke (1876–1943), 1918–1920 Bischof von Riga, 1922–1925 Apostolischer Administrator, 1926–1938 Bischof von Danzig; zuletzt dazu mit der wichtigsten Literatur: Stefan S a m e r s k i, Eduard Graf O'Rourke, in: d e r s. (Hg.), Das Bistum Danzig in Lebensbildern. Ordinarien, Weihbischöfe, Generalvikare, Apostolische Visitatoren 1922/25 bis 2000, Münster u. a. 2003, S. 39–52.
3 Vgl. die Artikel von Manfred C l a u s s, Der Danziger Bischof Carl Maria Splett als Apostolischer Administrator des Bistums Kulm, in: Zeitschrift für die Geschichte und Altertumskunde Ermlands [künftig: ZGAE] 39, 1978, S. 129–144; Der Danziger Bischof Eduard Graf O'Rourke, in: ZGAE 42, 1983, S. 113–146; Eduard Graf O'Rourke, in: Die Bischöfe der deutschsprachigen Länder 1785/1803 bis 1945. Ein biographisches Lexikon, hg. von Erwin G a t z, Berlin 1983, S. 721–723; Die Verhandlungen über ein Konkordat für die Freie Stadt Danzig, in: ZGAE 43, 1985, S. 119–143; Das Bistum Danzig (wie Anm. 1).
4 Clauss hat nur die Akten des Politischen Archivs des Auswärtigen Amtes für seine Studien genutzt, und zwar sehr extensiv. Einzig Bogdanowicz und der Verfasser dieses Artikels hatten in Danzig-Oliva (Diözesanarchiv) und Danzig (Staatsarchiv) Akteneinsicht: Stanisław B o g d a n o w i c z, Carl Maria Antonius Splett. Danziger Bischof der Kriegszeit, Sondergefangener der VRP, Danzig 1996; d e r s., Bo przemoc widzę w mieście i niezgodę (Trudny początek Kościoła Gdańskiego 1922–1945) [Denn ich sehe Gewalt und Zwietracht in der Stadt. Der schwierige Anfang der Kirche in Danzig], Danzig 2001. – Die heute in Polen gelegenen Archive bereiten für die Akteneinsicht keinerlei Schwierigkeiten. Die Danzig betreffenden kirchenpolitischen Akten des Hl. Stuhls wurden von der Rubrik des Staatssekretariates „Nunziatura di Polonia" aufgenommen und sind nach Mitteilung des Kardinalstaatssekretärs Angelo Sodano erst seit 2005 zugänglich.

scher Zugang zur Materie führt jedoch zu neuen Perspektiven, die im folgenden erörtert werden sollen. Die Überlieferungssituation ist wider Erwarten als gut zu bezeichnen, allerdings für die Kriegszeit rückläufig, da aus Sicherheitsgründen immer weniger (Aussagekräftiges) zu Papier gebracht wurde. Abgesehen vom Forschungsdesiderat bislang unbearbeiteter Akten scheint auch ein neuer Zugang zu dieser virulenten und kirchenpolitisch brisanten Materie geboten, denn Autoren wie Clauss, Lingenberg[5], Stachnik[6] und Sodeikat[7] gehen monolithisch von einem katholischen Block, zusammengesetzt aus Bischof, Priestern, Gläubigen und der Zentrumspartei, aus, den es so nie gegeben haben kann[8]. Ganz richtig betont allerdings schon Lingenberg, daß der Bischof die Leitung seiner 1925 gegründeten Diözese[9] fast vollständig seinem Konsistorium anvertraut hatte[10]. Er kann also nicht die Schlüsselstellung im dramatischen Ringen zwischen den ca. 148.000 Katholiken und dem nationalsozialistischen Staat eingenommen haben, wie Clauss annimmt. Die polnische Geschichtsschreibung hat dagegen von Anfang an diese Blockperspektive aufgegeben, in-

5 Heinz Lingenberg, Oliva – 800 Jahre. Von der Zisterzienserabtei zur Bischofskathedrale. Abriß der Geschichte des Klosters und Ortes Oliva (1186–1986) mit 135 Abbildungen und einer Farbtafel, Lübeck 1986, S. 307–330 (NS-Zeit).
6 Richard Stachnik, Die Katholische Kirche in Danzig. Entwicklung und Geschichte, Münster 1959, S. 144–152. Als Quelle immer noch unverzichtbar, wenn auch stark harmonisierend: ders., Danziger Priesterbuch 1920–1945; 1945–1965, Hildesheim 1965.
7 Ernst Sodeikat, Die Verfolgung und der Widerstand der Katholischen Kirche in der Freien Stadt Danzig von 1933 bis 1945, Hildesheim 1967; dazu auch: ders., Der Nationalsozialismus und die Danziger Opposition, in: Vierteljahrshefte für Zeitgeschichte 14, 1966, S. 139–174.
8 Zur Zentrumspartei in Danzig vgl. Werner Thimm, Die Entwicklung der Parteien in Danzig und Pommerellen nach dem Ersten Weltkrieg, in: Zwischen den Weltkriegen, hg. von Udo Arnold, Teil 1: Politik im Zeichen von Parteien, Wirtschaft und Verwaltung im Preußenland der Jahre 1918–1939, Lüneburg 1986, S. 65–105, hier: S. 84–87; Marek Andrzejewski, Opposition und Widerstand in Danzig 1933–1939, Bonn 1994, S. 23 f., 56–59, 116 f., 155–158, 184–187. – Clauss erwähnt eine klerikale Opposition gegen den Bischof, erkennt aber nicht die allmähliche Atomisierung der Kirche in Danzig als Hauptproblem im Ringen zwischen Kirche und Staat.
9 Zur Errichtung der Apostolischen Administratur 1922 und des Bistums 1925 vgl. Stefan Samerski, Die Katholische Kirche in der Freien Stadt Danzig 1920–1933. Katholizismus zwischen Libertas und Irredenta (Bonner Beiträge zur Kirchengeschichte 17), Köln/Weimar/Wien 1991, S. 107–162.
10 Lingenberg (wie Anm. 5), S. 304.

Die Katholische Kirche in Danzig unter nationalsozialistischer Herrschaft 257

dem sie das Leben der polnischen Katholiken – etwa zehn Prozent der katholischen Danziger, zu denen noch etwa 12.000 polnische Staatsangehörige kamen[11] – und das Martyrium der polnischen Priester im Zweiten Weltkrieg unter nationalen Gesichtspunkten beleuchtet[12]. Aber auch diese Autoren – von Szilling und Baciński[13] bis Bogdanowicz[14] – gehen von der Prämisse aus, daß die sogenannte Amtskirche in Danzig monolithisch geformt und synchron gesprochen und gehandelt hätte. Tatsächlich gingen die Polen von Anfang an eigene Wege, die seit etwa 1924, dem Grün-

---

11 Zwar nahm die katholische Kirche in Danzig ähnlich wie im Reich eine Minderheitenposition ein – in Danzig bekannten sich 1930 sogar nur etwa 36,1 Prozent der Bevölkerung zum katholischen Glauben –, doch war an der Weichsel der Polcnanteil viel höher als im Reich; S a m e r s k i, Das Bistum (wie Anm. 2), S. 10.
12 Antoni B a c i ń s k i, Polskie duchowieństwo katolickie w Wolnym Mieście Gdansku 1919–1939 [Die polnische Geistlichkeit in der Freien Stadt Danzig 1919–1939], in: Studia Gdanskie 1, 1973, S. 7–117, hier: S. 86–101; Piotr T o c z e k, Dzielalnosc polskich organizacji katolickich w Wolnym Miescie Gdansku 1920–1939 [Die Tätigkeit der polnischen katholischen Organisationen und Vereine in der Freien Stadt Danzig 1920–1939], in: Studia Gdanskie 4, 1980, S. 143–202. Sie schildern die Arbeit der polnischsprachigen Geistlichen in Danzig als „Bollwerk der polnischen Nationalität und Kultur". Vgl. auch die jüngere Literatur: Henryk S t ę p n i a k, Ludnosc Polska w Wolnym Mieście Gdańsku (1920–1939) [Die polnische nationale Minderheit in der Freien Stadt Danzig (1920–1939)], Danzig 1991, bes. S. 399–418. Merkwürdig mutet es an, daß die „Historia Gdańska", Bd. 4/2 nur auf vier (!) Seiten, inhaltlich unbefriedigend und auf dürftiger Literaturbasis die Religionsverhältnisse 1920–1945 (evang., kath. etc.) abhandelt: Marek A n d r z e j e w s k i, Kultura, oświata (1920–1945), 7. Stosunki religijne [Kultur, Bildung, 7. Religionsverhältnisse], in: Historia Gdańska, Bd. 4/2: 1920–1945, hg. von Edmund C i e ś l a k, Sopot 1998, S. 299–303.
13 Dabei wird suggeriert, als hätten die Polen innerhalb der Kirche Danzigs von Anfang an einen eigenen Block gebildet. Die ersten, die wissenschaftlich über die nationalsozialistische Verfolgung der Kirche in Danzig-Westpreußen publizierten: Jan S z i l l i n g, Polityka okupanta hitlerowskiego wobec kościoła katolickiego 1939–1945. Tak zwane okręgi Rzeszy Gdańsk-Prusy Zachodnie, Kraj Warty e Regencja Katowicka [Die Politik der Hitlerokkupanten gegenüber der katholischen Kirche 1939–1945. Die sogenannten Reichsgaue Danzig-Westpreußen, der Warthegau und der Regierungsbezirk Kattowitz], Posen 1970; B a c i ń s k i (wie Anm. 12); Maciej P l e n k i e w i c z, Kościół katolicki w Wolnym Mieście Gdańsku 1933–1939 [Die katholische Kirche in der Freien Stadt Danzig 1933–1939], Bromberg 1980. Plenkiewicz stellt die Leiden der polnischen Geistlichen als Akt des Patriotismus für den Staat Polen dar.
14 B o g d a n o w i c z, Splett (wie Anm. 4); d e r s., Bo przemoc (wie Anm. 4). Bogdanowiczs Arbeiten sind zwar (archiv)materialreich und ausführlich, nicht aber immer methodisch sauber gearbeitet. So bietet vor allem seine Splett-Biographie in der deutschen Ausgabe Rückübersetzungen des ursprünglichen deutschen Originals. Darüber hinaus relevant: T o c z e k (wie Anm. 12).

dungsjahr der *Liga Katolicka*, und dem ersten polnischen Katholikentag (1925) zementiert waren[15]. 1937 wäre es sogar fast zu einer institutionellen Absonderung der Polen in eigenen Personalpfarreien gekommen, was durch den Sturz O'Rourkes verhindert wurde. Damit ist monolithisches Denken hier nicht nur obsolet und irreführend, es verhinderte auch bisher das rechte Verständnis für den Kirchenkampf in Danzig.

Bei näherem Hinsehen und intensiverer Aktenkenntnis entpuppt sich die Polenfrage sogar als Spaltpilz der Kirche. Sie hat nicht erst 1937 einige oppositionelle Prälaten mobilisiert, gegen die Polenpolitik O'Rourkes Sturm zu laufen, sondern die Spaltung des Danziger Klerus muß viel früher erfolgt sein[16]. Damit ist dann aber die Situation des kirchlichen Lebens in Danzig wesentlich verschieden von dem in Deutschland, da hier keine gravierenden Nationalitätenprobleme virulent waren[17]. Hinzu kommt, daß die notwendige Aufgabe des ohnehin nicht plausiblen monolithischen Denkens zu einer vollständigen Neubewertung des Danziger Kirchenkampfes führen muß. Hier lagen die Instrumente, die die Nazis zur Zerschlagung des kirchlichen Lebens in der Öffentlichkeit nutzen konnten. Die Spaltung des Katholizismus in eigentlich zwei Lager machte es den Machthabern leicht, den politischen und öffentlichen Aktionsradius der Kirche zu zerstören. Man darf dabei allerdings nicht wie die bisherige polnische Forschung von einem national-deutschen und einem national-polnischen Lager ausgehen, sondern die Grenzen verliefen mitten durch den Klerus, der relativ frühzeitig in eine deutschnationalzentrumsorganisierte Gruppe und eine propolnische (unabhängig von der eigenen Nationalität) zerfiel und sich mit den Jahren immer stärker auseinanderdividierte.

Über den groben ereignisgeschichtlichen Verlauf der nationalsozialistischen Kirchenpolitik in Danzig liegen bereits seit längerer Zeit brauchba-

---

15 Zuletzt dazu: S a m e r s k i, Das Bistum Danzig (wie Anm. 2), S. 14; S t ę p n i a k, Ludność (wie Anm. 12), S. 406–410.
16 Auf die Rolle der Polenfrage im politischen Tagesgeschäft Danzigs in den zwanziger Jahren wies ich bereits 1991 hin: S a m e r s k i, Die Katholische Kirche (wie Anm. 9), S. 131.
17 Dagegen C l a u s s, Das Bistum Danzig (wie Anm. 1), S. 31: „Trotz mancher für Danzig spezifischen Erscheinungen sind die Parallelen zur Entwicklung der katholischen Kirche im Reich nicht zu übersehen". – Allenfalls im Gebiet des späteren Bistums Essen (Polen) und in der Diözese Dresden (Sorben) lebte eine nennenswerte nationale Minderheit, die allerdings kaum eine politische Rolle gespielt hatte.

re Studien vor[18]; auf dieser Ebene ergeben sich zahlreiche Parallelen zum Dritten Reich[19]. Die staatsrechtlichen, politischen und ethnischen Eigenheiten der Freien Stadt führten jedoch in der Mechanik des Kirchenkampfes zu einem Sonderweg, der z.T. erheblich von der Auseinandersetzung im deutschen Nachbarland abwich[20]. In Danzig wie im Reich wurde die kirchliche Aktivität bis etwa 1935/36 auf das Gotteshaus und die Sakristei beschränkt. Alle weiteren öffentlichen oder halbprivaten Manifestationen waren verboten und wurden rücksichtslos geahndet. *Wie* man aber die kämpferische Kirche in Danzig in ihrer äußeren Handlungssphäre in die Knie zwang, wird erstmals anhand der quellengestützten Kurzbiographie des zweiten Danziger Generalvikars Magnus Bruski plausibel, für die ich bislang unbekanntes Archivmaterial heranziehen konnte[21]. Bruskis Vita ist deshalb so brisant, weil in seiner Amtszeit (1934–1938) das kirchliche Leben auf ein Minimum reduziert wurde. Schon beim Sichten seiner Amtsakten sprang sofort ins Auge, daß die Nationalsozialisten durch die Polenfrage den katholischen Klerus der Freien Stadt paralysierten. Die Danziger Priesterschaft – zum allergrößten Teil Deutsche – hatte spätestens in Kulturkampfzeiten ein kämpferisches Profil ausgebildet und sich noch bis in die zwanziger Jahre gegen die polnischen Forderungen gewehrt, die eigene kulturelle Identität in Politik und Kirche stärker zu berücksichtigen[22]. Das fiel einem ganz unverdächtigen Beob-

18 Erste kirchengeschichtliche Darstellung: S t a c h n i k, Die Katholische Kirche (wie Anm. 6), S. 144–152; S o d e i k a t, Die Verfolgung (wie Anm. 7); C l a u s s, Das Bistum Danzig (wie Anm. 1), S. 40–48; zuletzt: S a m e r s k i, Das Bistum Danzig (wie Anm. 2), S. 14–21. Detailliert auch: B o g d a n o w i c z, Splett (wie Anm. 4).
19 Klaus G o t t o/Konrad R e p g e n (Hg.), Die Katholiken und das Dritte Reich (Topos-Taschenbücher 136), Mainz 1983; Heinz H ü r t e n, Deutsche Katholiken 1918–1945, Paderborn u.a. 1992; S. 178–558; kurz und ökumenisch: Kurt N o w a k, Kirchen und Religion, in: Enzyklopädie des Nationalsozialismus, hg. von Wolfgang B e n z, Hermann G r a m l und Hermann W e i ß, München ⁴2001, S. 187–202.
20 Zur rechtlichen Ausgangssituation und zum politischen Kontext: S a m e r s k i, Die Katholische Kirche (wie Anm. 9), S. 25–105; Rüdiger R u h n a u, Die Freie Stadt Danzig 1919–1939, Berg am See 1979, S. 112–173; A n d r z e j e w s k i (wie Anm. 8); Historia Gdańska 4/2 (wie Anm. 12).
21 Zu Bruski (1886–1945) zuerst wissenschaftlich: Stefan S a m e r s k i, Der unbekannte Danziger Generalvikar Magnus Bruski. Die Katholische Kirche und der Nationalsozialismus in Danzig, in: Der Westpreuße 54. Jg., Nr. 17 (1. September 2002), S. 8–9; wiss. Lebensbild mit Literatur: d e r s., Magnus Bruski, in: d e r s., Das Bistum Danzig (wie Anm. 2), S. 57–61. Hierfür wurde hauptsächlich die Personalakte im Erzbischöflichen Archiv in Danzig-Oliva ausgewertet.
22 Dazu schon: S a m e r s k i, Die Katholische Kirche (wie Anm. 9), S. 62.

achter auf, dem irischen Völkerbundkommissar Sean Lester[23], der sich darüber mit O'Rourke austauschte[24]. Dieser deutsche Block der katholischen Priester mußte spätestens in den dreißiger Jahren gebröckelt sein, als sich eine nicht unwesentliche Zahl von Priestern, darunter auch der Generalvikar Bruski, für eine stärkere Berücksichtigung polnischer Interessen im Danziger Bistum einsetzte[25]. Der Bischof O'Rourke war die treibende Kraft, die eine Verbesserung der pastoralen Situation der Polen herbeiführen wollte. Er stand mit diesem Anliegen von Anfang an gegen die Linie des Auswärtigen Amtes in Berlin und des Generalkonsulats in Danzig, die das kirchliche Leben im Zwergstaat bedeutend finanziell unterstützten[26]. Außerdem hatte der Heilige Stuhl den irischen Adligen auf nationale Unparteilichkeit verpflichtet; er selbst sah die Ausübung seines geistlichen Amtes nur in enger Kooperation mit den staatlichen Stellen gewährleistet. Die deutschen Kleriker, die die kirchenpolitische Linie des Reiches teilten und zum Großteil in der Zentrumspartei organisiert waren[27], bildeten durch ihren bedeutenden Einfluß auf die Administration des Bistums den Garanten für Berliner Interessen in Danzig.

In den zwanziger Jahren traten solche politischen Gegensätze zwischen den beiden ungleichen Lagern nur undeutlich hervor; bei Auseinandersetzungen ging es meist nur um Fragen der muttersprachlichen Seelsorge und Liturgie (Ausbau von Predigten, polnischen Gesängen und Kommunionvorbereitung)[28]. Der bis 1934 amtierende Generalvikar Anton Sawatzki war der Garant dafür, daß die auf Revision ausgerichtete Kulturpolitik Berlins auch in der Bistumsverwaltung Berücksichtigung

---

23 Lester (1888–1959) war von 1934–1936 Hoher Kommissar des Völkerbundes in Danzig; dazu: Wolfgang R a m o n a t, Der Völkerbund und die Freie Stadt Danzig 1920–1934 (Studien zur Militärgeschichte, Militärwissenschaft und Konfliktforschung 18), Osnabrück 1979, S. 105 f.
24 Dazu der Tagebucheintrag von Lester 1934: „always pugnacious clergy and its increasingly bitter politics": zitiert nach: S a m e r s k i, Die Katholische Kirche (wie Anm. 9), S. 62 Anm. 85.
25 S a m e r s k i, Das Bistum Danzig (wie Anm. 2), S. 16; d e r s., Magnus Bruski (wie Anm. 21), S. 60.
26 Detailliert dazu: S a m e r s k i, Die Katholische Kirche (wie Anm. 9), S. 97–105, 191–260.
27 Diesen Standpunkt hat die polnische Wissenschaft zu Recht einheitlich betont: S t ę p n i a k, Ludność (wie Anm. 12), S. 401 f.
28 Zum seelsorglichen Angebot für die Polen und weitergehenden polnischen Forderungen: P l e n k i e w i c z (wie Anm. 13), S. 112–142.

fand[29]. Erst mit seinem Tod im Jahre 1934 und der Ernennung von Magnus Bruski zu seinem Nachfolger zog eine ganz andere kirchlichenpolitische Linie in die Diözesankurie ein, die zweifellos mehr der Einstellung des Bischofs[30] entsprach als Sawatzkis Politik. Nun erst bildeten sich scharfe Fronten, die sich sogar öffentlich vor Gericht wegen nationaler Unzuverlässigkeit befehdeten[31] und es den Nazis leicht machten, das katholische Leben auf ein Minimum zu reduzieren. Nach 1938, als der Kirche kaum mehr Aktionsmöglichkeiten außerhalb des Gotteshauses blieben, konnte auch der neue, deutschnational geprägte Bischof Carl Maria Splett nichts mehr zur Verbesserung der Situation der Polen tun[32]. Es liegt nahe, hier von einer zweiten Phase des Kirchenkampfes zu sprechen, denn Splett brachte einen ganz neuen Führungsstil und einen neuen Mitarbeiterstab in die Diözesanverwaltung, die seit 1938 im Würgegriff der Nationalsozialisten nur stark eingeschränkt funktionierte[33].

Das Danziger Bistum Danzig bis zum Sturz O'Rourkes 1938

Die Wahlen zum Danziger Volkstag vom 28. Mai 1933 brachten den Nationalsozialisten mit 50,1 Prozent einen deutlichen Sieg. Sie bildeten zunächst gemeinsam mit dem Zentrum eine Regierung unter dem gemäßig-

---

29 Sawatzki (1873–1934), 1926–1934 Generalvikar des Bistums Danzig. Über ihn und sein Wirken zuletzt: S a m e r s k i, Anton Sawatzki, in: d e r s., Das Bistum Danzig (wie Anm. 2), 52–57 (Lit.).
30 1922 bezeichnete sich der Bischof als „Großpole". Die propolnische Einstellung O'Rourkes wird in der älteren polnischen Forschung leicht überzeichnet; in der deutschen erstmals deutlicher herausgestrichen bei: S a m e r s k i, Die Katholische Kirche (wie Anm. 9), S. 62; d e r s., Eduard Graf O'Rourke (wie Anm. 2), S. 46.
31 Vgl. dazu Anm. 62.
32 Splett (1898–1964) 1938–1964 Bischof von Danzig; zuletzt über ihn: Stefan S a m e r s k i, Schuld und Sühne? Bischof Carl Maria Splett in Krieg und Gefangenschaft (Forum für Kultur und Politik 25), Bonn ²2000; d e r s., Carl Maria Splett, in: d e r s., Das Bistum Danzig (wie Anm. 2), S. 61–73 (Lit.); Ulrich B r ä u e l, Stefan S a m e r s k i (Hg.), Ein Bischof vor Gericht. Der Prozeß gegen den Danziger Bischof Carl Maria Splett 1946, Osnabrück 2005.
33 Splett umgab sich mit einer Gruppe von drei bis vier Geistlichen als enge Vertraute, mit denen er das Bistum leitete. Einen Generalvikar ernannte er nach der Ablösung von Bruski nicht mehr, auch nicht während des Krieges, als die Nationalsozialisten ihn drängten, Paul Schütz zum Stellvertreter zu ernennen; S a m e r s k i, Das Bistum Danzig (wie Anm. 2), S. 17; d e r s., Carl Maria Splett (wie Anm. 32), S. 65.

ten Senatspräsidenten Hermann Rauschning[34]. Eine der treibenden Kräfte für eine Zusammenarbeit mit der NSDAP war der Danziger Generalvikar Anton Sawatzki, der hoffte, auf die Nationalsozialisten mäßigend einwirken zu können[35]. In den ersten Monaten der nationalsozialistischen Herrschaft wurden es als ermutigendes Zeichen gewertet, daß nach reichsdeutschem Muster auch in Danzig Konkordatsverhandlungen aufgenommen wurden; sie führten jedoch zu keinem Abschluß[36].

Schon im September 1933 trat Sawatzki aus der Regierungskoalition aus und mußte bis zu seinem baldigen Tod im Oktober 1934 mitansehen, wie sein Lebenswerk systematisch diffamiert, terrorisiert und zerstört wurde: das katholische Vereins- und Verbandswesen, das er als Pfarrer von St. Josef seit der Jahrhundertwende in ganz Westpreußen aufgebaut hatte[37]. Außerdem geriet nun auch die Zentrumspartei in das Sperrfeuer des nationalsozialistischen Terrors. Es ist bezeichnend, daß sie als letzte demokratische Partei in Danzig im Oktober 1937 verboten wurde, da ihr Rückgrat, ein Großteil des kämpferischen deutschen Klerus, über bedeutenden Einfluß in der Diözesanverwaltung und im öffentlichen Leben der Freien Stadt verfügte. Außerdem stand diesen Geistlichen eine Vielzahl von internationalen Kontakten zur Verfügung[38]. Unter solch kraftvollen Priesterpersönlichkeiten litt ohne Zweifel auch Bischof O'Rourke, der von seinem Wesen her eine stark irenische Persönlichkeit war und sich nicht gegen die Interessen seiner führenden Geistlichen hatte durchsetzen können. Zudem war seine Polenfreundlichkeit zahlreichen deutschen Priestern ein Dorn im Auge: Bereits in den zwanziger Jahren protestierten O'Rourkes eigene Priester gegen die intensivierte Polenseelsorge des Bischofs vor dem deutschen Generalkonsulat in Danzig[39]. Damit hatte sich der fremdländische

---

34 Zu Rauschning jüngst, allerdings ohne die entscheidenden politischen Jahre in Danzig: Jürgen Hensel/Pia Nordblom (Hg.), Hermann Rauschning. Materialien und Beiträge zu einer politischen Biographie, Osnabrück 2003.
35 Unterschiedliche Gewichtungen bei: Samerski, Anton Sawatzki (wie Anm. 29), S. 56; Andrzejewski (wie Anm. 8), S. 54–57; Ruhnau (wie Anm. 20), S. 118f.
36 Dazu: Manfred Clauss, Die Verhandlungen über ein Konkordat für die Freie Stadt Danzig, in: ZGAE 43, 1985, S. 119–143; Plenkiewicz (wie Anm. 13), S. 60–73.
37 Samerski, Anton Sawatzki (wie Anm. 29), S. 56.
38 Dazu: Andrzejewski (wie Anm. 8), S. 74f., 184–187. Vgl. auch: Thimm (wie Anm. 8), S. 87; Ruhnau (wie Anm. 20), S. 147.
39 Zur Mißstimmung im Danziger Klerus Ende 1923: Samerski, Die Katholische Kirche (wie Anm. 9), S. 131 f.

Bischof bereits früh zwischen alle Stühle gesetzt, denn auch die Polen konnten seine nach wie vor enge Zusammenarbeit mit den deutschen Behörden nicht gutheißen[40]. Außerdem bezog er eine Pension aus dem Berliner Auswärtigen Amt[41].

Nach dem Ausscheiden der Zentrumspartei aus der Regierung im September 1933 veränderte sich das kirchenpolitische Klima nicht so drastisch, wie allgemein angenommen wird. In katholischen Kreisen gab man sich noch Hoffnungen hin, die Übergriffe auf Schule, konfessionelle Institutionen und Parteienlandschaft seien nicht unüberwindlich[42]. Außerdem war eine bedeutende Anzahl kirchlich-religiöser Interessen verfassungsmäßig verankert: Insgesamt sicherte die Danziger Konstitution der Katholischen Kirche mehr Rechte zu, als es die Weimarer Reichsverfassung tat. Vor allem der Religionsunterricht an den Schulen war rechtlich gesichert, außerdem der Schutz der kirchlichen Feiertage[43]. Der nationalsozialistische Senat bediente sich jedoch Polizeiverordnungen, um das kirchliche Leben zu stören, die Verbände zu terrorisieren und schließlich gleichzuschalten. Damit war nach außen der Schein der Legalität gewahrt[44].

Erste deutliche Maßnahmen gegen genuin kirchliche Funktionen in Danzig setzten Ende 1933 ein: Mitte Dezember wurde der Olivaer Religionslehrer Alexander Lubomski[45] entpflichtet, wenig später der Religionsunterricht reduziert. Auf die Übergriffe im Schul- und Vereinswesen antwortete O'Rourke mit scharfen Protesten und konnte sogar im April 1934 erreichen, daß der Sozialsenator Hans-Albert Hohnfeldt[46] beurlaubt

40 Bereits seit November 1922 mehrten sich die polnischen Pressestimmen, die O'Rourkes enge Zusammenarbeit mit den deutschen Behörden kritisierten: S a m e r s k i, Die Katholische Kirche (wie Anm. 9), S. 128 f.
41 Ab Mai 1922 wurde dem Bischof jährlich 300.000 Mark zur Verfügung gestellt, wobei 100.000 M. für ihn persönlich und der Rest für seelsorglich-sachliche Zwecke aufgewandt wurden: S a m e r s k i, Die Katholische Kirche (wie Anm. 9), S. 220–222.
42 S a m e r s k i, Das Bistum Danzig (wie Anm. 2), S. 14 f. – Zu den kirchenfeindlichen Maßnahmen: L i n g e n b e r g (wie Anm. 5), S. 308–312; R u h n a u (wie Anm. 20), S. 121–123.
43 Zu kirchlichen Verfassungsfragen und ihrer Genese: S a m e r s k i, Die Katholische Kirche (wie Anm. 9), S. 27–43.
44 S a m e r s k i, Das Bistum Danzig (wie Anm. 2), S. 15.
45 Lubomski (1893–1968), 1926–1933 Religionslehrer in Danzig-Oliva, 1935–1945 Diözesancaritaspfarrer; S t a c h n i k, Danziger Priesterbuch (wie Anm. 6), S. 207 f.
46 Hohnfeldt war Gründer der ersten NS-Ortsgruppe in Danzig (1925); er wurde am 20. Juni 1933 Senator für Soziales; zu ihm kurz: R u h n a u (wie Anm. 20), S. 114 f., 119.

wurde[47]. Ab März 1934 wurden dann katholische Jugendversammlungen systematisch diffamiert und terrorisiert. Damit fand der unverhüllte Kampf der Nationalsozialisten gegen Schule, katholisches Verbands- und Vereinswesen sowie gegen die Parteien- und Presselandschaft ihren Auftakt. Die Maßnahmen erreichten ihren Höhepunkt im Jahre 1935, nachdem Arthur Greiser[48] im November 1934 die Präsidentschaft im Senat übernommen hatte[49].

Der kämpferische Danziger Klerus, der bald erkannte, daß man mit innerstaatlicher Kritik nicht zum Ziel kam, intervenierte nun bei internationalen Institutionen. Die zentrumsnahen Pfarrer der Diözese, die längst ihre innere Verbindung zu O'Rourke verloren hatten, entschlossen sich im Mai 1934, alleine beim Hl. Stuhl gegen die nationalsozialistischen Übergriffe auf die Jugendverbände Protest einzulegen. Als dies keine Wirkung zeigte, richtete der Klerus gemeinsam mit der Zentrumspartei am 30. August eine Petition an den Völkerbundrat in Genf. Außerdem warnten die 50 unterzeichnenden Danziger Geistlichen alle Gläubigen in einer Dezember-Ausgabe des katholischen Sonntagsblatts offen vor den aktuellen Irrlehren[50]. Diese aggressive Haltung wurde vom Bischof nicht geteilt, sogar offensichtlich mißbilligt – nicht aus inhaltlichen Gründen, sondern aus formal-technischen: Seine pastoralen Aufgaben glaubte O'Rourke nur in enger Zusammenarbeit mit den staatlichen Behörden bewältigen zu können. Der im zaristischen Rußland aufgewachsene Bischof hatte das dortige Verhältnis von Staat und Orthodoxer Kirche, eine von der Zarenregierung abhängigen Staatskirche, adaptiert. Daher schied er auch ohne großen Widerstandswillen 1938 aus seinem Amt als Bischof von Danzig

---

47 Zum folgenden kurz: S a m e r s k i, Das Bistum Danzig (wie Anm. 2), S. 15–17.
48 Greiser (1897–1946), 1924 Mitbegründer des Stahlhelms in Danzig, 1934–1939 Danziger Senatspräsident, 1939–1945 Reichsstatthalter des Reichsgaus Wartheland; dazu: R u h n a u (wie Anm. 20), S. 130–173.
49 Zum innenpolitischen Konflikt jüngst: Henryk S t ę p n i a k, Polska i Wolne Miasto Gdańsk (1920–1939). Stosunki polityczne [Polen und die Freie Stadt Danzig. Politische Beziehungen], Danzig 2004, S. 163–167. Vgl. auch: R u h n a u (wie Anm. 20), S. 127–129. – Solide Dokumentation nationalsozialistischer Verfolgungsmaßnahmen gegenüber Danziger Priestern: Ulrich v o n H e h l (Hg.), Priester unter Hitlers Terror. Eine biographische und statistische Erhebung, Bd. 2, Paderborn u. a. ⁴1998, S. 1700–1708.
50 Dazu auch: C l a u s s, Das Bistum Danzig (wie Anm. 1), S. 42 f.; P l e n k i e w i c z (wie Anm. 13), S. 56–60. Außerdem beteiligte sich die Zentrumspartei bei der Wahlanfechtungsklage der Oppostionsparteien 1935, die zu einem Petitionskonglomerat vor dem Völkerbundrat führte; A n d r z e j e w s k i (wie Anm. 8), S. 103–110.

aus, nachdem ihm der Senat der Freien Stadt in persönlichen Gesprächen das Vertrauen entzogen hatte[51].

Spätestens seit 1934 läßt sich also von einer Dreiteilung des aktiven Danziger Katholizismus sprechen – einer Dreiteilung in Bischof, polnisch- und deutschfreundlichem Block. Der Handlungsspielraum des Bischofs, dem politisch die Hände gebunden waren, wurde dabei immer geringer; außerdem sahen viele Deutsche unter dem Druck der nationalsozialistischen Rassepolitik das Entgegenkommen O'Rourkes gegenüber den Polen mit wachsendem Unbehagen[52]. Diese Atomisierung des katholischen Lagers führte zur politischen und gesellschaftlichen Schwächung der Fronde; der Konflikt mit dem Danziger Klerus, der immer heterogener wurde, führte O'Rourke in die Isolation und schließlich zur Amtsaufgabe. Sein Fastenhirtenbrief vor der wichtigen Volkstagswahl von 1935 vergrößerte die Kluft zu seinen Geistlichen, da er die Machthaber nicht direkt angriff, wohl aber den Bolschewismus und die Sozialdemokratie[53].

Des Bischofs einzige Hoffnung ruhte nunmehr auf dem Abschluß eines eigenen Konkordats zwischen dem Hl. Stuhl und den Danziger Nationalsozialisten, das trotz jahrelangen Verhandlungen weder in den zwanziger Jahren noch nach 1933 zustande kam. Daß solche Erörterungen nach 1934 keine Aussichten auf Erfolg haben konnten, hätte O'Rourke bewußt sein müssen: Der Hl. Stuhl hatte nach den zahlreichen Verletzungen des Reichskonkordats schon in den ersten Monaten nach dem Vertragsabschluß kein Interesse mehr an solchen völkerrechtlichen Vereinbarungen mit totalitären Regimen[54]. Dem zentrumsnahen Klerus in Danzig war das zweifellos besser bekannt. Im Krisenjahr 1935 schlossen sich die Geistlichen noch enger gegen den Bischof zusammen und gründeten einen eigenen Pfarrerbund, der in der Öffentlichkeit seine Proteste gegen die Nationalsozialisten vorbringen wollte. O'Rourke ließ ein Gut-

---

51 Die näheren Umstände des Rücktritts, die mit der Errichtung der Personalpfarreien in direktem Zusammenhang stehen, sind bislang noch nicht ganz geklärt. Letzter Stand: S a m e r s k i, O'Rourke (wie Anm. 2), S. 50 f.
52 Anfang 1934 wurde die „Arbeitsgemeinschaft deutscher Katholiken in Danzig" unter der Leitung des früheren Zentrumsmitglieds Willibald Wiercinski-Keiser gegründet, die allerdings relativ geringen Zulauf erhielt: Politisches Archiv des Auswärtigen Amtes, Berlin, R 83225.
53 Dazu: C l a u s s, Das Bistum Danzig (wie Anm. 1), S. 43 f.; B o g d a n o w i c z, Splett (wie Anm. 4), S. 14–17 (paraphrasierter rückübersetzter Text des Hirtenbriefes).
54 Für den Hl. Stuhl wie für den Senat waren nach 1934 alle Konkordatsvorstöße obsolet; C l a u s s, Das Bistum Danzig (wie Anm. 1), S. 42.

achten anfertigen, daß ein solcher Zusammenschluß von Geistlichen nicht rechtens sei. Er sah in öffentlichen Protesten schlicht „die falsche Methode" im Vorgehen gegen ein totalitäres Regime[55]. Damit war die Kluft zwischen den führenden Danziger Priestern und ihrem Bischof unüberwindlich tief; beide Lager hatten sich dadurch mattgesetzt und waren aktionsunfähig geworden. Den Nationalsozialisten spielte das in die Hände. Als Arthur Greiser im November 1934 zum Danziger Senatspräsidenten gewählt wurde, verschärften sich die kirchenfeindlichen Maßnahmen der Regierung erheblich. Greiser hatte damit mehr oder weniger leichtes Spiel, da Bistumsleitung und deutscher Klerus unvereinbare Vorstellungen von Widerstand hatten.

Denn der neue Generalvikar Bruski, der den Kurs seines Bischofs aus Überzeugung und von Amts wegen teilte, fand nur sehr wenig Gesinnungsgenossen unter den deutschen Priestern. Dagegen standen die einflußreichsten deutschen Priester, wie etwa Emil Moske[56] und Walter Wienke[57], traditionell der Zentrumspartei nahe, verfolgten also einen öffentlichen Oppositionskurs gegen die Nationalsozialisten, waren gleichzeitig aber auch gegen ein weiteres Entgegenkommen gegenüber den polnischen Katholiken in Danzig[58].

Es war schlußendlich die Polenfrage, die das Bistum 1937 in die Handlungsunfähigkeit führte: Mitte August 1934 wurde einem Vikar an der Danziger St. Josefs-Kirche, der die polnische Staatsbürgerschaft besaß, jede pastorale Tätigkeit verboten. Im schroffen Gegensatz dazu plante der Bischof, die Seelsorge an den Polen auszubauen. Vom 10. bis 12. Dezember 1935 fand die erste Danziger Diözesansynode statt, die maßgeblich von Generalvikar Magnus Bruski vorbereitet und durchgeführt wurde[59], der streng kirchenrechtlich dachte und dem Nationalsozialismus mit

---

55 Clauss, Das Bistum Danzig (wie Anm. 1), S. 44.
56 Moske (1880–1945), 1920–1945 Pfarrer von St. Brigitten in Danzig; Stachnik, Danziger Priesterbuch (wie Anm. 6), S. 141–143.
57 Wienke (1876–1944), 1911–1944 Pfarrer in Herz-Jesu/Danzig-Langfuhr; er war einer der von den Nationalsozialisten meistgehaßten Geistlichen Danzigs; Stachnik, Danziger Priesterbuch (wie Anm. 6), S. 182–186.
58 Dazu andeutungsweise: Clauss, Das Bistum Danzig (wie Anm. 1), S. 43.
59 Synodentext: Diözesansynode des Bistums Danzig, 10.–12. Dezember 1935 zu Danzig-Oliva, Danzig 1936. Dazu: Ernest Kleinert, Prace przygotowawcze i przebieg I Synodu Gdańskiego (10–12 XII 1935) [Die Vorbereitung und der Verlauf der I. Danziger Synode], in: Miesięcznik Diecezjalny Gdański 19, 1975, S. 224–237; Samerski, Das Bistum Danzig (wie Anm. 2), S. 16 f.

priesterlicher Disziplin im Innern und dem kirchlichen Gesetzbuch im Äußeren beikommen wollte. Die Klerusversammlung sprach alle für die Seelsorge wichtigen Themen an und gab wichtige Impulse für den Widerstand gegen den Nationalsozialismus. Es ist vor allem interessant, daß Bruski ein höheres Bildungsniveau und eine untadelige Lebensführung von allen Geistlichen einforderte, um nationalsozialistischen Diffamierungskampagnen zuvorzukommen. Er unterschätzte dabei aber, daß der politische Arm stärker war als alles Streben nach Vollkommenheit und eine „innere Mobilmachung". Immerhin hat er plausible Rezepte entwickelt gegenüber einem übermächtigen Feind!

In die Beschlußfassung der Diözesansynode wurden offensichtlich auf Weisung O'Rourkes Bestimmungen aufgenommen, die ein polnisches Examen vor der Priesterweihe forderten. Außerdem sollte die polnischsprachige Seelsorge in Danzig ausgebaut werden und die drei bestehenden polnischsprachigen Gottesdienststellen von Bistumsseite legalisiert werden: Diese drei Gotteshäuser samt Priester wurden von der Republik Polen finanziert und waren nicht in das diözesane Pfarrnetz integriert[60]. O'Rourke und Bruski versuchten in Geheimverhandlungen mit dem Hl. Stuhl, diese Kirchen zu polnischen Nationalpfarreien zu erheben. Bis 1937 wurde die Errichtung immer wieder herausgezögert, und als sie schließlich erfolgte, gab O'Rourke an, auf Druck des Vatikans gehandelt zu haben. Bei näherem Hinsehen waren jedoch die Polen die treibende Kraft für den römischen Auftrag, der von O'Rourke nach eigenem Ermessen ausgeführt werden sollte. Den Rat seiner engsten Mitarbeiter und der übrigen Danziger Priester hatte der Bischof nicht eingeholt. Damit war der Bischof nach allen Seiten hin isoliert. Die Errichtungsdekrete mußte der glücklose Oberhirte nach heftigen Protesten der Nationalsozialisten und gezielter Diffamierung in der Presse im Oktober 1937 zurücknehmen. Der Senatspräsident kündigte dem Bischof in persönlichen

---

60 Eine vollständige Darstellung dieser Vorgänge steht noch aus, da die Akten des Hl. Stuhls noch nicht einsehbar sind. Dazu: C l a u s s, Das Bistum Danzig (wie Anm. 1), S. 46–48; L i n g e n b e r g (wie Anm. 5), S. 312–315; S a m e r s k i, Das Bistum (wie Anm. 2), S. 16–17; d e r s., O'Rourke (wie Anm. 2), S. 50; ein schiefes Bild der Vorgänge vermittelt: Gerhard R e i f f e r s c h e i d, Der Bischof von Danzig, Eduard Graf O'Rourke im Kampf gegen den Nationalsozialismus, in: Festschrift für Bernhard Stasiewski, hg. von Gabriel A d r i á n y i und Joseph G o t t s c h a l k, Köln 1975, S. 186–202. Polnische Sicht: B a c i ń s k i (wie Anm. 12), S. 74–83; S t ę p n i a k, Ludność (wie Anm. 12), S. 416–418.

Gesprächen schlicht die vertrauensvolle Zusammenarbeit auf. Das veranlaßte O'Rourke unverzüglich, dem Hl. Stuhl seinen Rücktritt anzubieten. Als Verlegenheitskandidaten ernannte der Papst im Juni 1938 den erst 41jährigen Carl Maria Splett zum neuen Bischof und transferierte O'Rourke in das Posener Domkapitel, was seinen eigenen Wünschen sicherlich entsprochen haben wird.

Die Amtszeit Spletts in Danzig (1938–1945)

Mit dem jungen Splett wurde in Danzigs Kirche inhaltlich und technisch alles anders. Man kann sich die Zäsur gar nicht groß genug vorstellen. Er nahm sehr selbstbewußt und zielstrebig die Zügel in die Hand, umgab sich mit wenigen Vertrauensleuten, mit denen er das Bistum leitete[61]. Bruski wurde als Generalvikar entlassen und erhielt noch nicht einmal als Dank für seine bisherige Tätigkeit den Prälatentitel. Der neue Kurs wirkte sich für ihn persönlich noch drastischer aus: Kurz nach Kriegsanfang wurde Bruski von einem deutschen geistlichen Mitbruder heftig attackiert: In aller Öffentlichkeit warf man ihm vor, national unzuverlässig zu sein. Die Affäre schlug so hohe Wellen, daß es im Frühsommer 1939 zu einer Verhandlung vor dem Landgericht und zu einer Beleidigungsklage gekommen war[62]. Nur mit großer Mühe gelang es Splett 1940, die beiden Kontrahenten, die tatsächlich für die beiden Lager einer gegensätzlichen Kirchenpolitik standen, zu mäßigen und die persönliche Auseinandersetzung beizulegen, um weiteren Schaden von der Kirche abzuwenden. Dieser allmählich aufflammende und sich dann in aller Öffentlichkeit entladene Konflikt um die Polenfrage spiegelt symptomatisch die Situation des Danziger Klerus wider: Nach O'Rourkes Weggang war kein Platz mehr für eine Option für die Polen. In der Auseinandersetzung mit den Nationalsozialisten ging es längst ums Ganze, so daß man sich keine Blöße, et-

---

61 Zuletzt dazu: S a m e r s k i, Carl Maria Splett (wie Anm. 32), S. 64f.
62 Bei der gerichtlichen Auseinandersetzung vor dem Landesgericht in Danzig ging es um die Mitgliedschaft von Emil Moske im Verwaltungsrat des St. Marienkrankenhauses, dem größten katholischen der Freien Stadt. Während des Prozesses 1939/40 beschuldigte Moske den früheren Generalvikar, nicht national zuverlässig gewesen zu sein. Daraufhin reichte Bruski eine Beleidigungsklage ein. Er selbst bezeichnete die Auseinandersetzung um den Verwaltungsratsposten als persönliche Auseinandersetzung zwischen ihm und Moske (Personalakte, Danzig-Oliva).

Die Katholische Kirche in Danzig unter nationalsozialistischer Herrschaft 269

Bischof Carl Maria Splett 1938
Heimatbrief der Danziger Katholiken, 15. August 1963, S. 2

wa die der nationalen Unzuverlässigkeit, glaubte geben zu können. Jede propolnische Stimme aus dem deutschen Klerus wurde daher ausgegrenzt und zurückgedrängt.

Splett selbst hielt sich von solchen Richtungskämpfen fern; ein jeder Priester wußte aber, wo der Bischof stand. Splett mied jeden persönlichen Kontakt zu den nationalsozialistischen Amtsstellen. Politische Zurückhaltung mußte ihm oberstes Gebot sein. Gegenüber der Danziger Regierung zeigte er zunächst Konzilianz und konnte nach dem Eklat anfangs die Wogen glätten. Streng kirchenrechtlich handelnd, ging er auf verschiedene staatliche Forderungen ein, ohne Nachteile für die Seelsorge in Kauf zu nehmen. Obgleich die Nationalsozialisten Paul Schütz[63] als Nachfolger O'Rourkes protegiert hatten und Splett drängten, Schütz nun wenigstens zum Generalvikar zu ernennen, hat der junge Bischof dieser Forderung tatsächlich nie nachgegeben: Er ernannte keinen Generalvikar mehr[64]. Ohne Zweifel hatte Bischof Splett die Mehrheit seines Klerus hinter sich; trotz seiner politischen Zurückhaltung machte er aus seiner gemäßigten deutschnationalen Haltung keinen Hehl. Man darf aber nicht vergessen, daß er ein sehr gutes Polnisch sprach, das er sich in den Semesterferien in polnischen Gemeinden angeeignet hatte[65]. Den bisherigen Bestand der polnischen Seelsorge rettete er bis zum Ausbruch des Krieges, als die Nationalsozialisten das Polnische in Wort und Schrift rigoros verbaten.

Mit Spletts Amtsantritt in Danzig entschärfte sich jedoch die kirchenpolitische Situation nur unerheblich. Nachdem das Zentrum im Oktober 1937 verboten und das kirchliche Leben immer stärker aus der Öffentlichkeit herausgedrängt wurde, war auch an einen geregelten Schulunterricht nicht mehr zu denken. Die Seelsorge vollzog sich fast ausschließlich in den Kirchenräumen und war selbst dort vor Bespitzelung nicht sicher. Auch das Ordensleben erlitt schwere Einbußen; 1938 wurde sogar das Haus der Schwestern vom Guten Hirten in Danzig-Konradshammer geschlossen[66].

63 Schütz (1887–1968), 1938–1945 Pfarrer in Zoppot und Dekan des Dekanates Danzig II: S t a c h n i k, Danziger Priesterbuch (wie Anm. 6), S. 228.
64 Dazu: S a m e r s k i, Das Bistum Danzig (wie Anm. 2), S. 17; d e r s., Carl Maria Splett (wie Anm. 32), S. 64 f.
65 B o g d a n o w i c z, Splett (wie Anm. 4), S. 8 f.; S a m e r s k i, Carl Maria Splett (wie Anm. 32), S. 63.
66 Dazu kurz: S a m e r s k i, Das Bistum Danzig (wie Anm. 2), S. 17 f.

Der Ausbruch des Zweiten Weltkriegs veränderte die kirchliche Situation in Danzig nachhaltig. Zunächst eliminierte man die gesamte polnischsprachige Seelsorge im Bistum Danzig: Am 1. September 1939 wurden die drei polnischen Kirchen geschlossen und die Priester polnischer Nationalität verhaftet. Von den insgesamt zehn Geistlichen (sechs davon mit polnischer Staatsbürgerschaft), die in den ersten Wochen interniert wurden, starben sieben im Konzentrationslager oder wurden anderswo ermordet. Aber auch vier deutsche Priester wurden verhaftet und später erschossen[67]. Die scharfen Proteste Spletts waren vergeblich. Neben den polnischen Kirchen wurden auch die Pallottiner enteignet, die katholische Marienschule der Ursulinen geschlossen und die Aktivität der Borromäerinnen, der Grauen Schwestern und der Karmelitinnen stark eingeschränkt. Zahlreiche Weltpriester und Laien wurden kurzzeitig interniert, verhört, geschlagen, erlitten Hausdurchsuchungen oder zumindest Bespitzelungen[68].

Außerdem verschlechterte sich die rechtliche Lage der Kirche durch den Anschluß der Freien Stadt an Deutschland und die Bildung des Reichsgaus Danzig-Westpreußen im November 1939. Dadurch wurde das Danziger Verfassungssystem beseitigt, das die wesentlichen Funktionen der Katholischen Kirche unter den Schutz der Konstitution gestellt hatte; dafür galt dem Namen nach das Reichskonkordat von 1933. Der neue Gauleiter Albert Forster führte eine gemäßigte Germanisierungspolitik in der Korridorzone durch und schaltete die polnische Sprache in der Seelsorge vollständig aus[69]. Für das Bistum Danzig wäre das zu verschmerzen gewesen, aber dem polnischen Nachbarbistum Kulm drohte der Kollaps. Hier wurde im Oktober 1939 fast das gesamte Domkapitel ermordet, die

---

67 B a c i ń s k i (wie Anm. 12), S. 86–101; Dieter S c h e n k, Hitlers Mann in Danzig. Albert Forster und die NS-Verbrechen in Danzig-Westpreußen, Bonn 2000, S. 212 f.
68 Zusammenfassende Dokumentation: von H e h l (wie Anm. 49), Bd. 1, S. 247–250; S a m e r s k i, Das Bistum Danzig (wie Anm. 2), S. 17 f.
69 Dazu und zum folgenden: Stefan S a m e r s k i, Priester im annektierten Polen. Die Seelsorge deutscher Geistlicher in den an das Deutsche Reich angeschlossenen polnischen Gebieten 1939–1945, Bonn 1997, S. 16–39; d e r s., Kirchenpolitik und Seelsorge im annektierten Westpreußen 1939–1945, in: Das Preußenland als Forschungsaufgabe. Eine europäische Region in ihren geschichtlichen Bezügen. Festschrift für Udo Arnold zum 60. Geburtstag, hg. von Bernhart J ä h n i g und Georg M i c h e l s, Lüneburg 2000, S. 299–318; Manfred C l a u s s, Der Danziger Bischof Carl Maria Splett als Apostolischer Administrator des Bistums Kulm, in: ZGAE 39, 1978, S. 129–144; S c h e n k (wie Anm. 67), S. 214–216.

Diözesanverwaltung geschlossen und etwa zwei Drittel des Klerus umgebracht[70]. Ein Großteil der noch lebenden Priester war ins Generalgouvernement oder in die benachbarten Wälder geflohen. Damit war die Seelsorge im Bistum Kulm Ende 1939 praktisch zum Erliegen gekommen, zumal zahlreiche Kirchen polizeilich geschlossen, Pfarrhof und Pfarrgut häufig sequestriert wurden. Von diesen Maßnahmen war auch das Danziger Bistum direkt betroffen, da seine Priester „Nachbarschaftshilfe" leisteten. Das stellte eine erhebliche Belastung für das kleine Bistum dar, das selbst unter Priestermangel litt und zusätzlich durch den Kriegsdienst Einbußen hinnehmen mußte. Auch Bischof Splett wurde in dieses pastorale Desaster direkt involviert: Am 5. Dezember 1939 wurde der junge Oberhirte zusätzlich zum Apostolischen Administrator des Bistums Kulm ernannt. Damit fungierte er als provisorischer Leiter des polnischen Nachbarbistums und setzte sich nach Kriegsende der Anklage aus, polenfeindlich gehandelt zu haben. Tatsächlich aber hielt sich der Bischof nun häufig wegen Firm- und Visitationsreisen in Westpreußen auf und versuchte dort, eine provisorische Seelsorge aufzubauen: Als die ersten Verfolgungswellen vorüber waren, sorgte Splett dafür, daß wenigstens in jedem westpreußischen Kreis wieder Sonntagsmessen und die übrigen Sakramente gespendet werden konnten. Das staatlich oktroyierte Verbot der polnischen Sprache wurde für den Oberhirten jedoch fast zur Zerreißprobe: Nach anfänglichem Weigern sah er sich durch die Verhaftung von weiteren sechs Priestern gezwungen, im Mai 1940 die polnische Sprache auch in der Beichte zu verbieten. Priester und Bischof taten jedoch in der Praxis alles, um diesen Erlaß zu unterlaufen. Von Splett ist überliefert, daß er in Westpreußen im Beichtstuhl saß und polnische Beichten hörte[71]. Schon 1940 schrieb er an seine deutschen Amtskollegen, die ihm Priester für den Dienst in Westpreußen stellen sollten. Durch diese Initiative konnten bis Kriegsende 41 weitere Geistliche als provisorische Pfarrherren im Bistum Kulm aushelfen[72]. Sicherlich waren diese Maßnahmen weit davon entfernt, pastorale Normalität wiederherzustellen; immerhin

---

70 Władysław S z u l i s t, Z martyrologii duchowieństwa katolickiego diecezji chełmińskiej 1939–1945 [Aus dem Martyrologium der katholischen Geistlichkeit der Diözese Kulm 19391945], in: Studia Pelplińskie 10, 1979, S. 272–287.
71 Zeitzeuge: Franz Josef W o t h e, Carl Maria Splett, Bischof von Danzig. Leben und Dokumente, Hildesheim 1965, S. 33 f. Zuletzt: S a m e r s k i, Carl Maria Splett (wie Anm. 32), S. 68; d e r s., Schuld und Sühne (wie Anm. 32), S. 26.
72 S a m e r s k i, Priester im annektierten Polen (wie Anm. 69), S. 23–39.

konnte dadurch wenigstens kreisweit ein seelsorgliches Mindestangebot gewährleistet werden.

Zusammenfassung und Ausblick

Selbst noch der dramatische Ausklang des deutschen Bistums Danzig, der Prozeß Spletts Anfang 1946, zeigt die Polenfrage als das *punctum saliens* in der Auseinandersetzung der Katholischen Kirche mit dem Nationalsozialismus in Danzig[73]. Vor allem in den dreißiger Jahren bildete sie ein Instrument des NS-Senats, um den kampfbereiten und widerständigen Block der deutschen Priester Danzigs aufzuspalten und damit handlungsunfähig zu machen. Blieb die Polenseelsorge in Danzig seit 1922 auf gleich hohem Niveau, so versuchte die Bistumsleitung nach dem Tode Sawatzkis, der gewachsenen Zahl polnischer Staatsbürger in Danzig sukzessive entgegenzukommen. Die Diözesansynode von 1935 markiert den Höhepunkt diözesaner Zugeständnisse an die Danziger Polen und die polnischen Staatsbürger. Der starke deutsche Block war also viel weniger in der Methodik, wie mit dem nationalsozialistischen Terror umzugehen sei, gespalten als in der Auseinandersetzung mit der Polenfrage, die seit der Mitte der dreißiger Jahre einen Keil in diese kämpferisch-aggressive Gruppe trieb: Isolierte die Methode allein den Bischof, so verhalf die Nationale Frage den Nationalsozialisten zum endgültigen Sieg über den politischen und öffentlichen Katholizismus. Die bisher kaum gewürdigte Polenfrage schied jedoch nicht schlicht die deutschen von den polnischen Priestern, sondern der Graben in der Polenfrage verlief auch mitten durch den deutschen Klerus. Allerdings teilten nur sehr wenige Deutsche die entgegenkommende Haltung Bruskis und des Bischofs.

Die andere Seite, die kämpferischen und gut organisierten Geistlichen, hatte sich in Rom und Genf zu Wort gemeldet, erkannten aber zu spät, daß sie von den Nazis gegen ihre polenfreundlichen Amtsbrüder ausgespielt wurden. Die Katholische Kirche in Danzig-Westpreußen hatte zumindest ihr Protestpotential genutzt und Strategien entwickelt, die jedoch am Ende ins Leere liefen – nicht weil sie nicht die richtigen waren,

---

73 Ausführliche Dokumentation: S a m e r s k i, Schuld und Sühne (wie Anm. 32), S. 35–39, Dokumente: S. 75–88; B r ä u e l/S a m e r s k i, Ein Bischof vor Gericht (wie Anm. 32).

sondern weil der Gegner ungleich stärker war. Die Gläubigen standen auch weiterhin zu ihrer Kirche: Die Statistik weist aus, daß trotz nationalsozialistischem Terror die Kirchenbindung der Danziger Gläubigen erhalten blieb[74].

Der Weltkrieg verstärkte den Kampf des Regimes gegen Kirche und Rasse weiterhin: Das Danziger Bistum wurde durch die Kriegsereignisse gleich in zweifacher Hinsicht schwer belastet: Zur Ausschaltung der Polenseelsorge, der Ausdünnung der Klerus und weiteren Verfolgungsmaßnahmen kam der faktische Anschluß der fast priesterleeren polnischen Nachbardiözese Kulm. Ohne verfassungsrechtlichen Schutz kirchlicher Funktionen sah sich der neue Bischof drakonischen Terrormaßnahmen der Nationalsozialisten gegenüber, die kein selbständiges Agieren mehr erlaubten. Er entschied sich für die letztmögliche Option, nämlich für die Sicherstellung der *cura animarum* unter ungünstigsten Umständen. Die Polenseelsorge, die 1937 O'Rourke seinen Bischofsstuhl kostete und den Klerus auseinanderdividierte, schloß diesen nun in der äußersten Bedrohung aller kirchlichen Funktionen wieder zusammen.

Neben der Herausarbeitung eines neuen Kausalgeflechtes in der Auseinandersetzung zwischen Kirche und nationalsozialistischem Staat sollen diese Ausführungen aber auch deutlich darauf hinweisen, daß die Danziger NS-Epoche ganz eigene, unvergleichliche Aspekte in die Totalitarismusforschung einbringt und in weiten Teilen noch ein Forschungsdesiderat ist, das einen sensiblen und neuentwickelten Zugang erfordert.

---

74 Stachnik, Die Katholische Kirche (wie Anm. 6), S. 145, 149.

Autorenverzeichnis

Prof. Dr. Marek Andrzejewski, ul. Pasteura 1, PL – 80-215 Gdańsk

Prof. Dr. Józef Borzyszkowski, ul. Kraśnięta 20, PL – 80-177 Gdańsk

Prof. Dr.-Ing. Wolfgang Deurer, Schepersweg 7, D – 46484 Wesel

Prof. Dr. Wiesław Długokęcki, ul. Nowowieskiego 2/1, PL – 82-200 Malbork

Prof. Dr. Andrzej Groth, ul. Owsiana 9/75, PL – 81-020 Gdynia-Cisowa

Prof. Dr. Bernhart Jähnig, Karolinenstraße 1, D – 14165 Berlin

Dr. Anette Löffler, Pappelweg 3, D – 04683 Threna

PD Dr. Lutz Oberdörfer, Pestalozzistraße 8, D – 17489 Greifswald

Dr. Cesary Obracht-Prondzyński, Instytut Kaszubski, ul. Stragarniarska 20/22, PL – 80-837 Gdańsk

Prof. Dr. Stefan Samerski, Siglstraße 7, D – 80687 München

EINZELSCHRIFTEN DER HISTORISCHEN KOMMISSION FÜR OST- UND WESTPREUSSISCHE LANDESFORSCHUNG

Bände 1–9: Erschienen in Königsberg 1926–1942.
vergriffen

Band 10,2,1: Handbuch der Geschichte Ost- und Westpreußens, Teil II/1. Von der Teilung bis zum Schwedisch-Polnischen Krieg 1466–1655. Herausgegeben von Ernst Opgenoorth, 1994. XX, 201 S.   ISBN: 3-7708-1184-4   24,00 €

Band 10,2,2: Handbuch der Geschichte Ost- und Westpreußens, Teil II/2. Vom Schwedisch-Polnischen Krieg bis zur Reformzeit 1655–1807. Herausgegeben von Ernst Opgenoorth, 1996. XXIII, 179 S.   ISBN: 3-7708-1185-2   24,00 €

Band 10,3: Handbuch der Geschichte Ost- und Westpreußens, Teil III. Von der Reformzeit bis zum Vertrag von Versailles 1807–1918. Herausgegeben von Ernst Opgenoorth, 1996. XXVII, 209 S.   ISBN: 3-7708-1186-0   24,00 €

Band 10,4: Handbuch der Geschichte Ost- und Westpreußens, Teil IV. Vom Vertrag von Versailles bis zum Ende des Zweiten Weltkrieges 1918–1945. Herausgegeben von Ernst Opgenoorth, 1997. XXV, 221 S.   ISBN: 3-7708-1187-9   24,00 €

Band 11: Michels, Georg: Zur Wirtschaftsentwicklung von Kleinstädten und Flecken im Ordensland und Herzogtum Preußen (bis 1619). Gilgenburg – Hohenstein – Neidenburg – Ortelsburg – Willenberg, 1996. XI, 236 S.
ISBN: 3-7708-1188-7   28,00 €

Band 12: Martens, Jürgen: Die ländliche Gartensiedlung im mittelalterlichen Preußen, 1997. IX, 430 S.   ISBN: 3-7708-1189-5   38,00 €

Band 13: Nowak, Zenon / Pohl, Annegret: Das Schulprogramm des Grafen Abraham von Dohna für Mohrungen vom Jahre 1625.   in Vorbereitung

Band 14: Cieślak, Katarzyna: Tod und Gedenken. Danziger Epitaphien vom 15. bis zum 20. Jahrhundert, 1998. VIII, 128 S., 118 Abbildungen.
ISBN: 3-7708-1190-9   34,00 €

Band 15: Kessler, Franz: Danziger Gesangbücher 1586–1793, 1998. 160 S., 31 Abbildungen.   ISBN: 3-7708-1191-7   28,00 €

Band 16: Danzig, sein Platz in Vergangenheit und Gegenwart. Herausgegeben von Udo Arnold (= Brostiana 3), 1998. 228 S.   ISBN: 3-7708-1192-5   15,00 €

Band 17: Berg, Thomas: Landesordnungen in Preußen vom 16. bis zum 18. Jahrhundert, 1998. XIII, 269 S., mit Abbildungen.   ISBN: 3-7708-1193-3   28,00 €

Band 18: Löffler, Anette: Fragmente liturgischer Handschriften des Deutschen Ordens im Historischen Staatsarchiv Königsberg (Teil I), 2001. V, 273 S.
ISBN: 3-7708-1203-4   32,00 €

Band 19: Brandtner, Gerhardt / Vogelsang, Ernst: Die Post in Ostpreußen. Ihre Geschichte von den Anfängen bis ins 20. Jahrhundert, 2000. X, 480 S. mit zahlreichen teils farbigen Abbildungen.   ISBN: 3-7708-1194-1   45,00 €

Band 20: Das Preußenland als Forschungsaufgabe. Eine europäische Region in ihren geschichtlichen Bezügen. Festschrift für Udo Arnold zum 60. Geburtstag. Herausgegeben von Bernhart Jähnig und Georg Michels, 2000. XV, 879 S.
vergriffen

Band 21: Baske, Siegfried: Conradinum 1794–1945. Schule und Alumnat in Jenkau bei Danzig und in Danzig-Langfuhr, 2000. 202 S. mit Abbildungen.
ISBN: 3-7708-1196-8   24,00 €

Band 22: Preußische Landesgeschichte. Festschrift für Bernhart Jähnig zum 60. Geburtstag. Herausgegeben von Udo Arnold, Mario Glauert und Jürgen Sarnowsky, 2001. XXVI, 614 S., 40 Abbildungen.   ISBN: 3-7708-1177-1   60,00 €

Band 23: Gładek, Katarzyna: Die Schloßanlage von Groß Schwansfeld, 2000. V, 65 S., 17 Abbildungen, Tafeln.   ISBN: 3-7708-1204-2   14,00 €

Band 24: Löffler, Anette: Fragmente liturgischer Handschriften des Deutschen Ordens im Historischen Staatsarchiv Königsberg. Teil II, 2004. 303 S.
ISBN: 3-7708-1251-4   34,00 €

Band 25: Cammann, Alfred: Die Masuren. Aus ihrer Welt, von ihrem Schicksal in Geschichte und Geschichten, 2004. 275 S., 16 Abbildungen.
ISBN: 3-7708-1249-2   34,00 €

Band 26: Arnold, Udo: Deutscher Orden und Preußenland. Ausgewählte Aufsätze anläßlich des 65. Geburtstages, 2005. LII, 235 S., 15 Abbildungen.
ISBN: 3-7708-1278-6   22,00 €

TAGUNGSBERICHTE DER HISTORISCHEN KOMMISSION FÜR OST- UND WESTPREUSSISCHE LANDESFORSCHUNG

Band 1: Horneck, Königsberg und Mergentheim. Zu Quellen und Ereignissen in Preußen und im Reich vom 13. bis 19. Jahrhundert. Herausgegeben von Udo Arnold, 1980. 102 S., 8 Abbildungen.   vergriffen

Band 2: Preußen und Berlin. Beziehungen zwischen Provinz und Hauptstadt. Herausgegeben von Udo Arnold, 1981. 125 S., 11 Abbildungen.
ISBN: 3-7708-1198-4   5,00 €

Band 3: Die Stadt in Preußen. Beiträge zur Entwicklung vom frühen Mittelalter bis zur Gegenwart, 1983. 141 S.   vergriffen

Band 4: Preußen im 19. Jahrhundert. Herausgegeben von Udo Arnold, 1984. 104 S., 20 Abbildungen.   ISBN: 3-7708-1199-2   5,00 €

Band 5: Ordensherrschaft, Stände und Stadtpolitik. Zur Entwicklung des Preußenlandes im 14. und 15. Jahrhundert. Herausgegeben von Udo Arnold, 1985. 135 S., 3 Karten.   ISBN: 3–7708–1200–X   5,00 €

Band 6: Zwischen den Weltkriegen, Teil 1. Politik im Zeichen von Parteien, Wirtschaft und Verwaltung im Preußenland der Jahre 1918–1939. Herausgegeben von Udo Arnold, 1986. 176 S., mit Tabellen.   ISBN: 3-7708-1201-8   5,00 €

Band 7: Zwischen den Weltkriegen, Teil 2. Kultur im Preußenland der Jahre 1918–1939. Herausgegeben von Udo Arnold, 1987. 160 S., mit Abbildungen.
ISBN: 3-7708-1202-6   5,00 €

Band 8: Zur Bildungs- und Schulgeschichte Preußens. Herausgegeben von Udo Arnold, 1988. 132 S.   ISBN: 3-7708-1178-X   18,00 €

Band 9: Preußen als Hochschullandschaft im 19./20. Jahrhundert. Herausgegeben von Udo Arnold, 1992. 169 S.   ISBN: 3-7708-1179-8   20,00 €

Band 10: Nachrichten und Kommunikationswesen im Preußenland. Herausgegeben von Udo Arnold, 1994. 215 S., mit Abbildungen.   ISBN: 3-7708-1180-1   20,00 €

Band 11: Deutscher Orden 1190–1990. Herausgegeben von Udo Arnold, 1997. 384 S., mit 70 Abbildungen, 3 Karten.   ISBN: 3-7708-1181-X   25,00 €

Band 12: Zur Siedlungs-, Bevölkerungs- und Kirchengeschichte Preußens. Herausgegeben von Udo Arnold, 1999. 274 S., mit 1 Abbildung, 1 Karte in Tasche.
ISBN: 3-7708-1182-8   24,00 €

Band 13: 75 Jahre Historische Kommission für ost- und westpreußische Landesforschung. Forschungsrückblick und Forschungswünsche. Herausgegeben von Bernhart Jähnig, 1999. 404 S., mit 54 Abbildungen.   ISBN: 3-7708-1183-6   36,00 €

Band 14: 450 Jahre Universität Königsberg, Beiträge zur Wissenschaftsgeschichte des Preußenlandes. Herausgegeben von Bernhart Jähnig, 2001. 224 S., mit 7 Abbildungen.   ISBN: 3-7708-1207-7   21,00 €

Band 15: Neue Forschungen zur Geschichte des Preußenlandes, vornehmlich zur neueren Kulturgeschichte. Herausgegeben von Bernhart Jähnig, 2003. 313 S., mit 31 Abbildungen, 2 Karten.   ISBN: 3-7708-1248-4   24,00 €

Band 16: Kirchengeschichtliche Probleme des Preußenlandes aus Mittelalter und früher Neuzeit. Herausgegeben von Bernhart Jähnig, 2001. 299 S., 11 Abbildungen, 1 Karte.   ISBN: 3-7708-1208-5   24,00 €

Band 17: Die Volksabstimmung 1920. Voraussetzungen, Verlauf und Folgen. Herausgegeben von Bernhart Jähnig, 2002. 205 S., 9 Abbildungen, 1 Karte.
ISBN: 3-7708-1226-3   21,00 €

Band 18: Die landesgeschichtliche Bedeutung der Königsberger Königskrönung von 1701. Herausgegeben von Bernhart Jähnig, 2004. 183 S., 16 Abbildungen.
ISBN: 3-7708-1266-2   21,00 €

Band 19: Probleme der Migration und Integration im Preußenland vom Mittelalter bis zum Anfang des 20. Jahrhunderts. Herausgegeben von Klaus Militzer, 2005. 304 S.
ISBN: 3-7708-1282-4   24,00 €

ALTPREUSSISCHE BIOGRAPHIE

Band 1: Altpreußische Biographie. Abegg-Malten. Herausgegeben von Christian Krollmann, Nachdruck der ersten Ausgabe Königsberg, Gräfe und Unzer 1941, 1974. IV, 416 S.   ISBN: 3-7708-0502-X   62,00 €

Band 2, Lieferung 1–3: Altpreußische Biographie. Herausgegeben von Christian Krollmann. Nachdruck der ersten Ausgabe Königsberg, Gräfe und Unzer 1942–1944, 1969. S. 417–512.   vergriffen

Band 2, Lieferung 4: Altpreußische Biographie. Herausgegeben von Kurt Forstreuter und Fritz Gause, 1961. 68 S. ISBN: 3-7708-0096-6 6,00 €

Band 2, Lieferung 5: Altpreußische Biographie. Herausgegeben von Kurt Forstreuter und Fritz Gause, 1963. 112 S. ISBN: 3-7708-0097-4 14,00 €

Band 2, Lieferung 6: Altpreußische Biographie. Herausgegeben von Kurt Forstreuter und Fritz Gause, 1965. 64 S. ISBN: 3-7708-0098-2 10,00 €

Band 2, Lieferung 7: Altpreußische Biographie, Herausgegeben von Kurt Forstreuter und Fritz Gause, 1967. 100 S. ISBN: 3-7708-0099-0 16,00 €

Band 3: Altpreußische Biographie. Ergänzungen zu Band 1 und 2. Herausgegeben von Kurt Forstreuter und Fritz Gause, 1975. 228 S.
ISBN: 3-7708-0504-6 56,00 €

Band 4, Lieferung 1: Altpreußische Biographie. Ergänzungen zu Band 1 bis 3. Herausgegeben von Ernst Bahr und Gerd Brausch, 1984. S. 1077–1168.
ISBN: 3-7708-0804-5 24,00 €

Band 4, Lieferung 2: Altpreußische Biographie. Herausgegeben von Ernst Bahr und Gerd Brausch, 1989. S. 1169–1308. ISBN: 3-7708-0891-6 48,00 €

Band 4, Lieferung 3: Altpreußische Biographie. Herausgegeben von Ernst Bahr und Gerd Brausch, 1995. S. 1309–1542 und Register für die Bände 1–4.
ISBN: 3-7708-1003-1 64,00 €

Band 5, Lieferung 1: Altpreußische Biographie. Herausgegeben von Klaus Bürger, 2000. IV S., S. 1543–1742. ISBN: 3-7708-1157-7 64,00 €

PREUSSISCHES URKUNDENBUCH

Band 1–2 erschienen als fotomechanischer Nachdruck im Scientia Antiquariat, Aalen.
vergriffen

Band 3, Lieferung 1: 1335–1341. Herausgegeben von Max Hein, Neudruck der Ausgabe von 1944, 1976. 288 S. ISBN: 3-7708-0549-6 36,00 €

Band 3, Lieferung 2: 1342–1345. Herausgegeben von Hans Koeppen, 1958. 234 S.
ISBN: 3-7708-0314-0 25,00 €

Band 3, Lieferung 3: Nachträge und Register zu Band 3, 1. und 2. Lieferung. Herausgegeben von Hans Koeppen und Anneliese Triller, 1961. 128 S.
ISBN: 3-7708-0315-9 15,00 €

Band 4: 1346–1351. Herausgegeben von Hans Koeppen, 1960. 656 S.
ISBN: 3-7708-0316-7 68,00 €

Band 4: Nachträge und Register. Herausgegeben von Hans Koeppen und Brigitte Poschmann, 1964. IV, 14; II, 78 S. ISBN: 3-7708-0317-5 13,00 €

Band 5, Lieferung 1: Herausgegeben von Klaus Conrad und Hans Koeppen, 1969. VI, 281 S. ISBN: 3-7708-0318-3 48,00 €

Band 5, Lieferung 2: Herausgegeben von Klaus Conrad und Hans Koeppen, 1973. 318 S. ISBN: 3-7708-0470-8 100,00 €

Band 5, Lieferung 3: Nachträge und Register. Herausgegeben von Klaus Conrad, 1975. VI, 158 S. ISBN: 3-7708-0547-X 58,00 €

Band 6, Lieferung 1: 1362–1366. Herausgegeben von Klaus Conrad, 1986. XII, 289 S. ISBN: 3-7708-0851-7 78,00 €

Band 6, Lieferung 2: 1367–1371. Herausgegeben von Klaus Conrad, 2000. VIII, 320 S. ISBN: 3-7708-1141-0 85,00 €

PERIODIKUM DER HISTORISCHEN KOMMISSION FÜR OST- UND WESTPREUSSISCHE LANDESFORSCHUNG

PREUSSENLAND. Mitteilungen der Historischen Kommission für ost- und westpreußische Landesforschung. Herausgegeben von Dieter Heckmann und Klaus Neitmann. Im Jahr erscheinen 2 Hefte á 32 S. ISSN: 0032-7972
Abo-Preis: 8,00 €
Einzelpreis: 6,00 €

STAATSVERTRÄGE DES DEUTSCHEN ORDENS IN PREUSSEN IM 15. JAHRHUNDERT

Band 1: 1398–1437, Fotomechanischer, verbesserter Neudruck 1970. VIII, 216 S.
ISBN: 3-7708-0394-9 28,00 €

Band 2: 1438–1476. 1955. 296 S. ISBN: 3-7708-0287-X 24,80 €

Band 2: Registerband zu Band I und II. 1398–1467, 1958. 84 S.
ISBN: 3-7708-0392-2 19,80 €

Band 3: 1467–1497 (Schlußband), 1966. VI, 170 S.
ISBN: 3-7708-0288-8 36,00 €

Band 3: Registerband zu Band 3. 1467–1497, 1969. 24 S.
ISBN: 3-7708-0393-0 5,80 €

EINZELTITEL

Hubatsch, Walther: Masuren und Preußisch-Litthauen in der Nationalitätenpolitik Preußens 1870–1920, 1966. 91 S., 2 Karten. ISBN: 3-7708-0167-9 7,80 €

Satori-Neumann, Bruno Th.: Berufsständisches Theater in Elbing 1846–1888. Im Auftrage der Historischen Kommission für ost- und westpreußische Landesforschung mit einem Nachwort. Herausgegeben von Hermann Kownatzki, 1965. XII, 576 S.
ISBN: 3-7708-0206-3 28,00 €

Studien zur Geschichte des Preußenlandes. Festschrift für Erich Keyser zu seinem 70. Geburtstag dargebracht von Freunden und Schülern. Herausgegeben von Ernst Bahr, 1963. VIII, 518 S., zahlreiche Abbildungen, Karten und Pläne.
ISBN: 3-7708-0289-6 28,00 €

Alle lieferbaren Veröffentlichungen erschienen im N. G. Elwert Verlag Marburg